Die Kilimanjaro-Strategie

Reinhard Goisauf

Die Kilimanjaro-Strategie

Warum das Ziel mehr als ein Ziel ist und wie dies erreicht werden kann

Mit einem
Geleitwort von Daniel Köhn

Reinhard Goisauf
Schönkirchen-Reyersdorf, Österreich

Mit einem Geleitwort von Daniel Köhn

ISBN 978-3-662-61435-8   ISBN 978-3-662-61436-5 (eBook)
https://doi.org/10.1007/978-3-662-61436-5

Die Deutsche Nationalbibliothek verzeichnet diese Publikation in der Deutschen Nationalbibliografie; detaillierte bibliografische Daten sind im Internet über http://dnb.d-nb.de abrufbar.

Springer
© Der/die Herausgeber bzw. der/die Autor(en), exklusiv lizenziert durch Springer-Verlag GmbH, DE, ein Teil von Springer Nature 2020
Das Werk einschließlich aller seiner Teile ist urheberrechtlich geschützt. Jede Verwertung, die nicht ausdrücklich vom Urheberrechtsgesetz zugelassen ist, bedarf der vorherigen Zustimmung des Verlags. Das gilt insbesondere für Vervielfältigungen, Bearbeitungen, Übersetzungen, Mikroverfilmungen und die Einspeicherung und Verarbeitung in elektronischen Systemen.
Die Wiedergabe von allgemein beschreibenden Bezeichnungen, Marken, Unternehmensnamen etc. in diesem Werk bedeutet nicht, dass diese frei durch jedermann benutzt werden dürfen. Die Berechtigung zur Benutzung unterliegt, auch ohne gesonderten Hinweis hierzu, den Regeln des Markenrechts. Die Rechte des jeweiligen Zeicheninhabers sind zu beachten.
Der Verlag, die Autoren und die Herausgeber gehen davon aus, dass die Angaben und Informationen in diesem Werk zum Zeitpunkt der Veröffentlichung vollständig und korrekt sind. Weder der Verlag, noch die Autoren oder die Herausgeber übernehmen, ausdrücklich oder implizit, Gewähr für den Inhalt des Werkes, etwaige Fehler oder Äußerungen. Der Verlag bleibt im Hinblick auf geografische Zuordnungen und Gebietsbezeichnungen in veröffentlichten Karten und Institutionsadressen neutral.

© pict rider / stock.adobe.com / ID 59323529 (Symbolbild mit Fotomodellen)

Springer ist ein Imprint der eingetragenen Gesellschaft Springer-Verlag GmbH, DE und ist ein Teil von Springer Nature.
Die Anschrift der Gesellschaft ist: Heidelberger Platz 3, 14197 Berlin, Germany

Schaffe dein Leben als eigenes Kunstwerk –

forme es so, dass dich der Weg der Schaffung glücklich macht,

und du stets stolz darauf bist.

Tritt zurück und betrachte dein Meisterstück in Ruhe,

verfeinere deine Schöpfung auf die Art und Weise,

dass es jeden Tag als nahezu vollendet betrachtet werden kann!

(Reinhard Goisauf 2018)

für Henry

Geleitwort

In unserer heutigen westlichen Welt buhlen viele Anbieter geschickt und ausgeklügelt um die Aufmerksamkeit und Zeit von Menschen. Sie wollen ihre Angebote zu echten, eigenen Zielen der Menschen machen und nutzen dazu den tief in unserer Gesellschaft verankerten Drang nach Selbstverwirklichung. Und uns Menschen fällt es leicht, sich verführen zu lassen und den Angeboten zu folgen – sei es bei Freizeitaktivitäten, im Beruf, beim Sport, bei Reisen, einem Ehrenamt oder spirituellen und kulturellen Themen.

Umso schwieriger ist es heutzutage, die richtigen Ziele und Wege, die innerlich zu wirklicher Erfüllung führen, zu entdecken und aktiv zu beschreiten. Dies erfordert eine reflektierende Haltung des Menschen – mit sich in Kontakt zu sein, sich zu spüren sowie seelisch zu erkunden, welche Ziele und Wege im Leben den eigenen inneren Sehnsüchten und Motiven entsprechen. Dabei sind Zeit, Stille und Neugierde hilfreich. Herr Reinhard Goisauf teilt in seinem Reisebericht auf dem Weg zum Kilimanjaro – dem Sehnsuchtsort voller Fremdheit, Schönheit und Ferne – seine innere Entwicklung. Er ermöglicht es dem Leser, ihn auf dieser Reise zu begleiten, und zeigt, wie sich eigene Ziele und Wege finden und verwirklichen lassen.

Das theoretische Wissen über die Entdeckung eigener, tragender Ziele und deren motivationaler Umsetzung ist in den letzten Jahrzehnten immens gewachsen. Die gewonnenen Erkenntnisse stellt Herr Reinhard Goisauf dem Leser in diesem Buch zur Verfügung. Allerdings haben theoretische Modelle allein sicher selten Menschen dazu bewegt, sich auf den Weg zu machen. Die in diesem Buch zusammengetragene Mischung aus Theorie und Praxis sowie eigenen emotional geschilderten Erlebnissen lässt dieses Buch zu einer Fundgrube von Impulsen und Anregungen werden, um sein Inneres nach eigenen Zielen und Sehnsüchten zu erkunden.

Der verdichtete und ebenso praxisorientierte Leitfaden – die Kilimanjaro-Strategie von Herrn Reinhard Goisauf – möge viele Leser ermuntern, substanziellen und tragenden Zielen ihres Lebens zu folgen und diese zu erreichen. Dazu bietet dieses Buch zahlreiche Impulse, Anregungen, Geschichten, Modelle und Theorien.

Ich wünsche diesem Buch viele Leser und hoffe, dass so manche ihren eigenen Kilimanjaro erklimmen werden.

Geschäftsführer Remotion GmbH   Dr. Daniel Köhn
www.remotion-beratung.de

Vorwort

Wir leben in einer Zeit, die den Anschein trägt, dass Erfolg die oberste Handlungsmaxime darstellt. Erfolg im Beruf, Erfolg im Privaten, Erfolg im Leben. Wir hetzen von einem Termin zum nächsten und optimieren uns laufend selbst, um den hohen Ansprüchen zu genügen. Informationen sind allgegenwärtig und überfordern unsere Wahrnehmungsfähigkeit. Soziale Medien ermöglichen uns Einblicke in die Welt der anderen. Wir können damit an ihren Erfolgen teilhaben, und dies spornt an, Ziele zu verfolgen, die gesellschaftlich hoch geschätzt werden. Sie geben uns aber ebenso die Möglichkeit, uns ins rechte Licht zu rücken und die schönen Seiten unseres Lebens zu teilen. Motivierende Likes fördern die Produktion von Glückshormonen und geben uns Kraft, demnächst mehr davon zu erhalten. Das nächste Ziel ist gesteckt, das Posting der erfolgreichen Umsetzung bereits dafür im Kopf. Die Anerkennung dafür tut einfach gut und bereitet den Teppich, um darauf zu fliegen. Wir erreichen damit ungeahnte Höhen und gleiten damit von Wolke zu Wolke des Erfolgs. Was immer darunter verstanden wird. Gerne wird Erfolg mit beruflicher Karriere und mit Geld in Verbindung gebracht. Vom Tellerwäscher zum Millionär – das sind die Geschichten, die wir lieben, die uns beflügeln und über die wir gerne sprechen. Symbol dafür, dass jeder alles erreichen kann.

Doch Erfolg ist meines Erachtens weit mehr, als nur Geld und die Dinge, die wir damit kaufen, oder gar als Macht. Erfolg ist natürlich damit verbunden, dass man seine Ziele erreicht. Erfolg ist aber auch das Ergebnis des *Erfolgten* – also dessen, was man getan hat. Aber nicht nur was man getan hat, sondern auch, wie man es getan hat und wie man dies erlebt hat. Welche Gefühle dabei entstanden sind, welche Gedanken dafür nötig waren, wie man zu diesen gekommen ist und in welchem emotionalen Zustand man das getan hat, was letztendlich zum Ziel und damit zum Erfolg geführt hat. Erfolg bedeutet für mich nicht, allgemein anerkannte Ziele zu erreichen, die in der Gesellschaft hochgejubelt oder gar von Dritten aufoktroyiert werden, sondern vielmehr, seine eigenen Ziele zu erreichen. Seine individuell definierten Ziele zu erreichen – gleich, ob diese berufliche, private oder einfach Lebensziele sind. Ziele zu erreichen, die im Einklang mit anderen Zielen stehen und uns bei deren Verfolgung bereits in einen Glückszustand versetzen und nicht erst bei deren Erreichung. Ziele, die Zwischenschritte für höherwertige Ziele darstellen, die uns voranbringen und uns nicht begrenzen. Die, die Basis für Neues schaffen. Die im Einklang mit unserer Persönlichkeit stehen. Die Ziele, die uns tiefe Zufriedenheit bescheren. Und für den Einzelnen Sinn fürs individuelle Sein ergeben. Das ist Erfolg!

Im vorliegenden Buch wird eine Methode vorgestellt, die sich damit befasst, die Ziele zu erreichen, die für die eigene Person nachhaltig sind. Ziele zu erreichen, die auf die eigene Persönlichkeit abgestimmt sind. Ziele zu erreichen, um in weiterer Folge darauf aufzubauen. Die Idee zu diesem Buch ist im Anschluss an eine Besteigung des Kilimanjaro entstanden. Für einen *Nichtbergfan* ein nahezu utopisches Vorhaben. Unvorstellbar. Doch bei näherer Betrachtung nun vielleicht doch nicht ganz so unglaublich. Den Kilimanjaro zu bezwingen ist anstrengend – sehr anstrengend, aber es ist vorstellbar. Es handelt sich dabei nicht um eine herausragende Leistung des Alpinismus oder des Extremsports. Ein durchschnittlich fitter Mensch mit gutem Gesundheitszustand kann den Gipfel des höchsten Berges Afrikas erreichen. Es ist dafür kein besonderes Bergsteigerkönnen Voraussetzung. Kondition für ein paar Stunden am Tag und täglich über gut eine Woche hindurch bergauf zu gehen, reicht schon aus – physisch. Psychische Stärke und Durchhaltevermögen sind das andere. Ich behaupte nicht, dass es für jedermann geeignet ist, aber es ist in der Vorstellung leichter denkbar, als mit dem Fahrrad die Erde zu umrunden, Weltmeere schwimmend zu durchqueren, Wüsten zu durchlaufen oder alle Achttausender dieser Welt zu besteigen. Und gerade deshalb, weil diese Besteigung des Kilimanjaro in der Vorstellung realistischer erscheint, habe ich dies als Synonym dafür herangezogen, um eine Strategie zu entwickeln, die in der Praxis leicht anwendbar ist.

Um die Kilimanjaro-Strategie umfänglich zu verstehen und zu begreifen, ist es zunächst nötig, eine Kilimanjaro-Besteigung – und alles, was damit verbunden ist – möglichst bildhaft dem Leser näherzubringen. Diesem Umstand werden wir im Teil I des Buches Rechnung tragen. Sie werden eintauchen in die Welt meiner Vorbereitungszeit, der effektiven Umsetzung und dessen, was danach geschah. Ich teile Erlebnisse mit Ihnen, die mich vor Freude fast platzen ließen, die mich zurückgeworfen und die mich tief berührt haben. Sie werden dadurch verstehen, dass es für einen Menschen, der, so wie ich, nicht in den Bergen aufgewachsen ist, möglich ist, etwas, das im Grenzbereich des Vorstellbaren liegt, erreichen zu können – nämlich einen der Seven Summits dieser wunderbaren Welt zu besteigen.

Im Teil II des Buches blicken wir gemeinsam hinter die Kulissen und setzen uns mit den psychischen Wirkkräften auseinander. Wir betrachten die Dinge, die für das vollbrachte Abenteuer der Kili-Besteigung[1] maßgeblich waren und die eine wesentliche Bedeutung für die Kilimanjaro-Strategie aufweisen. Das darin vermittelte Wissen liefert uns die Basis, um die Strategie in seiner Gesamtheit zu erfassen.

Im Teil III werden die gewonnenen Erkenntnisse aus Teil I und II zusammengeführt und die Kilimanjaro-Strategie anschaulich und auf verständliche Art und Weise dem interessierten Leser vorgestellt.

In diesem Buch wird zwar die Besteigung des höchsten Berges Afrikas aus einer subjektiv erlebten Sicht dargestellt, es soll aber keine Anleitung sein, wie man diesen Berg bezwingt, wenngleich die persönlichen Erfahrungen des Autors in die jeweiligen Umsetzungspläne der Leser für eine Kilimanjaro-Besteigung eingebaut werden dürfen. Es wurde geschrieben von einem Menschen, der einst inspiriert wurde, auf diesen Berg zu gehen, der diesen Traum realisiert hat und aus diesem Erlebnis Verbindungen zu den Wirkkräften gezogen hat, die hinter dieser Besteigung stehen, und daraus eine Strategie entwickelt hat, die sowohl in das private als auch das berufliche Leben integriert werden kann. Eine Strategie, die deutlich über die Planungsphase hinausgeht und ebenso auf die Umsetzung des Geplanten und den Umgang mit dem Ungeplanten eingeht.

Ich erwähne in diesem Buch auch Beispiele aus der Praxis, die abseits einer Besteigung eines Berges liegen. Diese stammen aus der persönlichen Erfahrung, geführten Gesprächen für dieses Buch oder aus öffentlichen Quellen. Namen von Personen werden nur dann genannt, wenn diese aus öffentlich zugänglichen Quellen stammen oder diese ihre ausdrückliche Zustimmung gegeben haben – andernfalls werden sie anonymisiert. In diesem Buch wird das generische Maskulinum verwendet. Ich möchte jedoch ausdrücklich betonen, dass dies ausschließlich im Sinne einer besseren Lesbarkeit des Textes geschuldet ist. Frauen und Männer mögen sich von allen angeführten Inhalten gleichermaßen angesprochen fühlen.

All jene, die erwarten, ein Werkzeug an die Hand zu bekommen, um sogar utopische Ziele zu erreichen, werden enttäuscht werden. Diejenigen, die sich

---
[1] Kili ist eine liebevolle Abkürzung des Kilimanjaro, die gerne von Kilimanjaro-Besteigern verwendet wird.

erhoffen, mit der Anwendung der Kilimanjaro-Strategie das schnelle Geld zu machen oder zu Macht zu kommen, sollten das Lesen dieses Buches hier und jetzt einstellen.

Die Kilimanjaro-Strategie kann jedoch dabei helfen, den Weg, den jeder Mensch geht – ob arm oder reich, jung oder alt, bewusst oder unbewusst –, als erstrebenswert und leidenschaftlich zu erleben. Der Leser kann sich damit ein wenig vom gesellschaftlichen Zwang lösen, der möglicherweise so manchen in die Enge treibt und ihn veranlasst, nach Dingen zu streben, die, wenn rational darüber nachgedacht werden würde, kaum erstrebenswert sind. Man hat es zwar vielleicht erreicht, das Ziel. Doch wie hoch war der Preis dafür – sowohl der monetäre wie auch der psychische? Als Analogie ausgedrückt, steht am Ende zwar ein wettkampftauglicher Pool im Garten, der kaum genutzt wird, dafür scheinen überwältigende Passiva in der Bilanz auf, sofern diese gezogen wird. (Anmerkung: Eine doppelte Buchführung ist dabei keinesfalls nötig, um dies zu erkennen.) Der andere füttert seine Social-Media-Accounts mit all seinen erreichten Zielen oder angekauften Dingen und erhofft sich möglichst viel positives Feedback, das ihm für einen Wimpernschlag seines Lebens den Puls vor Freude in die Höhe jagen lässt. Doch das Dopamin hält nicht an. Schon muss das nächste Posting für ein neuerliches Hoch sorgen – egal wie hoch der Preis dafür ist. Das Motto lautet: *Das Ziel ist das Ziel! Seht her, was ich kann und ich geschaffen habe.*

Die Kilimanjaro-Strategie besinnt sich anderer Werte. Bereits im antiken Griechenland prangte an der Eingangspforte des Apollontempels in Delphi *Erkenne dich selbst*, und der Spruch *Der Weg ist das Ziel* dürfte auch nicht ganz unbekannt sein. Zahlreiche Erkenntnisse aus der Psychologie, aber auch aus der Ökonomie sind Quellen der Inspiration für diese Strategie. Sie nimmt die Kraft eines Zieles auf, die wirkt, sobald dieses formuliert wird. Es nimmt aber auch den Schrecken der Energie, die ein Ziel entsendet, das entweder falsch formuliert oder dual beschrieben wird. Durch die Anwendung der Kilimanjaro-Strategie werden aus Zielen nachhaltige Ziele.

Dieses Buch soll diejenigen inspirieren, die fokussierter und zielgerichteter durchs Leben gehen wollen und dabei den Weg für mindestens so wichtig ansehen wie das Ziel selbst. Es ist für diejenigen, denen ein brauchbares Werkzeug fehlt, um die Dinge anzustreben, die für sie persönlich eine hohe Bedeutung haben. Die ihren Handlungen mehr Bedeutung geben und ihrem Leben mehr Sinn verleihen wollen.

Frühjahr 2020　　　　　　　　　　　　　　　　　　　　Reinhard Goisauf

Inhaltsverzeichnis

Teil I Das Erlebnis der Kilimanjaro-Besteigung 1

1 Der Wunsch wird zum Ziel – und dieses möchte erreicht werden 5
- 1.1 Zieldefinition 6
  - 1.1.1 Risiken 6
- 1.2 Planung und Vorbereitung 10
  - 1.2.1 Konkretisierung des Abenteuers 10
  - 1.2.2 Informationssammlung 11
  - 1.2.3 Ausrüstung 13
  - 1.2.4 Physische Vorbereitung 15
  - 1.2.5 Mentale Vorbereitung 18
- Literatur 27

2 Das Abenteuer nimmt seinen Lauf 29
- 2.1 Ankunft in Tansania 30
  - 2.1.1 Erste Erkundungswanderung am Fuße des Kilimanjaro 31
  - 2.1.2 Letzte Handgriffe vor dem Abenteuer 31
- 2.2 Die Besteigung des Kilimanjaro 32
  - 2.2.1 Tag 1 – Das Abenteuer der Kili-Besteigung beginnt 32
  - 2.2.2 Tag 2 – Von der Mandara Hut zur Horomobo Hut 40
  - 2.2.3 Tag 3 – Akklimatisationstag 43
  - 2.2.4 Tag 4 – Von der Horombo Hut zur Kibo Hut 46

	2.2.5 Tag 5 – Gipfeltag	50
	2.2.6 Tag 6 – Der letzte Tag des Kili-Abenteuers	61
2.3	Abschied aus Tansania	64
Literatur		66

Teil II Die Wirkkräfte aus theoretischer Sicht   67

3 Strategie   69
- 3.1 Strategieentwicklungsprozess   70
- 3.2 Vision, Mission, Leitbild und Leitsätze   71
- 3.3 Strategische Ziele   73
- 3.4 Strategische Stoßrichtungen/Initiativen   74
- Literatur   75

4 Ziele und Motivation   77
- 4.1 Die Macht der Ziele   78
  - 4.1.1 Zielbildung   78
  - 4.1.2 Zielverfolgung   79
- 4.2 Motivation und was sich dahinter verbirgt   81
  - 4.2.1 Definition von Motivation   81
  - 4.2.2 Intrinsische vs. extrinsische Motivation   82
  - 4.2.3 Motivationstheorien   83
- Literatur   86

5 Selbstmanagement   89
- 5.1 Selbstkonzept   91
- 5.2 Selbstbewertung   92
- 5.3 Selbstmotivierung   93
- 5.4 Persönlichkeit   95
  - 5.4.1 Big-Five-Modell   95
  - 5.4.2 Limbische Profiltypen nach Hans-Georg Häusel   96
- 5.5 Emotionen   97
- 5.6 Einstellungen und deren Veränderbarkeit   98
  - 5.6.1 Konstrukt und Funktionen von Einstellungen   98
  - 5.6.2 Einstellungsänderung   99

	5.7	Systemtheorie	100
		5.7.1 Systemisches Coaching	101
		5.7.2 Selbstcoaching	102
	Literatur		103

Teil III Die Kilimanjaro-Strategie im Detail 107

6 Die Bedeutung der Kilimanjaro-Strategie 109
   6.1 K.I.L.I.M.A.N.J.A.R.O. – Die Strategie 113
   Literatur 113

7 K – wie konstruktive Zieldefinition 115
   7.1 Die Wirkkraft von Metazielen 117
   7.2 Nachhaltigkeit der Ziele 121
   Literatur 124

8 I – wie Informationen einholen für eine detaillierte Planung 125
   Literatur 130

9 L – wie Leidenschaft & Motivation. Von der Vorbereitung bis zur Umsetzung 131
   9.1 Motivation als Kompetenz 133
   Literatur 135

10 I – wie Imagination 137
   Literatur 140

11 M – wie maßvolles Tempo. Der Körper spricht mit dir 141
   Literatur 150

12 A – wie Akklimatisierung und Anpassung 151
   Literatur 159

13	N – wie Notstopp. Grenzen erkennen und akzeptieren	161
	Literatur	165
14	J – wie Jambo! Rückschläge und Hindernisse willkommen heißen	167
	Literatur	175
15	A – wie Alles & Nichts	177
	Literatur	182
16	R – wie Reserveenergien freisetzen	183
	Literatur	188
17	O – wie Output & Outcome	189
	Literatur	194
18	Zum Schluss – die Basis für Neues entsteht	195
	18.1 Dank	196
	Stichwortverzeichnis	197

Teil I

Das Erlebnis der Kilimanjaro-Besteigung

Im ersten Teil dieses Buches wird die Besteigung des Kilimanjaro in den Vordergrund gerückt. Der dargelegte Bericht beruht auf den persönlichen Erfahrungen des Autors, die dieser während der Planungs-, Vorbereitungs- und Umsetzungsphase gesammelt hat, aber auch auf den Erfahrungen von anderen Kilimanjaro-Besteigern, die in Form von Büchern, Beiträgen im Internet oder im direkten Austausch dem Autor vermittelt wurden. Teilweise wird auf die Prozesse, die sich im Kopf abspielen, eingegangen, diese sollen aber keineswegs das vordergründige Thema dieses Buchteils widerspiegeln. Das Anliegen des Autors ist es, das Erlebnis einer Kilimanjaro-Besteigung für den geschätzten Leser nachvollziehbar zu machen. Dabei ist nicht nur die effektive Besteigung des Berges von Bedeutung, sondern ebenso gewichtig, wie die Zeit bis zum Antritt der Reise genutzt wurde und wie sich positive und negative Einflüsse sowohl auf die physische als auch auf die psychische Konstitution ausgewirkt haben.

Dieser Bericht soll keinesfalls eine Anleitung zum Nachmachen sein, wie man den Gipfel des Kilimanjaro erreichen kann – hierfür gibt es vermutlich eher zielgerichtete Literatur und mit Sicherheit Expertisen von Fachkundigen mit langjähriger Erfahrung im Höhenbergsteigen. Es kann aber durchaus als ergänzende gedankliche Unterstützung angesehen werden, wenn man sich das Ziel gesetzt hat, auf den höchsten Berg des afrikanischen Kontinents zu gehen, da diese Erzählung auf dokumentierten Daten und Fakten basiert.

Ich erzähle aus meiner subjektiv wahrgenommenen Perspektive das *Abenteuer Kilimanjaro*. Dies ist meines Erachtens für das nachvollziehbare Verständnis des Kerns des Buches – der *Kilimanjaro-Strategie* – unerlässlich. Erst wenn der Leser in die Welt der Höhenwanderung eintaucht, versteht, welche

Gefahren und Risiken damit verbunden sind, nachvollziehen kann, welche Entbehrungen und auch körperliche und mentale Anstrengungen mit dieser Besteigung verbunden sind, kann die Kilimanjaro-Strategie nachvollzogen und vollinhaltlich in das eigene Leben integriert werden, sofern man das möchte.

Erster Eintrag in das Kilimanjaro-Notizbuch, das extra für das Abenteuer angelegt wurde. Nicht weil ich ein Fan des Festhaltens von Gedanken in Tagebüchern bin, sondern vielmehr, weil diese Reise ein vermutlich einmaliges Erlebnis ist. Ich spürte, dass die aufkommenden Gedanken während dieser Reise es wert sein werden, sie für die Zeit nach der Rückkehr zu dokumentieren.

» Ein Abenteuer beginnt! Viele Jahre beschäftigt mich schon der Gedanke, auf den Kilimanjaro zu gehen. Nun scheint die Zeit dafür gekommen zu sein. Im Herbst 2016 beginnt, ein Abenteuer geboren zu werden.

Diese triviale, nennen wir es mal selbstironisch nicht für den Literaturnobelpreis zu nominierende Aussage, die mittels schön geschwungener Schreibstiftspuren auf dem Pergamentpapier festgehalten ist (kein echtes Pergamentpapier, aber auch kein alltägliches Papier, das in Leder gebunden ist) und mit der das Buch somit seiner Bestimmung übergeben wurde, versteckt dennoch erst beim zweiten Blick einen zu erkennenden, tieferliegenden Sinn: einen Traum, der es wert ist, zu realisieren. Nicht nur ein flüchtiger Gedanke, der hie und da aufflackert und der das limbische System in die Gänge bringt, sondern ein Gedanke, mit dem vieles verbunden werden kann. Ein Abenteuer zu erleben und dabei Neues zu entdecken. Einen bis zu diesem Zeitpunkt für den Autor noch unbetretenen Kontinent zu bereisen, alle Klimazonen dieser Welt in nur einer Woche zu durchwandern, den höchsten allein stehenden Berg der Welt zu besteigen, einen der Seven Summits,[1] den höchsten Berg Afrikas zu erklimmen, Träume zu leben, Vorbild zu sein und neue Menschen kennenzulernen. Gut, Letzteres kann man überall auf der Welt, aber die Menschen Tansanias sind es allemal wert, sie kennenzulernen. Ihre Herzlichkeit, ihre Höflichkeit, ihre Hilfsbereitschaft und aus der Sicht des Autors die Lebensfreude, die sie trotz ihrer, zumindest im europäischen Vergleich, bescheidenen Lebensver-

---

[1] Als Seven Summits werden die jeweils höchsten Berge der sieben Kontinente bezeichnet.

hältnisse und Lebensperspektiven versprühen. Wenngleich nicht alle Träume verwirklicht werden können, existieren Träume, die sich tatsächlich in die Tat umsetzen lassen. Dies ist einer des Autors, der ihn dazu beflügelte, nach der Reise zum Uhuru Peak[2] ein Konzept auszuarbeiten und in Form dieses Buches zu verschriftlichen, das Menschen helfen kann, ihren Träumen Flügel zu verleihen, diese als Ziele zu formulieren, den Weg mit Leidenschaft zu gehen und die Erreichung als nachhaltige persönliche Weiterentwicklung in das eigene Leben zu integrieren. Ziele können viel mehr bewirken als sie bloß erreichen zu wollen. Ziele sind nicht nur dual – erreicht oder nicht erreicht, ja oder nein, null oder eins. Ziele können alles sein und gleichzeitig nichts. Ziele können die Welt verändern - vor allem die eigene.

---

[2] Uhuru Peak ist der höchste Gipfel des Kilimanjaro.

1

Der Wunsch wird zum Ziel – und dieses möchte erreicht werden

Inhaltsverzeichnis
1.1   Zieldefinition   6
    1.1.1   Risiken   6
1.2   Planung und Vorbereitung   10
    1.2.1   Konkretisierung des Abenteuers   10
    1.2.2   Informationssammlung   11
    1.2.3   Ausrüstung   13
    1.2.4   Physische Vorbereitung   15
    1.2.5   Mentale Vorbereitung   18
Literatur   27

Der Traum, den Kilimanjaro zu besteigen, lauert seit vielen Jahren in mir. Mit der Jahrtausendwende ist dieser deutlich in mein Bewusstsein gedrungen und damit zu einem Wunsch geworden. Zu dieser Zeit habe ich davon erfahren, dass ein guter Bekannter mit seinen Reisekumpanen die Besteigung des Kilimanjaro für das Jahr 2001 geplant hat. Ich habe diese Gruppe dafür bestaunt, dieses, zumindest für *unsere Breitengrade,* ungewöhnliche Projekt in Angriff zu nehmen. Mit „unsere Breitengrade" meine ich, dass es zunächst schon mal ungewöhnlich ist, dass man sich in der Gegend, in der ich wohne, dem Bergsport hingibt, da ich im Flachland Österreichs lebe und der nächste Berg, den man als solchen betiteln kann, gut 100 Kilometer entfernt liegt. Und dass man auf den Gedanken kommt, den Kilimanjaro zu besteigen, ist noch um ein Stück außergewöhnlicher, als den Großglockner (höchster Berg Österreichs) erklimmen zu wollen. Aber zurück zu den Männern, die sich zu Beginn des 21. Jahrhunderts daran versucht haben, den Kilimanjaro zu bezwingen. Zu jenen, die den Bergsport damals noch nicht an die erste Stelle ihrer Freizeitgestaltungsmöglichkeiten gestellt haben. Diese Männer trainierten über viele Monate für die Besteigung und hatten meine vollste Bewunderung dafür. Seit diesem Zeitpunkt hat sich der Wunsch, den Kilimanjaro zu besteigen, noch stärker in meinen Gedanken manifestiert, da mir damit das scheinbar Unmögliche als möglich erschienen ist. Fasziniert war ich von diesem Berg jedoch schon seit meiner Schulzeit. Der Kilimanjaro ist im Laufe der vielen Jahre zum Bildnis Afrikas für mich geworden und hat mich magisch angezogen.

Der Zeitpunkt, als aus dem Wunsch ein Ziel wurde und ich damit den Rubikon überschritten hatte, war rund ein Jahr vor dem Aufbruch nach Afrika. Einer meiner Brüder, Herbert, hat beiläufig erwähnt, dass er den Wunsch hegt, den Kilimanjaro zu besteigen. Ich war mehr als überrascht und habe spontan darauf geantwortet, wenn er das ernst meinen sollte, dass wir dieses Abenteuer gemeinsam in Angriff nehmen könnten. Bis zu diesem Zeitpunkt bin ich davon ausgegangen, dass es noch viele Jahre dauern würde, bis sich die passende Gelegenheit dafür ergeben wird.

1.1 Zieldefinition

Das Ziel der Reise war im allerersten Moment überraschenderweise noch nicht ganz klar. Ist es nicht das Ziel, wenn man eine Reise auf den höchsten Berg Afrikas antritt, dass man letztendlich auch auf dem Gipfel steht? Irgendwie ja. Natürlich. Klar. Aber wenn man länger darüber nachdenkt und recherchiert und damit in Erfahrung bringt, dass mit dieser Reise auch gewisse Risiken verbunden sind, muss man sich die Frage stellen, ob das Ziel, nämlich den Gipfel zu erreichen, auch tatsächlich das ultimative Ziel dieser Reise ist. Hier eine kleine analytische Betrachtungsweise.

1.1.1 Risiken

Die Risiken, die mit einer Kilimanjaro-Besteigung verbunden sind, können nicht unbedingt mit einer Hand abgezählt werden.[1] Es lohnt sich aber allemal, sich konkrete Gedanken darüber zu machen, ob das Ziel, den Kiliman-

---

[1] Es wird darauf hingewiesen, dass es sich hierbei nicht um eine wissenschaftlich fundierte Risikoanalyse handelt. Die genannten Risiken wurden vom Autor erhoben und interpretiert. Es handelt sich dabei um keine vollumfängliche Beschreibung aller möglichen Risiken, es wird auch keine Gewähr für die korrekte Darstellung geboten und ersetzt keinesfalls die ärztliche und fachkundige Beratung.

jaro zu besteigen – nach möglichst objektiver Betrachtung der Einschätzung der Risiken und des möglichen Umgangs damit, sprich, ob man den Risiken gewachsen ist –, auch tatsächlich als solches in das eigene Leben aufgenommen werden soll. Das Ergebnis meiner subjektiven Analyse war eine wichtige Entscheidungsgrundlage, um das Abenteuer Kilimanjaro überhaupt in Angriff zu nehmen. Folgende Risiken habe ich für mich recherchiert und mich gedanklich damit auseinandergesetzt:

Höhenkrankheit
Der Kilimanjaro ist 5895 Meter hoch. In dieser Höhe sind nur noch ca. 50 Prozent des Sauerstoffgehalts im Vergleich zu den Höhen im Flachland Österreichs vorhanden. Dies bedeutet, der Körper muss sich auf diese Höhe anpassen – in der Fachsprache wird dies als akklimatisieren bezeichnet. Und das braucht seine Zeit (Haselböck 2018). Wenn man das Risiko, an der Höhenkrankheit zu erkranken, nahezu vermeiden möchte, findet man recht bald heraus, dass der Aufstieg pro Tag nicht mehr als 300 bis 400 Höhenmeter sein sollte (Alpin 2008). Bei einem Gesamtaufstieg von ca. 4000 Höhenmetern bedeutet dies, dass man 10 bis 13 Tage unterwegs ist, bis man auf dem Gipfel wäre. Würde man den Gipfeltag mit rund 1000 Höhenmetern nun an einem Tag bewältigen, würde der Aufstieg immer noch 8 bis 10 Tage dauern. Dies ist kaum in der Praxis umzusetzen, da keine Trekkingorganisation ein derartiges Angebot in der Tasche hat. Die Alternative wäre, vor Ort selbst eine Crew mit Führern, Trägern und Köchen zusammenzustellen oder vor der Besteigung des Kilimanjaro einen anderen Berg in der Nähe, zum Beispiel den Mount Meru, zu erklimmen und danach auf den Kili zu gehen. Die Gesamtdauer bei Zweitem wäre auch mit ca. 12 Tagen zu kalkulieren. Die Akklimatisierung wäre aber dadurch recht gut gegeben.
    Was passiert im Körper bei der Anpassung an die Höhe? Vor allem werden mehr rote Blutkörperchen gebildet, die für den Sauerstofftransport im Blut verantwortlich sind. Man kann sich vorstellen, dass dieser Prozess nicht über Nacht geschieht. Damit die langfristige Akklimatisation des Körpers einsetzt, vergehen 5 bis 7 Tage. Die Gefahren, und damit die Risiken, die mit der Höhe schlagend werden können, sind vor allem, ein Lungen- oder Hirnödem zu bekommen. Das heißt, dass ein Blutpfropfen eine Arterie in der Lunge oder dem Gehirn verstopft und dadurch entsprechende Folgen ausgelöst werden. Die Höhenkrankheit kündigt sich allerdings an. Anzeichen dafür sind z. B. starke Kopfschmerzen, Schlaflosigkeit, Appetitlosigkeit, später dann Erbrechen, starke Bewusstseinsbeeinträchtigungen, Husten von Blut – um nur einige zu nennen. Wenn Letzteres eintritt, ist allerdings höchste Zeit geboten, die Höhe so rasch wie möglich wieder zu verlassen, um folgenschwere Konsequenzen (z. B. Tod) zu vermeiden (Alpin 2013).

Bei der gewählten Tour sind insgesamt 5 Tage für den Aufstieg vorgesehen. Davon ist ein Tag für die Akklimatisation angedacht, wobei an diesem Tag ein Aufstieg über ca. 600 Höhenmeter vorgesehen ist und wieder zur Ausgangstelle zurückgekehrt wird. *Hoch gehen – tief schlafen* lautet das Motto dafür. Damit soll ein Mindestmaß an Höhenanpassung stattfinden, um die Wahrscheinlichkeit, den Gipfel zu erreichen, zu erhöhen.

Bei der Recherche der Wahrscheinlichkeiten, den Gipfel zu erreichen, stößt man bald auf die Statistik, dass die Gipfelerfolgsquote bei etwa 45 Prozent liegt (Hart 2016). Diese Quote verändert sich jedoch mit der gewählten Dauer des Aufstiegs. Je länger man sich dafür Zeit nimmt, desto höher steigt die Wahrscheinlichkeit, den Gipfel zu erreichen. Je weniger Zeit dafür investiert wird, desto geringer ist die Wahrscheinlichkeit (Berghold und Schaffert 2009).

Krankheiten

Vor Krankheiten ist niemand gefeit. Neben den Krankheiten, die auch in Mitteleuropa vorkommen, lauern weitere Gefahren wie z. B. Gelbfieber (impfpflichtig bei Einreise in Tansania aus einem anderen afrikanischen Land), Tetanus, Hepatitis, Typhus, Meningokokken, Tollwut (Anmerkung: Dabei ist entscheidend, welches Tier dich beißt, denn beim Angriff einer Raubkatze ist Tollwut vermutlich sekundär.), Malaria (Gefahr ist ab 1800 Meter Seehöhe nur noch gering), Cholera, Tetanus, Kinderlähmung, Diphtherie, Masern und Denguefieber (Tropeninstitut 2019). Für diese Impfungen gibt es den internationalen Impfpass, in dem all diese Impfungen eingetragen werden. Ich habe mich vor den meisten dieser Krankheiten geschützt, wobei zu erwähnen ist, dass ich Medikamente gegen Malaria nur auf Stand-by mitgenommen habe, da die Einnahme der Prophylaxe zu Problemen in der Höhe führen kann. Bei anderen Krankheiten, wie Denguefieber, bleibt meist nichts anderes übrig, als das Risiko, das äußerst gering ist, einfach in Kauf zu nehmen.

Verletzungen

Beim Wandern können immer Verletzungen auftreten: Verstauchungen, Abschürfungen, Probleme mit Bändern, Sehnen, Knien, Muskeln usw.

Die Gefahr eines Absturzes besteht auf der Marangu-Route kaum, da bis zum Kraterrand kaum eine Möglichkeit vorhanden ist, irgendwo abzustürzen, außer man stolpert über seine eigenen Beine und stürzt in ein ausgetrocknetes Bachbett. Erst ganz oben kann es passieren, dass man von einem Felsen abrutscht und eventuell in Richtung Kraterboden stürzt. Aber auch dieses Risiko ist kaum vorhanden, da der Kraterrand und dessen Weg recht breit sind.

Vulkanausbruch

Die Gefahr eines spontanen Vulkanausbruchs (der Kilimanjaro ist ja ein Vulkan) ist zurzeit äußerst gering. Seit dem letzten Ausbruch des Kibo – dieser soll um 1700 stattgefunden haben — ist die vulkanische Aktivität zwar nicht erloschen, verharrt jedoch auf einem geringen Niveau (Szeglat 2019). Dass man also wie der *eine Ring* dem Schicksalsberg übergeben wird oder wie eine Jungfrau den Göttern in den heißen Quellen eines Feuerberges geopfert wird, wie dies so mancher Abenteuerfilm suggeriert, lässt sich nahezu ausschließen.

Essen und Trinken

Das Essen ist in Tansania etwas anders als in Mitteleuropa. Die Gefahr, dass man dieses nicht so gut verträgt (Durchfall) ist gegeben. Ein womöglich ungewohnter Geschmack lässt sich leicht kompensieren, wenn man mit der Einstellung ins Rennen geht, dass man alles probiert und es schmecken wird. Aufpassen muss man hingegen beim Trinken von Wasser. Das Wasser aus den Wasserleitungen ist nicht zum Trinken geeignet. Die Zähne putzen kann man sehr wohl damit. Vorsicht auch bei Eiswürfeln in Getränken – diese sollte man vermeiden. Lieber einmal ein ungekühltes Getränk, als sich später stundenlang deswegen zu verkrampfen. Dieser Tipp gilt mehr für den Aufenthalt im Hotel als für die Besteigung, da auf dem Kilimanjaro sowieso keine mit Eiswürfel gekühlten Cocktails serviert werden. Und für das Wasser vom Berg gibt es Entkeimungstabletten, um es genießbar zu machen.

Kriminalität

In der Nähe von Marangu und auf dem Kili selbst ist die Gefahr eher gering. Aufpassen muss man vermutlich in umliegenden Städten wie Moshi oder Arusha. Das Land und die Leute sind recht arm. Das sieht man. Es besteht natürlich die Gefahr, Opfer eines Raubüberfalls zu werden, da Touristen als reich angesehen werden. Übermäßig hoch ist die Gefahr allerdings auch nicht.

Gepäck, das während der Anreise verloren geht

Dieses Risiko besteht immer, egal wohin man reist. Diesem Risiko kann allerdings leicht dadurch entgegengewirkt werden, dass die Utensilien auf mehrere Taschen aufgeteilt und teilweise doppelt mitgenommen werden.

Bei der Konkretisierung des Zieles der Reise ist es durchaus sinnvoll, die Risiken und deren Eintrittswahrscheinlichkeit zu berücksichtigen. Für mich hat das bedeutet, dass ich das Ziel folgendermaßen definiert habe: Ich gehe so hoch auf den Berg, dass ich ohne gesundheitliche Langzeitfolgen wieder nach Hause zurückkehren kann. Dies bedeutet, ich nehme Muskelschmerzen, Gelenksschmerzen, kleinere Prellungen (falls sie auftreten) in Kauf, setze aber mein Leben niemals aufs Spiel. So weit höre ich auf meinen Körper und achte auf die Zeichen, die er mir sendet. Prüfe allerdings, ob es der innere Schweinehund ist, der mich zur Aufgabe verleiten möchte, oder es tatsächlich gesundheitliche Probleme sind und mir diese der Körper als Vorwarnungen sendet. Dieses Motto beziehungsweise dieses Ziel hat mich bis zur letzten Minute der Reise geleitet, mir die nötige Richtung verschafft und meine Motivation aufrechterhalten.

1.2 Planung und Vorbereitung

Bei der Umsetzung des *Kilimanjaro-Projekts* wirken zahlreiche Denk- und Verhaltensmuster, die letztendlich aus einem Wunsch ein Ziel werden lassen. Die Motivationsforschung spricht auch vom Rubikon-Modell der Handlungsphasen. Auf dieses Modell wird im zweiten Teil des Buches eingegangen, es soll aber hier zum Zwecke des besseren Verständnisses der folgenden Kapitel nicht verabsäumt werden, dass es sich dabei um vier Phasen handelt: abwägen, planen, handeln, bewerten (Heckhausen und Heckhausen 2006). Der Übergang zwischen abwägen und planen ist fließend und findet teilweise gleichzeitig statt. Gesammelte Informationen zu Kosten, guten Zeiten für den Aufstieg, Routen, Voraussetzungen und Risiken wirken sowohl für die Entscheidungsphase, *das Ding* in Angriff zu nehmen, als auch für die Planung der Vorbereitungsphase.

1.2.1 Konkretisierung des Abenteuers

Mein Reisekomplize und ich konkretisieren das Thema und sondieren die ersten Anbieter. Uns ist wichtig, dass wir einen Guide finden, der Erfahrung auf dem Berg und mit Land und Leuten hat und dass das Preis-Leistungs-Verhältnis passend für unsere Briefbörsen ist. Wir stoßen bei unseren Recherchen natürlich auf Anbieter aus Österreich, der Schweiz und aus Deutschland und haben damit gute Vergleiche, um einen geeigneten Zeitpunkt, eine machbare Route, eine gute Betreuung und einen akzeptablen Preis zu bekommen. Wir entscheiden uns, mit Rudi Stangl (kilimanjaro.at) über die Marangu-Route den Kili zu besteigen. Die Machame-Route soll zwar auch sehr interessant, aber leider auch überlaufen sein. Im Zuge unserer Recherchen erfahren wir, dass entweder die Zeiträume von Januar bis Anfang März oder von Juli bis Oktober optimal sind, um den Kilimanjaro zu besteigen, da hier die Niederschlagswahrscheinlichkeit gering ist. Es gibt in diesem Gebiet zwei Regenzeiten, die große Regenzeit ist von Mitte März bis Juni und die kleine Regenzeit von Ende Oktober bis Dezember (beste-reisezeit.org 2019). Diese Zeiten sind für die Besteigung nicht gerade ideal. Ein Septembertermin ist für meinen Bruder und mich am besten, da dieser auch mit unseren Berufs- und Privatleben am besten vereinbar ist.

Während der ersten Tage und Wochen mache ich mir natürlich auch immer wieder Gedanken darüber, welche Risiken mit dieser Reise verbunden sind. Immerhin habe ich zum Zeitpunkt der Reise einen vierjährigen Sohn zu Hause, für den ich gemeinsam mit meiner Frau verantwortlich bin. Trotzdem spüre ich, dass ich diese Reise machen muss. Machen will. Für mich. Aber auch für ihn. Um ein Vorbild für ihn zu sein. Ein Vorbild dafür, seine Träume zu erfüllen und das Leben zu leben, das einen glücklich macht. Ich beschließe deshalb, dass ich kein unnötiges Risiko eingehen werde. Schließlich möchte ich ihm von diesem Abenteuer erzählen, ihn in Zukunft möglicherweise für seine Träume damit inspirieren. Dieses Versprechen werde ich auch halten.

Mein Bruder und ich sammeln immer mehr Informationen. Es werden die vielen Fragen, die zu diesem Zeitpunkt in unseren Köpfen schwirren, immer klarer beantwortet: Was müssen wir mitnehmen? Welche Kleidung ist empfehlenswert? Welche Temperaturen herrschen auf dem Berg? Welche im Tal? Wie sieht es mit der Regenwahrscheinlichkeit aus? Welche Verpflegung wird es geben? Welche nehmen wir am besten selbst mit? Welche Impfungen sind vorgeschrieben? Welche ratsam? Welche unnötig? Welche Voraussetzungen braucht man von physischer, aber auch von psychischer Seite? Viele der gesammelten Informationen werden zu umfangreichen Checklisten ausgebaut. Das Abenteuer wird damit immer präsenter im Kopf.

1.2.2 Informationssammlung

Mein Wissen rund um die Kilimanjaro-Besteigung war zugegebenermaßen zu Beginn, als der Wunsch zu einem Ziel wurde, recht bescheiden. Ich wusste, dass dieser Berg der höchste Berg Afrikas und knapp 6000 Meter hoch ist. Ich wusste, dass die Besteigung kein großes Bergsteigerkönnen voraussetzt und dass man einige Tage durch alle Klimazonen der Erde wandert, bis man den Gipfel erreicht hat. Man könnte behaupten, mehr als ein Basiswissen, das vermutlich in der Schule vermittelt wurde oder ich aus dem einen oder anderen Bericht erfahren habe, war nicht vorhanden.

Mit der Planung der Kili-Besteigung stieg mein Interesse exponentiell. Je näher der Tag X rückte, desto mehr Wissen rund um das Thema saugte ich auf wie ein Schwamm. Die selektive Wahrnehmung wurde immer feiner justiert, und ich fand Bilder im Web, Berichte in Zeitschriften und Magazinen, zahlreiche Bücher, die alle in irgendeiner Weise mit dem Kilimanjaro verbunden waren. Ich lernte, dass der Kilimanjaro nicht die Grenze zwischen Tansania und Kenia bildet, sondern zur Gänze in Tansania liegt; dass zahlreiche Routen auf den Gipfel führen, wie die Machame-Route, die Lemosho-Route, die Shira-Route, die Umbwe-Route, die Rongai-Route, die Marangu-Route, die North-Route, die Kikileva-Route und die Mweka-Route, wobei Letztere nur als Abstiegsroute dient (Mount-Kilimanjaro-Wiki 2019). Ich wusste beim Startschuss zur Planung noch nicht, dass der höchste Gipfel Uhuru Peak genannt wird und 5895 Meter über dem Meer liegt oder dass es noch zwei weitere mächtige Erhebungen auf dem Kilimanjaro-Massiv gibt, den Shira und den Mawenzi und dass Letzterer einst über 6000 Meter in den Himmel ragte. Interessant war zu erfahren, welche Routen die beliebtesten, die schwierigsten oder längsten sind und dass es Routen gibt, deren Lagerplätze zwar *Hut* genannt werden, aber keine Hütten dort sind. Ich hatte keine Ahnung, dass der Mount Meru mit seinen 4565 Metern gar nicht mal so weit weg ist, und, um ehrlich zu sein, ich wusste nicht einmal, dass es einen Berg gibt, der Mount Meru heißt. Kilimanjaro wird im Deutschen Kilimandscharo geschrieben. Ich bevorzuge jedoch die englische Schreibweise, da die in diesem Buch vorgestellte gleichnamige Strategie als Apronym, also eine Sonderform eines Akronyms, zu verstehen ist.

Schnee bzw. Eis am Kilimanjaro gibt es tatsächlich – Wissenschaftler vermuten jedoch, dass dieser in 20 Jahren aufgrund der Klimaerwärmung zur Gänze verschwunden sein wird. Das Buch *Schnee auf dem Kilimandscharo* von Ernest Hemingway (2017) hat nichts mit der Besteigung des Berges zu tun. Der Erstbesteiger heißt Hans Mayer – es war der 6. Oktober 1889, als er und der Österreicher Ludwig Purtscheller gemeinsam mit dem Bergführer Yohani Kinyala Lauwo am Dach Afrikas angekommen sind – damals noch auf der Kaiser-Wilhelm-Spitze, die 1964 in Uhuru umbenannt wurde – dies bedeutet Freiheit auf Suaheli (Wikipedia 2018). In diesem Gebiet der Erde gibt es nicht die Jahreszeiten, wie wir Mitteleuropäer sie kennen, Frühling, Sommer, Herbst und Winter mit recht unterschiedlichen Temperaturen und Wetterlagen. Rund um den Kili gibt es Regenzeit oder keine Regenzeit. Im Frühjahr dauert sie länger, im Herbst nicht so lange.

Google-Maps wurde für eine gewisse Zeit zu einer meiner Lieblingsseiten. Ich zoomte das Gebiet rund um den Kili heran und verschaffte mir so ein Bild von ihm und seinen Ausmaßen, seiner Lage, seiner Umgebung und den Städten und Dörfern, die um ihn liegen. Unzählige Suchbegriffe wurden im Web abgefragt, und die Informationen füllten meine zu diesem Thema noch unbeschriebenen Seiten zwischen meinen Ohren. Die Wetterseiten rund um dieses Gebiet waren dann zu späterer Zeit, vor allem aber kurz vor dem Start in das Abenteuer ganz oben auf der Informationssammlungsprioritätenliste. Während der letzten Woche informierte ich mich täglich über die Wetterprognose für den Zeitraum der Besteigung. Knapp vor Abreise wurde noch Schneefall für den Gipfeltag prognostiziert. Ich habe mich persönlich davon überzeugt: Die Meteorologen haben sich geirrt – es war sternenklare Nacht.

1.2.3 Ausrüstung

Ein wesentlicher Punkt für die Kilimanjaro-Besteigung ist durchaus, das richtige Material mit dabei zu haben. Immerhin ist man 6 Tage zu Fuß auf steinigen Wegen unterwegs. Die Temperaturen reichen von gut 30 Grad Celsius über bis möglicherweise 15 bis 20 Grad Celsius unter dem Gefrierpunkt. Hinzu kommt, dass man selbst gerade mal das Tagesgepäck im Rucksack hat – den Rest stemmt ein Träger, aber nur maximal 15 Kilogramm. Dies bedeutet, dass eine vernünftige Auswahl der Ausrüstung und eine entsprechende akribische Vorbereitung durchzuführen sind.

Hier kommt wieder *König Internet* ins Spiel. Zahlreiche Recherchen im Netz lassen die Ausrüstungsliste stetig wachsen. Aber nicht nur das. Ich erhalte Informationen von Rudi Stangl selbst sowie von dem Mann aus meiner Heimatgemeinde, der im Jahr 2001 den Kilimanjaro bezwungen hat. Er versorgt mich mit Informationen über die Ausrüstungsliste von damals. Als weitere Informationsquellen dienen Reiseberichte, die sich dem Thema Ausrüstung intensiv widmen und ich mir in Form von Büchern zu Gemüte führe.

Ich lege eine umfangreiche Aufstellung mit allen Ausrüstungsgegenständen an, auf die ich im Laufe meiner Erkundigungen gestoßen bin. Die Liste umfasst am Ende all jene Punkte, die für mich erfüllt sein müssen, damit ich die Reise antreten kann. Einiges, im Grunde genommen eigentlich mehreres (dies hat sich erst im Laufe der Reise herausgestellt), war nicht nötig mitzunehmen. Es hat mir allerdings eine gewisse Art von Sicherheit gegeben, diese Dinge mit auf die Liste zu nehmen und auch mit nach Afrika, obwohl mir beim Packen meiner Taschen in der Woche vor Reisestart klar war, dass ich keinesfalls alles mit auf den Berg nehmen kann. Auf einige wesentliche Dinge wollte ich aber keinesfalls verzichten. Diese waren für mich: zwei Paar Bergschuhe, wärmende Kleidung, Regenschutz, Sonnenbrille, Wasserentkeimungstabletten, Erste-Hilfe-Zeugs inkl. Notfallmedikamente, Stirnlampe, sehr guter Schlafsack, ein Notizbuch und noch einiges mehr. Die Liste war lang, und klar ginge es auch mit weniger, mit einem absoluten Minimum, aber dies musste bei meiner Reise nicht sein. Doch die Aufstellung hat mir auch ein wenig Sicherheit vermittelt, dass ich an alles gedacht habe, an alle Eventualitäten, dass es keine bösen Überraschungen gibt. Am ersten Abend am Berg wurde ich allerdings eines Besseren belehrt. Nämlich, dass man nahezu nichts braucht, als das, was man am Körper und in seinem eigenen Rucksack trägt – aber dazu später mehr.

Für die Wanderung mussten neue und vor allem festere Bergschuhe her. Zum Zeitpunkt des Kaufes der Schuhe dachte ich noch, dass ich mit diesen alle 6 Tage gehen werde. Beim Treffen mit Rudi Stangl rund 3 Monate vor Abreise hat er dazu geraten, dass wir die Tage bis zum Gipfeltag auf keinen Fall mit den Schuhen gehen sollen, mit denen wir dann auf den Gipfel wollen. Das Problem ist, wenn die Schuhe bis zum Gipfeltag nass werden sollten, dass diese auf dem Berg nicht mehr trocknen. Und dann hast du nasse Schuhe bei Minusgraden an – ein zweifelhaftes Vergnügen, das tunlich zu vermeiden ist. Gut, dass ich bereits gut eingegangene Wanderschuhe hatte – diese sollten mir während der ersten vier Tage des Abenteuers guten Halt bieten und mich auf meinen Beinen tragen.

Schuhe sind das eine. Handschuhe das andere. So wichtig wie es ist, dass die Füße guten Halt haben, dass sie trocken, schwielenfrei und warm bleiben, genauso wichtig ist, dass die Finger und Hände nicht unterkühlt werden – vor allem in der Gipfelnacht. Ich besorge mir, nach einer kühlen Erkenntnis bei einer der Vorbereitungswanderungen, dicke Fäustlinge für extreme Bedingungen.

Ein weiterer wesentlicher Punkt, war die Anschaffung eines geeigneten Schlafsackes. Die meisten mit Erfahrung, so auch Rudi Stangl, sprechen davon, dass dieser eine Komfortzone von mindestens minus 5 Grad Celsius haben sollte. Ich entscheide mich vorsoglich für einen Schlafsack mit einer Komfortzone, die für noch tiefere Temperaturen geeignet ist – berappe dafür zwar einiges mehr an Geld, werde es aber keinesfalls bereuen, da ich den direkten Vergleich nach meiner ersten Nacht am Kili antreten kann.

Sonstige Ausrüstungsgegenstände, die aufgrund des Abgleichs der Liste mit den vorhandenen Gegenständen noch zu besorgen sind, sammeln sich im Laufe der Zeit langsam an. Wie zum Beispiel ein Trinksystem. Dabei hat man im Rucksack einen Beutel mit Wasser gefüllt und kann, ohne dass man dadurch irgendwelche Pausen machen muss, laufend aus einem Trinkrohr seinen Durst stillen. Optimal, um den Wasserverlust während einer Wanderung laufend auszugleichen. Ich habe ein System gewählt, bei dem der Schlauch ummantelt ist, dadurch soll das Wasser im Schlauch nicht gefrieren.

1.2.4 Physische Vorbereitung

Erfahrene Alpinisten beschreiben den Kilimanjaro als nicht schwierigen, aber dennoch als hohen Berg. Diese Aussage kann ich unterstreichen. Um den Kilimanjaro zu besteigen, bedarf es keiner besonderen alpinen Ausbildung, bergsteigerischen Könnens oder übermäßig hoher Kondition. Ein wenig Trittsicherheit auf den letzten Höhenmetern ist vorteilhaft. Die Herausforderung liegt im Großen und Ganzen in der Höhe und dem damit verbundenen geringen Sauerstoffgehalt in der Luft. Wie sich der eigene Körper auf diese extremen Bedingungen einstellen kann – und zwar in möglichst kurzer Zeit. Das ist die Herausforderung. Klar, eine halbwegs gute Ausdauer sollte schon vorhanden sein. Schließlich ist man täglich 5 bis 15 Stunden auf den Beinen. Obwohl sich die 15 Stunden rein auf den Gipfeltag beziehen. Die Tage für den Zustieg bis zum Gipfeltag bewegen sich bei 5 bis 7 Stunden Gehzeit. Dafür sollte man gerüstet sein. Die sonstigen körperlichen Grundvoraussetzungen sollten sich damit begnügen, dass man ein halbwegs normales Körpergewicht hat und sonst in einem guten gesundheitlichen Zustand ist. Größere Probleme mit Beinen oder Rücken sollten nicht unbedingt vorhanden sein.

1.2.4.1 Konditions- und Kraftaufbau

Mit der Einholung der ersten Informationen zur Kili-Besteigung bin ich auf die Seite von Rudi Stangl gestoßen und damit einhergehend auf die Information über die von ihm empfohlene Voraussetzung, dass man ohne größere Anstrengung eine Stunde durchlaufen kann (2019). Dies teste ich bereits tags darauf und absolviere diesen Lauf. Klar hatte ich danach einen Muskelkater, da zu diesem Zeitpunkt bei meinen regelmäßigen sportlichen Aktivitäten weniger der konditionelle Bereich im Vordergrund gestanden hat. Dennoch ist es mir gelungen. Ein für mich sehr positives Zeichen, um bereits von Beginn an meine mentale Stärke zu festigen. Ich wusste somit vom ersten Moment an, dass ich die Grundvoraussetzungen bereits habe. Ich musste nur noch danach trachten, dass ich das Niveau halte. Mein Ehrgeiz motivierte mich jedoch dazu, dass ich meine physische Konstitution noch weiter verbessern wollte. Ich stellte mir einen Trainingsplan auf. Dieser hat folgendermaßen ausgesehen: bis drei Monate vor dem Aufbruch nach Afrika zweimal pro Woche muskelstärkendes Training plus zwei Mal pro Woche Konditionstraining. Zusätzlich alle 3 bis 4 Wochen eine mehrstündige Wanderung. Ab dann eine Steigerung des Konditionstrainings auf dreimal pro Woche plus alle 2 Wochen eine Wanderung. Zum großen Teil habe ich das auch so durchgezogen. Mit Ausnahme der Wanderungen. Diese haben weiterhin nur einmal pro Monat stattgefunden.

1.2.4.2 Wanderungen

Ein wichtiger Teil des Trainingsplans hat vorgesehen, regelmäßige Wanderungen durchzuführen. Einerseits mussten meine neuen Bergschuhe eingelaufen werden, und anderseits mussten die Beine auf die Dauerbelastung, die mich noch erwartet, vorbereitet werden.

Elf Wanderungen sollten am Ende der Vorbereitungszeit die Grundlage dafür bieten, für den Kilimanjaro gerüstet zu sein. Die meisten der Wanderungen unternehme ich gemeinsam mit meinem Bruder. Dabei sprechen wir oft und gerne über die bevorstehende Reise. Tauschen uns über neueste Informationen aus und motivieren uns gegenseitig. Großartig, wenn man so ein Projekt gemeinsam machen kann. Wir erleben dabei Temperaturen von 12 Grad Celsius unter bis 25 Grad Celsius über dem Gefrierpunkt. Idealer hätten die Bedingungen als Vorbereitung für den Kili kaum sein können. Wind und Wetter haben uns die Möglichkeit geboten, unsere Ausrüstung zu testen und mit den daraus gewonnenen Erkenntnissen, beispielsweise jene, dass das Regenmaterial noch nicht passend war, diese zu verbessern. Die Wanderungen finden zum Großteil in den Wiener Bergen und nahe unserer Heimat statt. So geht es dabei beispielsweise auf den Hundsheimer Berg, Kahlenberg, Großen Peilstein, Rax, Hohe Veitsch, Schneeberg und die Gemeindealpe. Allesamt wunderbare Wanderungen gepaart mit fantastischem Naturerlebnis, die selbst die Vorbereitungszeit zu etwas Besonderem werden lassen. Rund 7200 Höhenmeter, 140 Kilometer und 38 Stunden wandern (Pausen nicht mitgerechnet) stehen am Ende der Vorbereitungszeit im Tourenbuch vermerkt.

Bei einer Wanderung ist auch derjenige aus meiner Heimatgemeinde dabei, der bereits im Jahr 2001 am Gipfel des Kili stehen durfte. Ich nutze die Gelegenheit und komme mit Michael über seine Reise ins Reden. Er ist sofort Feuer und Flamme, als ich ihm erzähle, was ich vorhabe. Er berichtet davon, wie er damals seine Reise erlebt hat. Gibt mir zahlreiche Tipps. Wie beispielsweise viel zu trinken und das auch schon vor der Reise zu trainieren. Denn 4 bis 5 Liter am Tag zu trinken ist gar nicht so einfach, wenn man dies nicht gewöhnt ist. Und vor allem: ganz langsam zu gehen. Auch wenn andere schneller gehen sollten, darf man sich nicht dazu verleiten lassen, das auch zu tun. Das sind mit Sicherheit die wichtigsten Tipps, die man für die Kili-Besteigung beherzigen kann. Diese Informationen waren mir zwar nicht neu, da ich diese auch schon aus Büchern und diversen Onlineberichten in Erfahrung gebracht habe. Sie aber von jemandem zu hören, den man kennt und der selbst die Erfahrungen einer Kili-Besteigung gesammelt hat, wiegt doch noch um einiges mehr. Seine Worte werden mir während der Besteigung noch öfter in den Sinn kommen und mich motivieren, dass ich immer wieder trinke, obwohl ich im Moment noch gar keinen Durst verspüre.

1.2.4.3 Medizinische Vorbereitung

Afrika kann für das Immunsystem eines Europäers zu einer besonderen Herausforderung werden. Es ist also durchaus ratsam, sich dem Thema Gesundheit ein wenig näher zu widmen. Denn wie bereits erwähnt, ist mein Metaziel der Reise gesund – zumindest ohne Langzeitfolgen – wieder nach Hause zurückzukehren. Ein Blick zu Doktor-Google eröffnet das Thema zu einem gewissen Grad. Hier gilt, wie bei allen Krankheitsthemen, weniger auf Foren zu blicken, sondern seriöse Webseiten aufzusuchen, um vernünftige Informationen zu erhalten. Aber auch, das gilt auf jeden Fall, die fachkundige Meinung eines Experten – nämlich eines physisch existenten Arztes – zu hören. Neben meinem Hausarzt habe ich auch noch einen Reisemediziner mit Erfahrungen im Höhenbergsteigen konsultiert.

Nachdem ich in Erfahrung gebracht habe, welche Krankheitsrisiken mit der Reise verbunden sind, war für mich klar, dass ich diese soweit wie möglich reduzieren werde, und lasse mich gegen die meisten Krankheiten impfen. Dafür geht's mehrmals zum Arzt und in meinen Allerwertesten mit der Nadel.

Neben den prophylaktischen Vorbeugemaßnahmen in Form von Impfungen kann es natürlich auch leicht sein, dass man während der Reise an etwas erkrankt, wogegen man nicht geimpft ist, und man entsprechende Arzneimittel benötigt. Da in Tansania die medizinische Versorgung weit hinter der in Mitteleuropa liegt und auf dem Kilimanjaro bis heute noch keine Apotheke eröffnet wurde, beschließe ich, nachdem ich wieder meinen Arzt konsultiert habe, dass ich einige Notfallmedikamente mitnehmen werde. Dazu zählen Medikamente gegen Kopfschmerzen, Schmerzen an Gelenken und Muskeln, Durchfall, Übelkeit, Husten und dergleichen. Fehlen darf auf keinen Fall sehr guter Sonnenschutz. Ich greife zur Markensonnencreme mit Faktor 50+ für Haut und Lippen. Das Wasser am Kili, das aus den Entnahmestellen bei den Hütten kommt, muss entkeimt werden. Also Wasserentkeimungstabletten. Da mein Knie während der Vorbereitungszeit Probleme gemacht hat, besorge ich mir auch noch eine Kniebandage vom Bandagisten.

Von all der Medizin, die ich mit dabei hatte, habe ich zum Glück kaum etwas benötigt – mit Ausnahme einiger Kopfschmerztabletten. Damit habe ich aber gerechnet, da ich bereits in der Heimat zu Kopfschmerzen und Migräne neige.

1.2.5 Mentale Vorbereitung

> **Eintrag im Notizbuch vom März 2017:** *Mentales: Ich merke, dass das Thema und das Gipfelziel zu präsent wird – beschließe deshalb den gesamten Weg – Vorbereitung und Reise als Ziel zu erklären. Der Gipfel ist <u>nur</u> der Punkt auf dem „i". Das Abenteuer selbst ist das Ziel! Und: ohne gesundheitliche Folgen wieder nach Hause zu kommen.*

Dieser Eintrag verdeutlicht, dass die mentale Vorbereitung auf den Kilimanjaro eine sehr bedeutende Rolle hat. Er liefert aber auch den Hinweis, dass ein Ziel nicht nur als rein duales Ziel angesehen werden darf – schon gar nicht, wenn es um ein sehr wichtiges Ziel auf der Lebensliste geht.

Ich bereite mich vom ersten Moment mental auf das Abenteuer vor. Immer wieder stelle ich mir vor, wie es wohl sein wird. Welche Gefahren drohen? Wie es sich anfühlen wird – die Kälte, der wenige Sauerstoff in der Luft, die Landschaft. Ich imaginiere den Gang auf den Gipfel bei jedem Training. Jede Rückenübung, jede Kniebeuge, jedes Lauftraining mache ich in der Vorbereitung für das Ziel mit dem i-Punkt. Ich stelle mir den Weg in Bildern vor und damit einhergehend auch die zu erwartende Belastung und wie sich mein Training genau dafür bezahlt macht.

Ich spreche mit Freunden und Bekannten über mein Vorhaben, auf den Kili zu gehen, und berichte von der Wahrscheinlichkeit, den Gipfel zu erreichen. Ein Gesprächspartner meint darauf, dass es ihn fertigmachen würde, den Gipfel nicht zu erreichen, dass er damit nicht klarkommen würde. Ich merke in diesem Moment einen kleinen Dämpfer in meiner Motivation. Bis zu diesem Zeitpunkt war es mir zwar wichtig, auf den Gipfel zu kommen, habe mir auch eine Strategie zurechtgelegt, wie ich selbst damit umgehe, wenn ich es nicht schaffen sollte. Dabei spielte die Meinung von anderen eine untergeordnete Rolle. Bei diesem Gespräch merke ich jedoch, dass ich mich auf externe Bewertungen noch nicht genug vorbereitet habe. Ein guter Anlass, dass ich mich diesem Thema auch mental widmen sollte. Wenn ich den Gipfel nicht erreichen sollte, dass dies möglicherweise von anderen als echtes Scheitern angesehen werden könnte. Vor allem von jenen, die ein stark duales Zielverständnis aufweisen und nicht die Informationen zum Berg haben, die für eine realistische Einschätzung der Leistung nötig wäre. Die Meinung und die Bewertung Dritter sollten grundsätzlich bei einem derartigen Abenteuer eine kaum bedeutende Rolle spielen – so mein theoretischer Zugang. Dass dies jedoch zu diesem Zeitpunkt noch nicht ganz der Fall war, bewies mir dieses Gespräch und meine dadurch ausgelösten Gedanken.

Auch beim Kauf jedes neuen Ausrüstungsgenstandes stelle ich mir vor, wie ich diesen nutze. Wie ich mich in den Schlafsack schmiege und eine erholsame Nacht erlebe. Wie mich die Fäustlinge wärmen. Mich meine Schuhe tragen. Ich würde mal sagen, ich wende positives Denken als mentale Vorbereitung an – aber nicht nur. Die aufkommenden Gedanken an Risiken und Gefahren belassen mich immer in der Realität. Ich schiebe diese Gedanken nicht beiseite, sondern arbeite viel mehr mit ihnen. Wenn Unsicherheit aufkommt, weil ich nicht weiß, wie etwas ist, dann recherchiere ich noch etwas. Hole mir Informationen ein und setze mich geistig mit den Hindernissen, die möglicherweise auf mich warten können, auseinander. Ich beantworte dabei Fragen, wie beispielsweise: Wie werde ich darauf reagieren? Was kann ich in dieser oder jener Situation tun? Welche Ressourcen stehen mir zur Verfügung, welche konnten mir schon in einer ähnlichen Situation helfen? Dadurch gelingt es mir, belastende Gedanken abzubauen, da sie möglicherweise unberechtigt waren, oder ich habe mir dadurch eine Strategie zurechtgelegt, mit der ich in der jeweiligen Situation, in der das Hindernis schlagend wird, möglichst rational reagieren kann – in der Fachsprache wird dies mentale Kontrastierung genannt (Oettingen 2014).

Während der Vorbereitung fokussiere ich aber auch immer wieder auf die Dinge, die ich bereits geschafft habe. Auf meine Ressourcen. Stärke mein Selbstbewusstsein. Realisiere, dass ich bereits vieles in meinem Leben erreicht habe. Ich wende damit auch die Technik der positiven Psychologie an (Rahm 2017).

Die Gespräche mit meinem Bruder über den Kili und was uns womöglich erwarten wird, lässt die Vorfreude auf das Abenteuer stetig steigen. Ich kann es im Sommer schon kaum mehr erwarten, dass es endlich losgeht. Der gemeinsame Austausch und das Erleben der Vorfreude des Anderen geben wechselseitige Motivation.

Die Erkenntnis im März, dass der Gipfel eine zu bedeutende Rolle eingenommen hat, war besonders wichtig. Der Fokus auf ein rein duales Ziel mit Ja oder Nein, Gipfel erreicht oder nicht erreicht, wäre fatal gewesen. Dies würde viel zu großen Stress auslösen. Die körperliche und mentale Vorbereitung möglicherweise zur Qual werden lassen. Der Genuss, die Vorfreude darauf würde verblassen. Mit meiner Einstellungsänderung, dass der Gipfel natürlich wichtig ist, aber gerade mal das Tüpfelchen auf dem „i" darstellt, ist es mir gelungen, die Belastung selbst von den Schultern nehmen. Und auch die Vorbereitung und dazugehörige Argumentation auf ein eventuelles Scheitern war wichtig. Das Thema des Scheiterns habe ich geistig behandelt, aber niemals zu großen Platz dafür eingeräumt. Eine Volksweisheit besagt: *Du bekommst das, was du verdienst.* Ich wandle den Spruch etwas ab und sage: *Du bekommst das, woran du denkst!* Es war wichtig, dies gedanklich zu behandeln, aber nicht das Hauptaugenmerk darauf zu lenken.

Die Vorstellung dessen, was mich in Tansania erwarten wird, erfüllt mich während der gesamten Vorbereitungszeit mit einem angenehmen Gefühl. Es motiviert mich, dass ich trainiere, dass ich Ausrüstung kaufe und mir Gedanken dazu mache, was ich alles benötigen werde. Es motiviert mich aber auch für mein privates Leben. Weil ich durch die Erfüllung eines Traumes, auf meinem Weg bin. Der Weg, der mich glücklich macht.

1.2.5.1 Imagination

Die bildhafte Vorstellungskraft hat für mich einen besonders hohen Stellenwert. Im Zuge der Recherche nach Informationen rund um den Kilimanjaro tauche ich mit meiner Fantasie immer tiefer in die Materie ein. Obwohl ich bis zu diesem Zeitpunkt den afrikanischen Kontinent noch nicht berührt habe, erscheinen unzählige Bilder in meinem Kopf. Getränkt von den vielen Dokumentationen rund um die Fauna und Flora Afrikas, die ich bisher gesehen habe, aber auch genährt von den Fotos, die über das Internet verbreitet werden, und nicht zuletzt über die bildhaften Beschreibungen, die mit der Kilimanjaro-Besteigung verbunden sind, zündet mein assoziatives Netzwerk und liefert mir lebhafte Bilder vor meinem inneren Auge.

Ich sehe mich bereits Monate vor der Abreise beim Packen meiner Ausrüstungsgegenstände, sehe mich im Flugzeug sitzen und sehe mich vor allem auf dem steinigen Weg Schritt für Schritt meinem Ziel näherkommen. Ich antizipiere die Gefühle, die ich dabei erlebe. Endlich dort angekommen zu sein, wohin ich schon seit so langer Zeit wollte.

Die meisten inneren Bilder erscheinen mir vom Gipfeltag. Vermutlich deshalb, weil ich mir bis zum Zeitpunkt, an dem ich diesen Tag endlich in der Realität erleben darf, nicht konkret vorstellen konnte, wie es tatsächlich sein würde. Ich konnte nicht abschätzen, wie sich die wenige Atemluft auf meinen Körper und meine Befindlichkeit auswirkt. Ich konnte nicht abschätzen, wie steil der Weg letztendlich wirklich sein wird. Und ich konnte nicht abschätzen, wie es ist, stundenlang in eiseskalter Nacht auf den Kibo zu gehen. Aber dennoch stellte ich mir in meiner Fantasie vor, dass ich gehe und gehe und immer weiter gehe. Und irgendwann stehe ich am Kraterrand, blicke in alle Richtungen, genieße den ersten Erfolg, offiziell den Kilimanjaro bestiegen zu haben; sehe mich weiter gehen – immer weiter und weiter. Und plötzlich, wie aus dem Nichts stehe ich ganz oben. Ich reiße vor Freude meine Hände in die Höhe. Ich strahle mit meinem ganzen Körper. Ein nahezu übermächtiges Glücksgefühl bahnt sich seinen Weg bis in die Zehenspitzen. Ich stehe ganz oben. Auf dem Dach Afrikas. Auf dem höchsten alleinstehenden Berg dieses Planeten.

Diese Bilder tauchen immer wieder auf – ob es Tag ist oder Nacht, ich müde bin oder aktiv. Gerade bei den einzelnen Trainingseinheiten, die ich absolviere, versprühen diese Bilder unglaubliche Energie. Jedes Workout und jeder Meter, den ich laufe oder mit dem Rad fahre, ist gespickt mit diesen wunderbaren positiven Bildern. Die Aktivitäten erhalten dadurch enormen Sinn. Ich mache dieses Training nicht, weil ich muss, sondern weil ich diesen Moment ganz oben in der Realität erleben will. Die Vorbereitung ist Teil davon – keine Pflicht. Ich erlebe bereits diesen Erfolg immer und immer wieder – nur in meinen Gedanken; und dennoch fühlen sich die Emotionen, die ich dabei erlebe, real an. Gänsehaut bedeckt meinen Körper. Und obwohl diese Gefühle schon vorab so intensiv sind, werden sie keinen Vergleich bieten mit den Emotionen, die ich letztendlich am 22. September 2017 empfinden werde.

1.2.5.2 Rückschlag in der Vorbereitung

Vermutlich gehört es zu jedem Ereignis, das einem wichtig ist, dazu, dass man mit Rückschlägen fertig werden muss. Es können mentale Rückschläge sein, aber auch physische. Gleichgültig, um welche es sich handelt, man ist gefordert, damit fertig zu werden. Es geht um die Bewältigung der mit einem Rückschlag verbundenen negativen Emotionen, wie beispielsweise Ärger, die Verleugnung beziehungsweise Verdrängung der Realität. Es entsteht Wut –

und Zorn. Es quälen einen Fragen wie, was habe ich falsch gemacht? War es zu viel oder zu wenig? Wie gehe ich damit um? Was kann ich jetzt tun? Wenn man einen Rückschlag erleidet, ist es wichtig, die Tatsache anzunehmen, zu realisieren und Lösungswege zu suchen und dabei auf seine Erfahrungen zurückzugreifen. Fehlen diese, dann ist es ratsam, Hilfe für die Bewältigung zu suchen und diese anzunehmen (Berndt 2016).

Der größte Rückschlag für mich während der Vorbereitung auf den Kili war der, als ich rund 3 Monate vor der Besteigung des Kili auf Sardinien im Meer geschwommen bin und plötzlich einen stechenden Schmerz in der rechten Kniekehle verspürt habe. Und während ich mich zurück zum Strand kämpfte, haben sich bereits die ersten negativen Gedanken bemerkbar gemacht. Von „Sch…" und „nicht schon wieder" über „das kann ja nicht sein" bis hin zu „das kann den Kili gefährden". Mein Knie hatte schon Jahre zuvor Probleme verursacht. Die gesetzten Maßnahmen zur Stärkung der Muskulatur rund um das Knie waren 8 Jahre lang erfolgreich. Und jetzt das. Wieder das Problem. Wieder Schmerzen. Muss diesmal operiert werden? Ist etwas gerissen? Fragen über Fragen tauchen auf und lösen Sorgen aus. Eine OP hätte das geplante Kili-Abenteuer mit Sicherheit für jenes Jahr gekillt. Im ersten Moment bin ich wieder in den Modus der Schonung gefallen. Das hat nicht viel gebracht. Wobei Schonung in diesem Fall weniger laufen und keine Knieübungen bedeutet hat. Da dies nicht den gewünschten Erfolg gebracht hat, bin ich wieder verstärkt auf das Rad ausgewichen. Und dabei waren – wieder einmal – echte Erfolge zu verzeichnen. Wenngleich es auch mühsam war und ich keine anstrengenden Bergtouren in weiterer Folge machen wollte, war dies der letztendlich richtige Weg für mich, den ich gegangen bin.

Dies war mir aber nur möglich, weil ich mit der Situation umzugehen wusste. Ich wusste, ich muss die negativen Emotionen und damit verbunden die negativen Gedanken hinter mir lassen und mich auf eine Lösung des Problems konzentrieren – auch wenn der Weg hart ist und ich mit weiteren Rückschlägen rechnen muss. Klar, wenn tatsächlich ein Band gerissen wäre, hätte mir nur eine Operation geholfen und ich hätte den Kili für längere Zeit abschreiben müssen. Da dies aber nicht der Fall war, war es mir möglich, meine Erfahrungen, die ich Jahre zuvor gesammelt habe, gewinnbringend einzusetzen. Nämlich, wie baue ich die Flüssigkeit, die sich durch die Entzündung im Knie sammelt, ab – und zwar so, dass ich dem Knie ausreichend Schonung gönne, damit sich die Entzündung nicht verschlimmert. Und darüber hinaus ich weiter an meiner Kondition und an meinem Muskelapparat arbeiten kann. Gänzlich ohne medizinische Betreuung war ich jedoch nicht, da ich meinen Hausarzt diesbezüglich konsultiert habe. Ich muss allerdings gestehen, dass ich damit relativ lange zugewartet habe. Ich denke, ich wollte vermeiden, dass ich zu früh eine verheerende Diagnose erhalten könnte.

1.2.5.3 Dinge zu Ende bringen

So viele Menschen es auf der Erde gibt, so viele Persönlichkeiten gibt es. Kein Mensch gleicht einem anderen bis ins kleinste Detail. Doch es gibt auch zahlreiche Gemeinsamkeiten. Persönlichkeitsforscher haben dafür einen allgemein anerkannten Cluster entwickelt – die Big Five der Persönlichkeit: Offenheit für Erfahrungen, Gewissenhaftigkeit, Extraversion, soziale Verträglichkeit und Neurotizismus (Gerrig 2015). Diese sind nicht zu verwechseln mit den Big Five der Tierwelt, die einst Großwildjäger für bestimmte Tiere in Afrika aufgrund der Schwierigkeiten und Gefahren bei der Jagd auf sie beschrieben haben: Elefant, Nashorn, Büffel, Löwe und Leopard (Aufmkolk 2019). Heute ist diese Jagd zum Glück verboten, doch es lohnt sich allemal, diese Tiere in freier Wildbahn bei einer Fotosafari in tierschutzfreundlicher Art und Weise zu beobachten. Dies lässt sich recht gut als Anschluss zur Kili-Besteigung verbinden, da man sich bereits in der Nähe von einigen sehenswerten Nationalparks befindet.

Doch kommen wir zurück auf die Big Five der Persönlichkeit. Jeder Mensch, so die Wissenschaft, hat Züge der einzelnen Komponenten, nur in unterschiedlicher Ausprägung. Die Big Five erfassen jedoch noch nicht alle Persönlichkeitsfaktoren. So werden beispielsweise Fähigkeiten und Einstellungen, Werthaltungen, Religiosität und gesundheitsbezogene Eigenschaften dabei nicht berücksichtigt. Somit werden von den Big Five lediglich ca. 50 Prozent der im Alltag wahrgenommenen Persönlichkeitsunterschiede erfasst (Asendorpf 2018). Für unseren Zweck reichen jedoch die 50 Prozent der Big Five allemal aus, um darauf einzugehen, welche davon positive Effekte für das Abenteuer Kilimanjaro bewirken können.

Für die Kili-Besteigung ist vermutlich ein etwas höherer Grad bezüglich Offenheit für Neues relevant, da man sich dabei auf zu neuen, bisher von einem selbst noch unbetretenen Wegen macht. Ich spreche auch selbst immer wieder von einer Expedition, da für mich als Person bei dieser Reise viel Neues und für mich Unerforschtes zu entdecken auf dem Plan steht, um auf den gewonnenen Erkenntnis in Zukunft aufzubauen. Auch die soziale Verträglichkeit sowie eine gut ausgeprägte emotionale Stabilität schlagen durchaus positiv zu Buche, da man mit seiner Gruppe recht viel Zeit bei Tag und auf wenig Raum bei Nacht verbringt. Gewissenhaftigkeit spielt meiner Meinung nach zwar nicht unmittelbar bei der Besteigung selbst eine große Rolle, doch wenn dieser Wesenszug eine hohe Ausprägung hat, dann bringt man die Einstellung mit, Dinge, die man begonnen hat, auch zu Ende zu bringen. Und gerade diese Eigenschaft ist für die Vorbereitung auf die Besteigung von großer Bedeutung und erhöht die Chance, wenn es darauf ankommt, den nötigen Schritt setzen zu können, um kurzfristig über die eigenen Grenzen hinauszugehen und das Ziel in greifbare Nähe zu bekommen.

Die körperliche Vorbereitung ist wichtig, darauf wurde bereits weiter oben eingegangen. Doch es kommt auch darauf an, wie man die einzelnen Trainingseinheiten absolviert. Wie hoch der Ehrgeiz und die Motivation dabei sind und wie sehr man das Letzte aus sich herausquetschen kann – man sozusagen bereits im Training die Belastbarkeitsgrenze kennenlernt und diese durch mentale Stärke versucht zu dehnen. Es geht dabei nicht darum, dass man Übermenschliches schafft oder sich selbst unerträglichen Qualen aussetzt, sondern darum, das Ziel, das man sich für eine Trainingseinheit gesteckt hat, zu erreichen.

Um ein Beispiel zu nennen: Wenn mein Trainingsplan vorsieht, dass ich an diesem Tag 7 Kilometer laufe, und ich wähle eine Laufstrecke, die dann doch schon bei Kilometer 6,8 zu Ende ist, dann beende ich nicht das Training, sondern laufe die weiteren 200 Meter in einer Art Ehrenrunde auf der Straße vor dem Haus. Ich bin davon überzeugt, dass gerade das besonders wichtig ist. Nämlich, dass das Ziel für den Lauf bei Kilometer 7 lag und nicht bei Kilometer 6,8. Auch wenn die Motivation, weiter zu machen, gering ist. *Es sind ja nur 200 Meter und ich bin schon wieder vor meinem Haus, was macht das schon aus?* Aber es sind gerade diese 200 Meter die letztendlich bedeutend sind – hier wird die Motivation geprüft, hier wird das Durchhaltevermögen gestärkt, hier wird Selbstbewusstsein gebildet, hier werden die Grenzen erweitert – die körperlichen wie die mentalen. Erst nach diesen 200 Metern fühlt man sich richtig gut, weil man eben das geschafft hat, was man sich vorgenommen hat. Ebenso ist eine Stunde auf dem Hometrainer erst nach 60 Minuten beendet und nicht bereits nach 55, 56 oder 59 Minuten, auch wenn die Beine müde sind oder das Hauptabendprogramm im Fernsehen beginnt. Und auf diese Stärke kann in jenen Momenten zurückgegriffen werden, in denen es darauf ankommt, seine noch letzten Energiereserven zu heben.

1.2.5.4 Motivation

Ein besonders wesentlicher Faktor für die Kili-Besteigung ist die Motivation. Warum macht man Derartiges? Ich kann für mich diese Frage mit drei Worten beantworten: Weil ich will! Dieses Verlangen, auf diesen Berg zu gehen, ist tief in meiner Seele geparkt und wartet nur auf den passenden Zeitpunkt, um in Fahrt zu kommen. Niemand von außen hat mir einen Floh ins Ohr gesetzt oder mich dazu mit irgendwelchen Mitteln versucht zu motivieren, dass ich das mache. Der Wunsch sitzt in mir. Ich mache das nicht, um mir oder irgendjemandem etwas zu beweisen. Ich mache das nicht für Ruhm und Ehre oder gar Geld. Ich mache das nur für mich, vielleicht auch ein wenig, um meinem Kind ein gutes Vorbild zu sein – nämlich, dass es wichtig ist, nach der Erfüllung seiner Wünsche zu streben. Ich konnte auch bis nach der Rückkehr aus Afrika keinen wesentlichen Grund nennen, warum ich das gemacht hatte, außer eben, weil ich wollte. Es handelte sich dabei um eine in höchstem Maße intrinsische Motivation. Und ich war bereit, meinen Beitrag dafür zu leisten, dies zu realisieren. Ich war mir sicher, dass hinter dieser Reise ein besonderer Sinn verborgen liegt, auch wenn er zu Beginn noch in meinem Unbewussten lag. Diesen konnte ich erst später in konkrete Worte fassen. Ich wusste, dass diese Reise mein Leben bereichern wird, aber nicht wie. Außenstehende werden vermutlich kaum eine Veränderung an mir wahrgenommen haben. Für mich war es jedoch ein bedeutender Schritt meiner persönlichen Weiterentwicklung und hat dem Weg, der vor mir liegt und der zu meiner Persönlichkeit passt, noch schärfere Konturen verpasst. Mag sein, dass dies mein Unbewusstes bereits erkannt hat und mich dazu beflügelt hat, dieses Abenteuer in Angriff zu nehmen. Es war eine wunderbare Reise, die im September 2016 begonnen hat und die vermutlich für den Rest meines Lebens dauern wird.

Wenngleich meine intrinsische Motivation während der Vorbereitung besonders hoch war, habe ich mir noch ein kleines zusätzliches mentales Extra mit der fixen Planung einer Eintagessafari am letzten Tag in Tansania verabreicht. Die Aussicht, bei einer Safari die Tiere in freier Wildbahn zu beobachten, die sonst nur im Zoo zu sehen sind, verschafft mir die Freude auf ein zusätzliches Highlight nach der Besteigung. Und es stellt ein mögliches Trostpflaster im Falle des Nichterreichens des Gipfels dar – die Wahrscheinlichkeit dafür liegt ja bei über 50 Prozent.

1.2.5.5 Spannung während der letzten Tage vor Abreise

Während der letzten Tage vor Abreise kann ich kaum mehr an etwas anderes denken als an das bevorstehende Abenteuer. Bis auf das Essen, das ich mitnehmen werde, ist eine Woche vor dem Start das gesamte Ausrüstungsmaterial zusammen. Zu diesem Zeitpunkt habe ich bereits begonnen, all die

Dinge, die mit nach Afrika reisen, in eine große Kiste zu packen und einen entsprechenden Vermerk auf meiner Liste zu machen.

> **Eintrag ins Notizbuch:** Nur noch 4 Tage bis zum Start! Der Berg zieht mich immer mehr in seinen Bann. Es ist nicht nur mehr ein leichtes Kribbeln wie bisher. Mein Gesundheitszustand ist nicht optimal. Fühle mich ein wenig schlapp. Leichter Schnupfen. Das Knie ist O.K. – spüre nur ein leichtes Ziehen. Habe Angst, krank zu werden. Hoffentlich habe ich mir kein Virus eingefangen. Leichter Husten. Fieberblase. Auch mental bin ich nicht ganz oben. Keine Ahnung, ob ich zurzeit mit meinem Immunsystem Probleme habe oder es die Nervosität ist, die sich auf verschiedene Art und Weise bemerkbar macht. Hab ein wenig das Gefühl, dass der Berg auf meinen Schultern lastet. Ich weiß, dass ich das kann. Ich weiß, dass ich fit genug bin. Ich weiß, dass ich die mentale Stärke hab. Ich weiß, dass sich mein Körper gut darauf einstellen kann. Ich fokussiere immer mehr auf den Berg – den Gipfel, den Weg. Blende alles andere immer mehr aus. Kann gut essen, und es schmeckt. Ich glaub, ich bin einfach nur sehr aufgeregt, was die Expedition betrifft.

Ich denke, die mentale Vorbereitung und Einstellung sind mindestens genauso wichtig wie die physische. Ich habe mich in allen Bereichen so vorbereitet, wie es mir für die Erreichung des Zieles am besten erschienen ist.

> **Eintrag vom 14.09.2017:** Nur noch 2 Tage! Habe gestern die Taschen gepackt. Ist echt viel Material, das ich mitnehme. Das Limit mit 15 Kilogramm für den Träger erreiche ich noch nicht. Zurzeit um 3,5 Kilogramm zu viel, und dabei ist noch einiges in

> der Hoteltasche. Andererseits kommt einiges davon in den Tagesrucksack. Nehme mal alles mit und entscheide vor Ort, was mit auf den Berg kommt und was im Hotel bleibt. Hab gestern noch eine Kili-Playlist zusammengestellt und aufs Smartphone übertragen. Die Aufregung ist immer noch da, ist aber nicht größer geworden. Der Gesundheitszustand hat sich nicht weiter verschlechtert. Mental gelingt's mir wieder besser.

Dies war der letzte Eintrag vor der Abreise nach Tansania.

Zusammenfassung

Der Moment, in dem der Wunsch zu einem Ziel wird, wird auch als Überschreitung des Rubikons bezeichnet. Zahlreiche Gedanken, wie beispielsweise die Beleuchtung der Risiken, fließen in die Entscheidung einer Zieldefinition mit ein. Beim Ziel, den Kilimanjaro zu besteigen, ist sowohl die physische als auch psychische Ausgangslange real einzuschätzen und das Vorbereitungsprogramm entsprechend zu gestalten. Von besonderer Bedeutung ist die Einschätzung der Risiken, die beim Höhenbergsteigen relevant werden können. Einschlägige Informationen liefern entsprechendes Wissen zur benötigten Ausrüstung und körperlichen Voraussetzung, um die Chance zu wahren, den höchsten Punkt Afrikas zu erreichen. Es gilt, den extremen Temperaturen zu trotzen und einen täglichen Fußmarsch von 5 bis 15 Stunden bewerkstelligen zu können. Mittels Visualisierung des Moments der Zielerreichung wird die Motivation gefördert, um die Trainingseinheiten in der Vorbereitung mit Freude und in geplanter Intensität zu absolvieren.

Literatur

Alpin (2008) Fakten zum Höhenbergsteigen. http://www.alpin.de/sicher-am-berg/medizin/4644/artikel_fakten_zum_hoehenbergsteigen.html. Zugegriffen am 10.03.2019

Alpin (2013) In großer Höhe: Was im Körper passiert. http://www.alpin.de/sicher-am-berg/medizin/8398/artikel_in_grosser_hoehe_was_im_koerper_passiert.html. Zugegriffen am 07.06.2018

Asendorpf JB (2018) Persönlichkeit. Was uns ausmacht und warum. Springer, Berlin

Aufmkolk T (2019). Was verbirgt sich hinter den sogenannten „Big Five"? https://www.planet-wissen.de/kultur/afrika/suedafrikas_nationalparks/pwie-big-five-afrika-100.html. Zugegriffen am 23.11.2019

Berghold F, Schaffert W (2009) Handbuch der Trekking- und Expeditionsmedizin. Praxis der Höhenanpassung – Therapie der Höhenkrankheit. Summit Club, München

Berndt C (2016) Resilienz. Das Geheimnis der psychischen Widerstandskraft. Was uns stark macht gegen Stress, Depressionen und Burn-out. dtv, München

beste-reisezeit.org (2019) Wetter & Klima. Klimatabelle, Temperaturen und beste Reisezeit. https://www.beste-reisezeit.org/pages/afrika/tansania.php. Zugegriffen am 14.12.2019

Gerrig RJ (2015) Psychologie. Pearson, Hallbergmoos

Hart S (2016) Kilimandscharo: 5.895 Höhenmter mit dem Bike. https://www.redbull.com/at-de/kilimandscharo-5.895-höhenmeter-mit-dem-bike. Zugegriffen am 07.04.2019

Haselböck K (2018) Kilimanjaro, Teil 3: Besuch beim Höhenmediziner. https://www.bergwelten.com/a/kilimandscharo-besuch-beim-hoehenmediziner. Zugegriffen am 23.11.2019

Heckhausen J, Heckhausen H (2006) Motivation und Handeln: Einführung und Überblick. In: Heckhausen J, Heckhausen H (Hrsg) Motivation und Handeln, 3. Aufl. Springer, Heidelberg

Hemingway E (2017) Schnee auf dem Kilimandscharo. (Schmitz W, Übers.). Rowohlt, Reinbek bei Hamburg

Mount-Kilimanjaro-Wiki (2019). Routenübersicht. Von http://kilimanjaro.bplaced.net/wiki/index.php?title=Routen%C3%BCbersicht. Zugegriffen am 23.11.2019

Oettingen G (2014) Die Psychologie des Gelingens. Pattloch Verlag, München

Rahm T (2017) Wohlbefinden trainieren – Ansätze der Positiven Psychologie. Wirtschaftspsychologie aktuell. Zeitschrift für Personal und Management.

Stangl R (2019). https://kilimanjaro.at/. Zugegriffen am 23.11.2019

Szeglat M (2019) Kilimandscharo in Tansania. http://www.vulkane.net/vulkane/a-z/kilimandscharo/kilimandscharo.html. Zugegriffen am 23.11.2019

Tropeninstitut (2019) Tansania. https://tropeninstitut.de/ihr-reiseziel/tanzania. Zugegriffen am 23.11.2019

Wikipedia (2018) Kilimandscharo. https://de.wikipedia.org/wiki/Kilimandscharo. Zugegriffen am 28.08.2018

2

Das Abenteuer nimmt seinen Lauf

Inhaltsverzeichnis

2.1 Ankunft in Tansania.. 30
    2.1.1 Erste Erkundungswanderung am Fuße des Kilimanjaro.............. 31
    2.1.2 Letzte Handgriffe vor dem Abenteuer..................................... 31
2.2 Die Besteigung des Kilimanjaro.. 32
    2.2.1 Tag 1 – Das Abenteuer der Kili-Besteigung beginnt................. 32
    2.2.2 Tag 2 – Von der Mandara Hut zur Horombo Hut..................... 40
    2.2.3 Tag 3 – Akklimatisationstag... 43
    2.2.4 Tag 4 – Von der Horombo Hut zur Kibo Hut........................... 46
    2.2.5 Tag 5 – Gipfeltag... 50
    2.2.6 Tag 6 – Der letzte Tag des Kili-Abenteuers............................. 61
2.3 Abschied aus Tansania.. 64
Literatur... 66

Das lange Warten und die intensive Vorbereitung haben ein Ende. Die Zeit ist gekommen. Das Abenteuer beginnt. Die Koffer sind gepackt. Besser gesagt: die beiden Taschen und mein Rucksack. Da die Airline die Möglichkeit bietet, 23 Kilogramm Freigepäck einzuchecken, nutze ich diese und verteile meine Ausrüstung so gut es geht auf zwei Taschen. Damit reduziere ich das Risiko, wenn eine Tasche verloren gehen sollte, dass meine gesamte Ausrüstung verloren ist. In diesem Fall müsste ich nur Teile davon vor Ort besorgen. Teilweise nehme ich auch aus diesem Grund einige Ausrüstungsgegenstände in doppelter Ausführung mit – eine weitere Maßnahme, um bei einem eventuellen Verlust einer der Taschen trotzdem auf dem Berg gerüstet zu sein.

Am Tag vor der Abreise habe ich noch merklich Nervosität in mir verspürt. Diese hat sich dann am Abend vollkommen gelegt. Es war alles vorbereitet. Ich habe die letzte Nacht zu Hause noch sehr gut geschlafen. Die Anspannung hat Platz gemacht für eine riesige Vorfreude.

Die Anreise nach Tansania verläuft im Großen und Ganzen wie geplant. Flug, Umstieg, Weiterflug, Zwischenlandung, Ankunft. Nichts Aufregendes, außer dass meine aus Belgien stammende Sitznachbarin, die ebenfalls auf den Kili wollte, irgendwo über Südägypten plötzlich kollabierte und ich zunächst an den Gesichtern der eiligst herbeigerufenen Flugbegleiter zu erkennen glaubte, dass wir eine ungeplante Zwischenlandung einlegen müssen, um die Patientin medizinisch versorgen zu können. Doch dies ist eine andere Geschichte. Nur so viel: Sie hat sich im Laufe des Fluges wieder erholt und konnte die Maschine auf normalem Wege verlassen.

2.1   Ankunft in Tansania

Nach dem Einreiseprozedere in Tansania wechseln wir noch etwas Geld in Tansania-Schilling. Ein Kleinbus wartet schon auf uns. Und mit diesem Prospar, unser Chief Guide am Kilimanjaro. Am Flughafen helfen uns einige Einheimische beim Verladen des Gepäcks – gegen Trinkgeld natürlich. Ich zahle bereits mein erstes Lehrgeld. Bin noch etwas zu spendabel für die örtlichen Verhältnisse. Bin gleich einiges an Tansania-Währung wieder los. Ich betrachte es als direkte Spende an einen Menschen, der es benötigen kann. Das Wetter ist bestens. Die Sonne scheint. Wir erhaschen die ersten Eindrücke von Land und Leuten bei der Fahrt ins Hotel, die in etwa eine Stunde dauert. Das Land ist eben, trocken und mit Felsen übersäht. Scheinbar vom letzten Ausbruch des Vulkans. Rudi informiert uns ein wenig. Als ersten mächtigen Berg erblicken wir den Mount Meru. Nur kurze Zeit später ragt der mächtigste Berg Afrikas in den Himmel. Wir erkennen ihn nur schemenhaft, da Dunst die Sicht etwas trübt. Die ersten Eindrücke von Land und Leuten zeigen uns sehr deutlich, dass wir hier in einem sogenannten Entwicklungsland sind. Armut an jeder Ecke. Viele Menschen sind zu Fuß unterwegs. Die Häuser gleichen eher Barracken. Staubig. Dreckig. Viele Motorräder auf den Straßen – mehr als Autos. Ist vermutlich billiger für die Einheimischen. Um ca. 9:00 Uhr Ortszeit (die Zeitverschiebung beiträgt +1 Stunde zur MEZ) kommen wir im Hotel an.

2.1.1 Erste Erkundungswanderung am Fuße des Kilimanjaro

Unsere Gruppe trifft sich bald zu einem gemeinsamen Frühstück. Ich habe bereits mächtig Kohldampf. Kaffee, Eier, Saft, Brot usw. Um vieles besser als erhofft. Gestärkt machen wir uns danach zu einer kleinen Wanderung auf. Rudi, Prospar und weitere Guides, die in der Zwischenzeit eingetroffen sind, begleiten uns. Wir wandern direkt vom Hotel, das außerhalb der Ortschaft Marangu liegt, durch Bananen- und Maisplantagen. Wir kommen an zwei Wasserfällen vorbei. Machen eine Rast und genießen die Eindrücke am Fuße des Kilimanjaro. Vieles wirkt spartanisch, urig und dennoch gefällig. Auch die Häuser der Einheimischen sind äußerst schlicht und aus Stein und Blech gefertigt. Die Bewohner machen einen sehr freundlichen Eindruck. Kinder spielen am Wegesrand und winken uns zu. Zum Abschluss der Eingewöhnungswanderung werden wir noch mit einem Eintopf bei einem der Guides zu Hause verköstigt. Zurück zum Hotel geht es dann mit einem Safari-Jeep. Wir sitzen auf der Ladefläche auf einfachen Sitzbänken. Der Jeep ist offen. Der Fahrtwind bläst uns ins Gesicht. Ich genieße diese Fahrt in vollen Zügen. Ein Gefühl des Glücks und der inneren Zufriedenheit, dies erleben zu dürfen, breitet sich in meinem Körper und Geist immer weiter aus. Ich bin angekommen.

2.1.2 Letzte Handgriffe vor dem Abenteuer

Wieder zurück im Hotel nutzen wir die Zeit und packen unsere Tasche für den Kili. Das heißt, aus den zwei Taschen, in der jeweils die Ausrüstung bestmöglich aufgeteilt ist, um einen eventuellen Verlust einer Tasche bei der Anreise zu verkraften, jetzt eine zu machen. Wie geplant, bleiben davon einige Dinge im Hotel. Wie beispielsweise ein erweitertes Hygienepaket oder Kleidung für Safari und Heimreise. Diese Dinge sollen mir nach einem 6-tägigen Aufenthalt auf dem Berg wieder ein wenig Zivilisationsvergnügen bringen. Für den Rest der Ausrüstung heißt es, dass eine Entscheidung getroffen werden muss, was mitkommt und was im Hotel bleibt. Einige Dinge habe ich ja aufgrund der Zwei-Taschen-Anreise-Sicherheit doppelt mitgebracht. Dafür eine Entscheidung zu treffen fällt leicht. Beim Packen der Tasche überlege ich nochmals gründlich, ob es tatsächlich notwendig sein wird, dass ich dieses oder jenes mitnehmen sollte. Schließlich müssen noch gut 3 bis 4 Kilogramm an Material eingespart werden. Außerdem bedeutet unnötiges Material auch unnötigen Ballast – sowohl für mich als auch für den Träger. So bleibt einiges an Kleidung und mitgebrachten Essensvorräten zurück. Der Rest geht in den Seesack. Alles nochmal in wasserdichte Säcke gehüllt, um die Ausrüstung vor Nässe zu schützen. Nasse Schuhe, Schlafsack oder Kleidung auf dem Berg bei Temperaturen unter dem Gefrierpunkt möchte ich auf jeden Fall vermeiden. Ich habe eine Kofferwaage mit, diese signalisiert mir, dass ich die 15 Kilogramm, die maximal zulässig sind, erreicht habe. In meinen Tagesrucksack kommt neben der Trinkblase auch noch Proviant für einen Tag. Dies war so viel, dass ich den Tag ohne zusätzliche Verpflegung ausgekommen wäre. Außerdem kommen neben einer Softshelljacke, Regenschutz und dem Erste-Hilfe-Set mit den Notfallmedikamenten auch noch die persönlichen Wertgegenstände mit hinein. Außen drauf kommen die Wanderstöcke und vorne am Gurt immer griffbereit der Fotoapparat.

Am Abend findet dann ein gemeinsames Abendessen statt. Rudi informiert uns über den genauen Ablauf der Wanderung. Auch darüber, wann am nächsten Tag gestartet wird und was wir mit der Tasche für den Berg tun sollen. Nämlich pro Person eine Tasche vor den Eingang zum Restaurant stellen und die Hoteltasche einmal um die Ecke. Diese wird im Hotel in einem abgeschlossenen Raum deponiert. Bald ziehen sich alle ins Zimmer zurück, um ihre Kräfte für die nun kommenden Tage zu schonen.

2.2 Die Besteigung des Kilimanjaro

Das Warten hat ein Ende. Die Vorbereitung ist mehr als abgeschlossen. Voller Ehrfurcht und geladen mit positiver Energie ist der Tag X endlich gekommen. Ein Jahr ist es her, als der Traum zu einem Ziel wurde – als *die Würfel gefallen sind*. Damit hat die Vorbereitung für dieses ganz besondere Abenteuer meines Lebens begonnen. Ich habe so viele Informationen gesammelt, wie ich für nötig hielt. Ich habe einen physischen und mentalen Plan zur Vorbereitung geschmiedet und diesen durchgezogen. Ich habe mich mit möglichen Risiken und Hindernissen auseinandergesetzt und diese geistig vorab gelöst. Ich habe Rückschläge erlebt und diese bewältigt. Ich bin bester Dinge. Ich fühle mich so richtig wohl. Ich bin in meinem Element. Endlich ist es so weit.

2.2.1 Tag 1 – Das Abenteuer der Kili-Besteigung beginnt

Am 18.09.2017 geht es tatsächlich los. Das Abenteuer beginnt. Die Nacht war erholsam. Ich überprüfe meine Tasche noch ein allerletztes Mal, ob ich alles mit dabei habe, fülle meine Trinkblase mit Wasser aus im winzig kleinen Shop neben dem Hotel gekauften Wasserflaschen und packe meinen Tagesrucksack fertig. Danach bringe ich den Seesack, den ein Träger für uns auf den Berg schleppt, hinunter zur vereinbarten Stelle. Es stehen bereits die Taschen der anderen Teilnehmer aus unserer Gruppe bereit zum Transport. Die Hotelzimmertasche deponiere ich im Durchgang um die Ecke am vereinbarten Platz. Diese ist übervoll, da in dieser auch die Kleidungsstücke, die ich für die Träger mitgenommen habe, für die Dauer der Kili-Besteigung verwahrt werden. Ich war recht großzügig bei der Mitnahme der Kleidungsstücke. Ich habe zu Hause meinen Bekleidungsvorrat ausgemustert und die Kleidung nach Afrika mitgenommen, die noch in einem guten Zustand war, aber die ich selbst nicht mehr tragen wollte – meist aus modischen Gründen. Es ist Brauch, dass diejenigen, die auf den Kili gehen, den Trägern beim Abschlussfest Kleidung überreichen. Ich wollte mich da auch auf keinen Fall ausnehmen. Finde es sogar schön, dass man denjenigen etwas von sich gibt, die nicht so viel haben, aber so viel für einen leisten. Sie sind es ja schließlich, die einen Kili-Erfolg erst möglich machen.

Wir laben uns beim Frühstück mit gebratenen Eiern und Schinken. Danach noch mal schnell ins Zimmer, um den letzten Check zu machen und um das letzte Mal eine ordentliche Toilette benutzen zu können.

Wir machen uns wieder auf den Weg zum Vorplatz vor der Rezeption. Die Gruppe ist noch nicht vollzählig. Das Gepäck für den Berg wurde bereits abgeholt. Die Jeeps stehen schon bereit. Es warten zwei Fahrzeuge auf uns, die uns später zum Marangu Gate bringen werden. Irgendwie überkommt mich während des Wartens ein eigenartiges Gefühl. Mein Bauch sagt mir, dass ich doch noch überprüfen sollte, ob meine Tasche auch tatsächlich verladen wurde. Ich gehe zu den parkenden Jeeps und sehe, dass auf dem Dach das Gepäck verstaut wurde. Ich gehe um beide Autos herum und kann meine Tasche nicht entdecken. Mein Seesack hat eine knallgelbe Farbe. Ich begutachte weiter und erblicke erleichtert einen Teil einer gelben Tasche auf dem Dach eines Jeeps. Mein Bauchgefühl ist wieder beruhigt. Meine Tasche ist offensichtlich verladen worden. Ich gehe wieder zurück und stelle fest, dass noch nicht alle Teilnehmer eingetroffen sind. Ich spaziere weiter in den Garten, setze mich in einen Gartensessel und genieße die letzten Augenblicke vor dem Start. Kurze Zeit später höre ich, dass es losgeht. Wir steigen alle in die zwei wartenden Jeeps und fahren den asphaltierten Weg hinauf zum Marangu Gate. Die Fahrt dauert ca. 10 Minuten. Zwischendurch machen wir kurz Halt. Zwischen den Bäumen am Wegesrand wird plötzlich der Blick auf den Kibo frei. Zwar etwas in Dunst gelegen, aber dennoch gut zu erkennen. Da wollen wir rauf. Eine enorme Entfernung – rund 35 Kilometer Fußmarsch.

Und mächtig hoch. Wir schießen noch schnell ein Foto und fahren dann weiter. Ich genieße auf der Fahrt zum Gate noch die Landschaft, den Blick auf die Bananenplantagen und die Maisfelder, auf die Menschen und die Gebäude, in denen sie leben. Wir treffen am Marangu Gate ein. Wir halten auf dem Parkplatz, und die Träger beginnen, das Gepäck abzuräumen. Zahlreiche Straßenhändler bieten uns ihre Waren an. Armbänder, Hüte, Ketten und dergleichen. Sie sind recht penetrant und lassen sich kaum abwimmeln. Ich lasse mich erweichen und kaufe, nach ortsüblichem Verhandeln, einem Händler einen Hut mit dem Schriftzug *Kilimanjaro 5895 m* ab. Handle ihn auf 4 Dollar runter. Gebe ihm 5. Auf das Wechselgeld warte ich noch heute. Ich trage es ihm aber nicht nach. Wenn ich daran denke, muss ich heute noch schmunzeln. Er hat sicher eine Familie zu ernähren. Der Dollar Trinkgeld sei ihm gegönnt.

Über ein paar Stufen geht es vom Parkplatz zur Registrierung und zum eigentlichen Gate. Rudi übernimmt für uns die Formalitäten. Wir müssen uns noch in ein dickes Buch eintragen. Jeder Kilimanjaro-Besucher wird registriert. Das ganze Prozedere dauert eine gute Stunde, bis wir endlich losgehen können. Nachdem alles erledigt wurde, gehen wir ein paar Schritte weiter. Unsere Träger warten bereits mit unserem Gepäck, das noch zusätzlich in Regenhüllen verstaut wurde, dem Essen, den Kochern und noch einigem mehr, das unsere Gruppe während der nächsten sechs Tage benötigen wird. Unsere Gruppe besteht aus elf Teilnehmern und 22 Einheimischen, wovon fünf Guides sind – der Rest trägt all das, was wir selbst nicht tragen. Das Gepäck wird noch vor dem Gate abgewogen, und dann geht's los.

Wir durchschreiten das Marangu Gate um 10:35 Uhr Ortszeit. Voller Enthusiasmus setzen wir einen Schritt vor den anderen. Wir tauchen direkt in den Regenwald ein. Der Weg ist top gepflegt. Festgetretene Erde, nur ein paar Steine und Wurzeln, gute 1,5 Meter breit und sanft ansteigend. Wir gehen von Anfang an ein sehr gemäßigtes Tempo. Wir kommen dabei nicht ins Schwitzen oder außer Atem. Am Wegesrand liegt kein bisschen Müll. Habe in einem Bericht gelesen, dass sich Müll und Kot neben dem Weg befinden soll. Persönliches Fazit: absoluter Blödsinn – zumindest auf dieser Route zu dieser Zeit. Wir wandern gemütlich dahin. Ich genieße die Eindrücke, die mir der Regenwald liefert. Dichtes Unterholz, Farne, Lianen, Moos an den Bäumen, eine Flora, die ich bisher nur aus Dokumentarfilmen, Büchern und Magazinen kannte. Ungewöhnliche Geräusche. Wir unterhalten uns ein wenig mit den anderen Bergkameraden und lernen uns so etwas besser kennen. Schließlich verbringen wir nun die nächsten sechs Tage gemeinsam – teils auf sehr engem Raum in den Hütten. Da sollte man schon ein wenig voneinander wissen. Nach zwei Stunden legen wir eine Pause ein. Am Rastplatz erwarten uns die Köche. Sie reichen uns Marmeladen-Sandwiches, Bananen, aufgeschnittene Orangen und Muffins sowie einen Fruchtsaft im Tetrapack. Kurz gesagt: alles, womit ich nicht gerechnet habe. Wir hören Geräusche im Wald und erhaschen einen kurzen Blick auf Affen, die sich von Baum zu Baum schwingen. Afrika – ich bin da!

» Eintrag ins Notizbuch: Ich mag Afrika und den Kili.

Nach der Jause geht unsere Wanderung weiter. Die Fauna verändert sich kaum. Dichter Regenwald, hin und wieder ein kleines Bächlein, das sich zwischen den Bäumen seinen Weg bahnt und wir mittels einer kleinen Holzbrücke überqueren. Das herrliche Licht-Schatten-Spiel lässt meine Hobbyfotografenseele vor Freude tanzen (Abb. 2.1). Hie und da sprudelt Wasser über eine kleine Felswand. Ich bin voll in meinem Element. Sauge jeden Eindruck auf wie nie zuvor. Immer wieder ergeben sich kurze Gespräche mit anderen Bergkameraden. Hauptsächlich bin ich aber im Flow – voll im Hier und Jetzt,

Abb. 2.1 Im Regenwald des Kilimanjaro-Nationalparks

im Gehen, im Genießen. Ich vergesse dabei, dass mich der Weg, den ich gehe, zum Gipfel führt. Meine Gedanken sind nur im jeweiligen Moment. Und dennoch führt mich jeder Schritt meinem Ziel näher. Ein wunderbares Gefühl.

Dabei kommt mir eine Weisheit aus dem Zen-Buddhismus in den Sinn: Ein Zen-Meister wurde von seinen Schülern gefragt, warum er immer so glücklich und zufrieden sei. Er antwortete darauf: Wenn ich stehe, dann stehe ich, wenn ich gehe, dann gehe ich, wenn ich sitze, dann sitze ich, wenn ich esse, dann esse ich. Die Schüler fielen ihm ins Wort und meinten, dass sie das auch tun. Sie wollten aber wissen, was er darüber hinaus mache, und so fragten sie erneut. Der Zen-Meister erwiderte wieder: Wenn ich stehe, dann stehe ich, wenn ich gehe, dann gehe ich, wenn ich… Und wieder behaupteten die Schüler, dass sie das auch tun. Der Meister aber sagte zu ihnen: Nein, das tut ihr nicht. Wenn ihr sitzt, dann steht ihr schon, wenn ihr steht, dann geht ihr schon, wenn ihr geht, dann seid ihr schon am Ziel (Achtsamkeit-hd 2019). Das ist es! Genau so fühlt es sich an, wenn man im jetzigen Augenblick ist. Nicht nur für einen kurzen Moment, sondern über viele Stunden. Ein unbeschreiblich leichtes Gefühl. Ein Augenblick löst den vorangegangenen ab. Gedanken kommen, und ich lasse sie wieder ziehen, ohne Wertung und ohne Nachhall.

Der Weg und die Steigung ändern sich kaum. Es bleibt eine vorerst gemütliche Wanderung. Die Temperaturen sind angenehm, da wir hauptsächlich im Schatten gehen. Die Sonne hätte schon ordentlich Kraft und würde uns ins Schwitzen bringen. So ist es aber eine wohltemperierte Wanderung mit kurzem Shirt. Vereinzelt kommen uns einige Bergwanderer entgegen. Sie waren bereits am Gipfel oder eben so weit sie kommen konnten. Beim Passieren wünschen sie uns *good luck*. Ich verschwende nur kurz den einen oder anderen Gedanken daran, dass diese Menschen es bereits geschafft hatten. Mein Weg liegt noch vor mir. Ich bin gerade mitten in meinem Abenteuer.

Plötzlich ist vor uns eine Lichtung wahrnehmbar. Kurz darauf erkenne ich bereits einige Hütten. Wir sind angekommen. Wir erreichen nach knapp 5 Stunden die Mandara-Hut. Wir haben an diesem Tag etwas mehr als 800 Höhenmeter gemacht. Herbert und mir geht es gut. Wir haben beide keine Probleme mit der Höhe. Liegt auch sicher daran, dass wir doch sehr langsam gegangen sind – immer schön *pole-pole*, wie die Einheimischen sagen. Ich bin fast sprachlos. Nicht weil ich so müde bin, sondern weil ich begeistert bin von der Anlage. Zahlreiche Hütten liegen idyllisch verstreut über einer Bergwiese. Mit Pflastersteinen befestigte Wege verbinden die einzelnen Hütten. Die meisten Unterkünfte sind die typischen – ich sag mal – Dachhütten. Diese bestehen nur aus einem Dach – vorne und hinten sind senkrechte Wände. Die Hütten, in denen wir schlafen, sind nicht unbedingt groß. Gerade mal Platz an drei Seiten für eine Liegefläche in Bodennähe. Eine Seite der Hütte ist mit der Tür belegt. Auf der gegenüberliegenden Seite ist noch ein Stockbett. Die Hütte hat somit Platz für vier Personen. Wir tragen uns wieder in das Gästebuch ein, erkunden ein wenig die Hüttenanlage und entdecken dabei die große Versorgungshütte. Diese hat Platz für gut 30 bis 40 Personen an großen Tischen. Stromversorgung gibt es auch. Eine Solaranlage mit darunter gestellten Autobatterien plus eine Solarzelle mit je einer Batterie je Hütte versorgt das Hüttendorf mit Strom. Zumindest mit so viel Strom, dass man nach Sonnenuntergang – und der kommt ziemlich pünktlich gegen 18:30 Uhr – noch etwas Licht in der Speisehütte und in den Schlafhütten hat.

Rudi informiert uns über den weiteren Ablauf des Tages, wann es zu essen gibt, und wir machen eine Hütteneinteilung. Ich teile mir mit Herbert, Rudi und einem weiteren Teilnehmer eine Hütte. Es dauert nicht lange und die Träger bringen uns das Gepäck. Die einzelnen Teilnehmer erkennen ihr Gepäckstück, nehmen Kontakt mit den Trägern auf und entlohnen diese mit Trinkgeld. Manche Gruppen zahlen angeblich nach den einzelnen Tagesetappen keine Trinkgelder. Wir legen jedoch darauf Wert, dass die Träger auch ordentlich entlohnt werden. Schließlich müssen diese nicht nur ihre eigenen Utensilien tragen, sondern auch noch unsere, damit wir relativ bequem unsere täglichen Wanderungen machen können.

2.2.1.1 Die mentale Herausforderung

Alle werden mit ihrem persönlichen Gepäck versorgt. Alle – nur nicht ich. Ich blicke mich um, erkenne aber keinen Träger, der meinen knallgelben Seesack bei sich hätte. Ich warte noch ein wenig, doch als sich alle Träger wieder zurückziehen, werde ich ein wenig nervös. Wo ist mein Gepäck? Ich blicke mich nochmals um, erkenne aber niemanden mehr, der meine Tasche hätte. Ich nehme mit Rudi Kontakt auf. Er meint, dass kein Grund zur Sorge besteht – es kann durchaus sein, dass noch Träger unterwegs sind, und wenn, dann sind diese spätestens in 20 Minuten da. Ich bin wieder beruhigt und warte. In der Zwischenzeit erkunde ich ein wenig mehr das Hüttendorf. Entdecke dabei die Waschräume und WCs. Zu meiner Freude ist die Geruchsbelästigung auf dem WC relativ gering, und die Kloschüssel hat sogar einen Sitz. Hurra. Ich warte weiter auf das Gepäck. Es kommt nichts. Ich nehme wieder mit Rudi Kontakt auf. Er signalisiert mir, dass er mit Prospar, unserem Chief Guide, in Erfahrung bringt, wo meine Tasche geblieben sein könnte. Wir klären, dass ich ordnungsgemäß meine Tasche am vereinbarten Platz deponiert habe. Kurze Zeit später kommt Rudi auf mich zu und meint, dass meine Tasche da sein müsste. Es ist kein Träger mehr unterwegs. Und die elf Träger haben elf Taschen abgeliefert. Ich frage bei den anderen Hütten unserer Gruppe nach, ob sie vielleicht meine Tasche gesehen haben. Jeder verneint. Es ist unerklärlich. Es wurden elf Taschen vom Hotel abgeholt und auf den Jeep gelegt, elf Träger haben elf Taschen zur Mandara-Hütte getragen. Jeder hat seine Tasche, nur ich nicht. Ich versichere nochmals, dass ich meine Tasche ordnungsgemäß im Hotel deponiert habe. Dies bestätigen mein Bruder und ein weiterer Teilnehmer unserer Gruppe, da er meine Tasche gesehen hat, dass diese bei allen anderen Taschen war, die auf den Berg mitgenommen werden sollten. War meine Tasche mit all der Ausrüstung, die ich so akribisch geplant habe, nun verschollen? Rudi nimmt nochmals mit Prospar Kontakt auf. Dieser soll in Erfahrung bringen, ob meine Tasche vom Jeep gefallen oder doch im Hotel zurückgeblieben ist. Etwas später kommt eine beruhigende Nachricht. Ich erfahre, dass eine Tasche, auf die meine Beschreibung zutrifft, noch im Hotel ist. Diese wird mir nachgeliefert, allerdings nicht mehr am selben Tag, sondern erst am nächsten, da es bereits zu spät für einen Träger ist, um den Weg in Angriff zu nehmen. Darüber hinaus schließt der Nationalpark seine Gates. Ich hoffe inständig, dass es sich tatsächlich um meine Tasche handelt, da auf dieser kein Namensschild dran ist. Dies bedeutet für mich, dass ich mich auf die Situation einstellen muss, dass ich die Nacht ohne Wechselwäsche, ohne Hygieneartikel und vor allem ohne meinen Schlafsack verbringen muss. Und das auf 2720 Metern Seehöhe. Die Temperaturen werden merklich kühler. Als die Nacht hereinbricht, wird es ziemlich kalt. Rudi organisiert mir von einem Guide einen Schlafsack – sein Name ist Heavenlight. Ich kann es kaum glauben, dass ich so ein Glück habe und er mir seinen Schlafsack borgt. Er selbst nimmt dafür eine Alternative in Kauf. Ich schlafe also heute Nacht in einem Schlafsack der Guides. Ich kenne Menschen, für die dies eine Situation gewesen wäre, die sie hätte verzweifeln lassen. Ich denke mir, O.K., damit habe ich nicht gerechnet, aber ist es nicht genau das, was so einen Trip zu einem echten Abenteuer macht?

> **Eintrag ins Notizbuch:** Ich bin trotzdem gut drauf und lass mir deshalb diesen Trip nicht verderben.

Beim Abendessen scherzen wir alle ein wenig, um die Situation etwas aufzulockern. Kann mir gut vorstellen, dass die anderen froh darüber sind, dass sie ihre Taschen bekommen haben. Im Zuge des Gesprächs stellt sich heraus, dass ein Ehepaar im Hotel nicht pro Person eine Tasche für den Berg hingestellt hat, sondern in Summe drei Taschen. Damit erklärt sich auch das Phänomen, dass elf Taschen auf den Berg getragen wurden, aber nur zehn Personen ihre Tasche erhalten haben. Leider haben die beiden verabsäumt, die Gruppe oder Rudi darüber zu informieren. Es wäre vermutlich kein Problem gewesen, wenn alle eingeweiht worden wären. So aber muss ich ihr Schweigen und das Nichteinhalten der Vereinbarung bitter bezahlen. Das Ausbleiben einer Entschuldigung der beiden lässt mich dann doch etwas sauer aufstoßen und ich muss mich selbst disziplinieren, dass mir nicht das eine oder andere Wort des Ärgers rausrutscht. Ich verabschiede mich auch deshalb recht bald nach dem Abendessen und ziehe mich in die Hütte zurück. Ich möchte noch eine SMS nach Hause schreiben, um zu signalisieren, dass es mir gut geht. Von dem Malheur mit dem Gepäck wollte ich aber nichts erwähnen, um niemanden zu Hause zu beunruhigen. Ich sitze in der Schlafhütte und starte mein Smartphone, verfasse die Nachricht und stelle dabei fest, dass ich keinen Empfang habe. Ich verlasse die Hütte auf der Suche nach Senderempfang. Plötzlich. Black. Der Bildschirm ist aus. Nichts geht mehr. Jeglicher Versuch, das Smartphone wieder in Gang zu bringen, scheitert. Ich vermute, dass der Akku aufgrund der niedrigen Temperaturen den Geist aufgegeben hat. Bitte Herbert, dass er mir seine Ladestation borgt, um zu testen, ob es daran liegt. Ich verbinde das Ladekabel, warte ein wenig – nichts. Das Smartphone ist offensichtlich kaputt. Welch eine *Freude*. Auch das noch. Kein Gepäck. Keine Möglichkeit, mir etwas Kraft über SMS durch den Kontakt mit meiner Heimat zu holen. Meine mentale Stärke wird an diesen Abend besonders gefordert. Aber trotz alledem bleibe ich irgendwie *cool*. Denke mir, O.K. heute Abenteuernacht, morgen habe ich mein Gepäck wieder bei der nächsten Hütte, und ich kaufe mir ein neues Smartphone, wenn ich heimkomme. Alles halb so schlimm.

Irgendwann zwischendurch vernehmen wir eigenartige Geräusche aus dem Wald. Wir gehen dem nach und entdecken eine Affenfamilie, die in den Bäumen sitzt und umherspringt. Es handelt sich um Blue Monkeys. Die Affen haben ein bläuliches Gesicht, schwarzes Fell und einen langen, buschigen, weißen Schwanz. Wir beobachten das wilde Treiben in den Bäumen. Natur pur. Echt beeindruckend. Wir schießen ein paar Fotos. So wie den ganzen Tag über mache ich immer wieder Fotos von der faszinierenden Naturkulisse.

Später lege ich mich in den Schlafsack und versuche zu schlafen. Klar beschäftigt mich die Situation, dass ich nicht mein Gepäck habe, gedanklich noch etwas. Aber ich bin in diesem Moment niemandem böse oder habe allzu negative Gedanken. Vielmehr lasse ich die vielen faszinierenden Eindrücke des Tages nochmals Revue passieren. Der Gedanke daran, dass ich gerade am Berghang des Kili liege, erfüllt mich mit Stolz und Freude. Zum Schlafen komme ich allerdings nicht recht. Eher kaum. Die Nacht ist kalt und der Schlafsack doch etwas zu dünn für mein Empfinden. In der Hütte hat es in etwa um die +5 Grad Celsius, denn Heizung gibt es klarerweise keine. Ich fröstle zunächst leicht. Irgendwann in der Nacht muss ich raus auf die Toilette. Das viele Trinken während des Tages fordert seinen Tribut. Ich nehme mir die Stirnlampe – diese hatte ich zum Glück in meinem Tagesrucksack und somit mit dabei – und schleiche durch die finstere Nacht zum WC. Ich erkenne meinen Atem in der Luft. Es dürfte tatsächlich nicht allzu warm sein. Nach meiner Rückkehr in den Schlafsack decke ich mich noch zusätzlich mit meiner Weste und meiner Softshelljacke zu – mir ist echt kalt. Ich friere weiterhin. Komme nur ein klein wenig in den Morgenstunden zum Schlafen. Ob ich tatsächlich die Tiefschlafphase erreicht habe, bezweifle ich allerdings. Es stört mich aber nicht weiter. Greife intuitiv im Laufe der Nacht auf meine Ressourcen zurück. Schließlich habe ich, als mein Sohn noch im Babyalter war, einige Nächte hintereinander nicht beziehungsweise fast nicht geschlafen. Und bin am nächsten Tag zur Arbeit gegangen – also volles Programm durchgezogen. Warum sollte es hier nicht auch funktionieren?

2.2.2 Tag 2 – Von der Mandara Hut zur Horomobo Hut

Um 5:45 Uhr ist Tagwache. Ich vernehme Geräusche über mir – Rudi liegt in der Koje im oberen Teil des Stockbettes. Leise weckt er uns. Ich richte mich auf und vernehme, dass mein Bruder tief und fest schläft. Ich versuche ihn zu wecken. Er reagiert aber nicht. Ich lasse es recht bald bleiben, ihn zu fragen, ob er bei der Frühwanderung mit dabei sein will. Er hat bereits am Vorabend ein Signal gesendet, das mir gesagt hat, dass er nicht unbedingt dabei sein muss. Auch habe ich den Eindruck gehabt, dass er auch nicht wirklich gut und viel geschlafen hat. Lasse ihn deshalb noch weiterschlafen, damit er fit und erholt die zweite Tagesetappe antreten kann. Wir anderen stehen auf, ziehen uns leise und wortlos an, nehmen unsere Stirnlampen und marschieren los. Diesmal ohne Rucksack, da wir ja nur eine gute Stunde unterwegs sein werden. Wir wandern ein kleines Stück auf dem Weg der zweiten Tagesetappe bergauf, biegen aber bald rechts weg. Ein steiniger Weg, diesmal etwas steiler, führt uns an den Rand eines kleinen Kraters. Klein ist relativ – der Krater hat sicher einen Durchmesser von, ich schätze mal, rund 200 Metern. Angedacht war, dass wir am Kraterrand den Sonnenaufgang genießen können. Die Zeit hätte gepasst. Leider ist es etwas dunstig, sodass wir die Sonne nicht über dem Horizont auftauchen sehen, sondern erst ein paar Minuten später, als sie sich über das dünne Dunstband schiebt. Vom Kraterrand aus, der übrigens recht bewachsen ist, erhaschen wir erstmals einen schönen, klaren Blick auf den Kibo. Die Spitze des höchsten Berges Afrikas lugt ein wenig über einen nahen Horizont. Ehrfürchtig blicke ich hinauf. Die Spitze ist noch recht weit entfernt. Aber O.K., wir gehen erst in drei Tagen da rauf. Das schaffen wir – bin absolut zuversichtlich. Wir umwandern den Krater, schießen klarerweise wieder einige

Fotos, wobei ich feststelle, dass der Akku des Fotoapparates bereits ein wenig erschöpft ist, vermutlich auch wegen der niedrigen Temperaturen – hoffe auch deshalb inständig, dass ich bald mein Gepäck bekomme, um mit den darin verstauten Reserveakkus wieder Strom für den Fotoapparat zu tanken. Ich möchte schließlich so viele Eindrücke wie möglich nicht nur mit dem geistigen Auge speichern. Nach der Umrundung des Kraters kehren wir dann schon recht hungrig zurück ins Camp. Mein Bruder ist bereits wach und hat seine Tasche gepackt. Das erspare ich mir, meine Tasche ist ja noch im Hotel. Wir können also direkt zum Frühstück in die Speisehütte. Dort kredenzt man uns Toastbrot, Butter, Marmelade, Erdnussbutter, Tee, Kaffee, Orangensaft, Eier, Pfannkuchen, Obst. Ich bin absolut begeistert. Hätte nie damit gerechnet, dass wir so sagenhaft auf dem Berg verpflegt werden. Das Frühstück ist echt köstlich.

Nachdem wir alle Sachen gepackt, die Hütten geräumt und das Gepäck den Trägern übergeben haben – Letzteres trifft nur auf die anderen unserer Gruppe zu – machen wir uns auf den Weg zur zweiten Tagesetappe. Dabei beobachten wir wieder die Affenfamilie in den Bäumen. Wir wandern wieder *pole-pole* los. Heute noch mehr *pole* als gestern. Wir befinden uns anfangs immer noch im Regenwald. Nach gut einer Stunde verlassen wir diesen, die Vegetation verändert sich merklich. Die Temperaturen sind echt super angenehm fürs Wandern. Das Wetter ist perfekt. Sonnenschein. Gerade mal die letzte Stunde der Tagesetappe zieht es leicht zu. Die Vegetation wird immer dünner, lichter und niedriger. Immer wieder bin ich fasziniert von dem Anblick der Natur. Ich genieße jeden Schritt und jeden Blick. Die Pflanzenwelt ändert sich in ein Heide- und Moosland. Dieses Landschaftsbild ändert sich danach kaum mehr. Pflanzen, die ich noch nie gesehen habe, wie beispielsweise Riesensenecien oder Riesenlobelien. Blüten die leuchten, Moose und faszinierende Flechten auf den Steinen. Der Weg ändert sich ein wenig. Er wird etwas schmaler, und man sieht, dass hier das Wasser bei Regen abrinnt. Immer wieder sind Rinnsale klar erkennbar. Nicht immer können wir nebeneinander gehen, meist geht es nur hintereinander.

Macht aber nichts, ich möchte sowieso mehr genießen und weniger reden. Der Weg der zweiten Tagesetappe ist ein gemeinsamer Weg mit den Trägern. Diese sind später nach uns von der Mandara-Hütte gestartet, holen uns aber schnell ein. Sie gehen sicher das doppelte Tempo von uns. Bin beeindruckt, wie die Einheimischen das Gepäck tragen. Die meisten haben es auf dem Kopf. 15 Kilogramm oder vermutlich auch noch mehr auf dem Kopf zu tragen, bergauf und in dieser Höhenlage, ist mehr als beeindruckend (Abb. 2.2).

Nach einer siebenstündigen Wanderung kommen wir bei der Horombo-Hütte ziemlich müde an. Gleich bei Ankunft in der Hütte beglückwünschen wir uns so wie jeden Tag und schießen ein Foto vor der bekannten Kulisse

Abb. 2.2 Einer unserer Köche mit den Vorräten auf dem Kopf – im Hintergrund der Kibo

jeder Hütte – ein großes Holzkonstrukt mit dem Namen der Hütte und Angabe der Höhenlage. Diese Hütte liegt auf 3720 Metern. Das Hüttendorf der Horombo Hut ist um einiges größer als die Mandara Hut. Dies hat auch den Grund darin, dass hier viele Wanderer einen Akklimatisationstag einlegen und nochmals nächtigen, wenn sie vom Gipfel zurückkommen. Die Hütten liegen verstreut neben schon recht unbewachsener Landschaft, die mit Steinen und Felsen durchzogen ist.

2.2.2.1 Die besondere Freude auf dem Berg

Bei der Ankunft in der Horombo-Hütte ist mein Gepäck noch nicht da. Der Bezug meiner Schlafstelle stellt sich somit wieder als sehr schnell heraus. Wir gehen zum Abendessen. Unsere Köche verwöhnen uns wieder mit Leckereien. Schön langsam werde ich allerdings nervös wegen des Gepäcks, da bereits die Sonne kurz davor ist unterzugehen. Dann endlich kommt die erlösende Nachricht. Mein Gepäck ist da. Ich eile vom Abendessen weg und mache mich auf den Weg zur Hütte. Dort warten bereits Prospar und zwei Träger mit einer Tasche. Ich erkenne, dass es sich tatsächlich um meine handelt. Meine Sorge, dass womöglich eine andere Tasche von den beiden tapferen Trägern hochgeschleppt wurde, verfliegt im Nu. Ich bin überglücklich und entlohne die beiden mit einem fürstlichen Trinkgeld. Dieses teilt Prospar auf und gibt demjenigen mehr Geld, der den weiteren Weg mit der Tasche gemacht hat. Ein besonderes Gefühl der Freude erfüllt mich.

» **Eintrag ins Notizbuch:** Akzeptiere die Dinge, wie sie sind, es gibt Situationen, da kannst du nix daran ändern!

» **Nachträgliche Ergänzung zu diesem Eintrag:** Außer deine Gedanken – sie bestimmen letztendlich, wie du deine Welt wahrnimmst.

Am Abend ist es ziemlich nebelig und kalt. In der Hütte haben wir in der Nacht nur 3,5 Grad Celsius. Mit frischen Socken und gewaschenem Gesicht lege ich mich an diesem Abend zufrieden und wieder mit Energie gefüllt in meinen kuscheligen, bis dato ungebrauchten Schlafsack. Diesmal friere ich nicht. Ich genieße regelrecht das Gefühl in meinem warmen Schlafsack. Zum Schlafen komme ich leider auch in dieser Nacht nicht so recht – habe wieder nur in den letzten Stunden der Nacht ein wenig gedöst.

2.2.3 Tag 3 – Akklimatisationstag

Wenngleich ich die Nacht nicht vorrangig mit dem ursprünglich dafür vorgesehen Zweck verbracht habe, nämlich mit Schlafen, fühle ich mich nach dem Aufstehen aber trotzdem recht erholt und wieder voller Energie. Die leichten Kopfschmerzen des Vorabends sind weg. Das Wetter ist am Morgen sonnig, aber kalt und windig. Ein nahrhaftes Frühstück, das Kraft gibt, wartet bereits darauf, seine Bestimmung zu erfüllen. Meine Freude über das wiedererlangte Gepäck ist noch immer da – das merken auch die anderen.

Der Akklimatisationstag hat den Zweck, dass der Körper mehr Zeit hat, sich an die Höhe und somit an den verringerten Sauerstoffgehalt in der Luft anzupassen. Je länger die Anpassungsphase dauert, desto größer ist die Wahrscheinlichkeit, den Gipfel zu erreichen. Wichtig bei der Akklimatisierung ist, dass man an so einem Tag eine Wanderung macht, die einige hundert Höhenmeter hinaufführt und dann wieder zum Ausgangspunkt zurückkehrt. In Fachkreisen wird das mit *hoch gehen und tief schlafen* recht einfach auf den Punkt gebracht. Dadurch soll die Anpassung des Körpers an den geringen Sauerstoff in der Höhe besser sein, als wenn man nur auf der gleichen Höhe bliebe.

Wir haben durch diesen Akklimatisationstag den Luxus, dass wir zwei Nächte hintereinander auf der Horombo-Hütte verbringen können. Das bedeutet, dass wir keine Taschen packen und auch unsere Lagerstätte nicht geräumt verlassen müssen. Wir können uns somit ruhig und entspannt nach dem Frühstück den Tagesrucksack schnappen, inklusive entkeimtes Wasser, ein wenig Essen, Regenschutz und wärmere Sachen – aber diese Dinge sind sowieso immer standardmäßig im Rucksack.

Meinen Wasservorrat habe ich bereits am Vorabend in meine Trinkblase gefüllt. Pro Liter Wasser, und ich fülle immer ca. 3 Liter Wasser ein, kommt eine Entkeimungstablette dazu. Diese muss einige Stunden im Wasser wirken, um den Entkeimungseffekt zu erzielen. Neben der Trinkblase fülle ich auch immer zusätzlich meine Trinkflasche. Damit habe ich pro Wanderung ca. 3,5 bis 4 Liter Wasser bei mir. Dies muss natürlich getragen werden. Das Gute dabei ist, dass das Gewicht auf dem Rücken von Stunde zu Stunde weniger wird.

Unsere sechsstündige Akklimatisierungswanderung führt uns zunächst auf ca. 4000 Meter Seehöhe zu den Zebra Rocks (Abb. 2.3).

Diese haben eine besonders eindrucksvolle Farbgebung. Riesige Felsen sind senkrecht durch das Gestein abwechselnd weiß und schwarz eingefärbt – daher der Name. An dieser Stelle liegen die Felsen idyllisch verbreitet. Wir nutzen die Gelegenheit und machen hier eine kurze Rast. Wir stärken uns mit Tee – dieser ist ab diesem Tag auch immer noch zusätzlich im Rucksack, da es bereits deutlich kühler geworden ist – und ein paar Snacks. Wir reichen einander unsere Schätze. Ich habe Manner-Schnitten mitgebracht, sozusagen ein kleines Stück Österreich, das sich bequem teilen lässt. Das Ziel der Wanderung ist der Mawenzi-Sattel auf ca. 4300 Meter über dem Meeresspiegel. Während des Gehens merken wir immer deutlicher den geringen Sauerstoffgehalt in der Luft. Unsere Bewegungen werden von Höhenmeter zu Höhenmeter langsamer. Als wir am Sattel ankommen, beglückwünschen wir uns einander, so wie jedes Mal, wenn wir ein Zwischenziel erreichen. Wir genießen den Blick über die Landschaft. Vom Sattel aus haben wir einen besonders beeindruckenden Blick auf den Mawenzi und natürlich auf den Kibo, das Ziel mit dem i-Punkt. Unser Blick schweift neben einem hohen Felsen vorbei

Abb. 2.3 Zebra Rocks

über die lange, sanft ansteigende Steinwüste, die bis zum Fuße des Kibo reicht. Dort wartet das Ziel unserer morgigen Etappe – die Kibo Hut. Der Kibo selbst ist an diesem Tag etwas mit Wolken verhangen. Diese ziehen aber für einen kurzen Moment weg und lassen uns einen Blick auf den Kraterrand und seine letzten verbliebenen Gletscher erhaschen. Wir erkennen in der Ferne die Lage der Kibo Hut und den Weg, der uns morgen dort hinführen wird. Ein immens langer Weg, der durch die Kargheit der Höhe führt. Leichter Regen setzt ein. Die ersten Tropfen fallen, als wir vom Mawenzi-Sattel aufbrechen, um auf dem gleichen Weg, auf dem wir gekommen sind, wieder zurück zur Horombo-Hütte zu gehen. Bald legen wir unseren Regenponcho an. Es ist das erste Mal, dass wir diesen brauchen – es wird auch das einzige Mal bleiben, dass wir bei dieser Reise Regen hatten und der Regenschutz seinen Dienst verrichten musste. Der Abstieg geht um vieles flüssiger und schneller als der Aufstieg – wir marschieren nahezu normales Wandertempo runter, das wir auch zu Hause wandern.

Am Abend mache ich noch eine erfreuliche Entdeckung. Das kaputt gedachte Smartphone dürfte doch nur durch eine Schnellentladung außer Kraft gesetzt worden sein. Ich versuche, dieses nochmal zu laden, und stelle erfreulicherweise fest, dass es wieder funktioniert. Endlich kann ich eine Nachricht in die Heimat schicken.

Nachdem ich mich nach dem Abendessen schon ziemlich ermüdet in den Schlafsack gelegt habe, kann ich mal wieder nicht gleich schlafen. Ich schreibe noch ein paar Gedanken in das Notizbuch, sortiere meine Utensilien für die nächtlichen WC-Gänge, wie Stirnlampe, Kleidung und dergleichen. Auch positioniere ich mein wieder aktiviertes Smartphone neben mir inklusive Kopfhörer. Das Licht erlischt recht bald in der Hütte – sprich, wir haben es einfach abgedreht. Auch auf dieser Hütte haben wir elektrischen Strom, der von Solarzellen produziert und von Batterien gespeist wird. Eingekuschelt in meinem warmen Schlafsack reflektiere ich die bisherigen Erlebnisse mit einem Lächeln im Gesicht. Später nutze ich die Gelegenheit und genieße meine Playlist, die ich mir eigens für die Kili-Tour zu Hause zusammengestellt habe. Anfangs habe ich noch leichte Bedenken, weil ich kaum zum Schlafen komme. Ob dies an der Höhe, an zu viel schwarzem Tee oder einfach nur daran liegt, dass ich grundsätzlich längere Zeit brauche, um mich an neue Schlafstätten zu gewöhnen, ist schwer zu sagen. Mit der Zeit gelingt es mir jedoch, dass ich in den *Alphazustand* komme. Dabei liege ich völlig regungslos, meine Muskeln sind schwer, meine Gliedmaßen sind nicht zu bewegen – wären nur durch aktives Auffordern dazu ermächtigt –, nur mein Gehirn ist wach. Meine Gedanken sind ruhig, aber da. Es ist ein Zustand irgendwo zwischen wach sein, schlafen und völliger Tiefenentspannung. Ich habe dabei das Gefühl, dass sich mein Körper und meine Muskeln erholen können, wie im Schlaf, nur mein Gehirn eben nicht. Dies verleiht mir eine gewisse Sicherheit, dass ich am nächsten Tag wieder weiterwandern kann.

In dieser Nacht entsteht ein bis zu diesem Zeitpunkt mir unbekanntes Gefühl – jenes von *alles und nichts* im selben Moment. Ich denke mir, dass es mir nicht viel ausmachen würde, wenn ich nicht bis zum Gipfel kommen würde. Nicht dass es für mich ohne Bedeutung wäre, aber ich spüre irgendwie den altbekannten Spruch *Der Weg ist das Ziel* am eigenen Körper und mit meinem Geist. In meinen Ohren erklingt Bon Jovi mit „Live Before You Die" – und ich denke mir, ja genauso ist es. Lebe bevor das Leben zu Ende geht. Und das tue ich in diesem Moment. Ich lebe gerade einen meiner Träume – und der ist fantastisch.

2.2.4 Tag 4 – Von der Horombo Hut zur Kibo Hut

Nach dem Aufstehen geht es in den Waschraum mit kurzer Schnellwäsche und Zähneputzen. Danach richte ich schon meinen Seesack. Das bedeutet,

Abb. 2.4 Blick zum Kibo über die Hochebene

ich verpacke wieder all das, was ich nicht selbst trage und an diesem Tag brauche, in die Tasche für den Träger. Danach geht es zum Frühstück. Rudi unterrichtet uns über den heutigen Tag – sprich, er sagt uns, wann wir loswandern.

Ein herrlicher Tag mit blauem Himmel und Sonnenschein. Zunächst geht es über einen recht steinigen Weg noch durch die letzten Vegetationen des Berges. Bald erreichen wir die Steinwüste auf dem Hochplateau und damit den Weg, den wir am Vortag vom Mawenzi-Sattel aus gesehen haben. Die Steinwüste sieht sehr skurril aus. Felsen liegen verstreut auf nackter Erde – es gleicht einer Mondlandschaft. Trotz der Kargheit fasziniert mich der Anblick (Abb. 2.4).

Immer wieder treffen wir auf Kili-Wanderer, die uns entgegenkommen und uns Glück wünschen. Wir sind auch gleichzeitig mit anderen Gruppen unterwegs – wir sehen diese aber nur in den Hütten. Als überlaufen oder gar Massentourismus würde ich die Marangu-Route nicht bezeichnen. Aber allein ist man definitiv auch nicht unterwegs. Auf halbem Wege machen wir Rast. Wir zweigen kurz vom Weg ab und suchen uns ein gemütliches Plätzchen auf einem Felsenhaufen, der ein wenig Windschutz bietet. Die Essensmannschaft ist bereits vor Ort und wartet mit gebratenen Hühnerkeulen auf uns. Mein

Bruder kann kaum etwas essen. Der Blick in die Runde der Bergkameraden gibt deren Müdigkeit bekannt. Der wenige Sauerstoff und die Anstrengungen der letzten Tage zeichnen sich schon langsam ab. Noch schnell den wärmenden Tee ausgetrunken, und schon geht es weiter. Ich nutze vorher noch die Gelegenheit und suche mir einen der großen Felsen, um mal *zu markieren*. Hinter dem Felsen entdecke ich, dass ich bei Weitem nicht der Erste bin, der hier dem Ruf der Natur gefolgt ist – jedem Ruf, auch dem großen. Wir wandern weiter durch die Steinwüste. Unser Tempo wird immer langsamer – immerhin sind wir schon über der 4000er-Marke. Die Gespräche unter den Teilnehmern werden weniger. Der geringe Sauerstoff macht sich auch so bemerkbar. Immer wieder blicke ich zu Herbert und sehe, dass er bereits besonders tief den Kopf hängen lässt. Sein Blick geht kaum mehr vom Boden weg. Er wirkt, als ob ihm die Höhe gehörig zusetzt. Mache mir etwas Sorgen um ihn. Circa 1 Stunde vor der Kibo Hut machen wir nochmal eine Rast. Wir trinken ein wenig, essen ein paar Kekse oder Ähnliches. Mehr nicht. Die Rast ist nur kurz, und wir machen uns auf den Weg, den Rest der Tagesetappe zu schaffen. Immer wieder kommen uns Gipfelgeher der Vornacht entgegen und wünschen uns viel Glück. Auch begegnen wir Guides, die zwischen sich Wanderer mehr tragen, als dass diese noch selbst gehen könnten, und sogar Einheimische, die offensichtlich mit der Höhe solche Probleme bekommen haben, dass sie Unterstützung beim Rückweg brauchen. Leider sehen wir auch eine Rettungsaktion. Auf einem einfachen Rollwagen aus Stahlgitter mit einem Rad in der Mitte kommt uns in schnellen Schritten eine Schar Einheimischer entgegen. Wir machen Platz. Beim Vorbeifahren sehen wir, dass auf der Trage eine Frau liegt. Sie ist offensichtlich weggetreten. Ihr Gesicht ist aschfahl. Betretenes Schweigen geht durch unsere Gruppe. Diese Erlebnisse geben einem sehr zu bedenken. Vor allem aber wird uns dadurch wieder bewusst, dass dieses Abenteuer nicht auf die leichte Schulter genommen werden darf. Kurz vor der Hütte wird der Weg etwas steiler. Unsere Energie wird weniger. Erleichtert beglückwünschen wir uns, als wir auf 4.720 Meter Seehöhe am Schild der Hütte ankommen. Wieder eine Tagesetappe geschafft. Die Träger beginnen wieder zu singen. So wie jeden Tag verwöhnen sie unsere Ohren mit Klängen ihrer Heimat. Erstmals habe ich ihre Gesänge bei der Mandara Hut gehört. Es tut gut, Menschen mit so viel Energie zu sehen und deren Lebensfreude in ihrer Musik zu spüren.

Nach der Ankunft in der Hütte wieder das übliche Prozedere. Registrierung. Danach Bezug der Hütte. Im Vergleich zu dieser Hütte waren die bisherigen Hütten reinster Luxus. Die Decken sind niedrig, die Schlafräume eng. Wir liegen alle in einem gemeinsamen Schlafraum auf Stockbetten. Es ist kaum Platz vorhanden, seine Sachen irgendwo abzustellen. Einige nutzen das zwölfte Bett, das als einziges leer steht, als Platzablage. An einer Seite sind schmale Fenster unterhalb der Decke. Ich liege auf einem Stockbett oben mit direktem Blick aus dem recht verschmierten Fenster. Vor unserer Hütte lagern einige Wanderer in Zelten. Auf einer Seite des Schlafraumes steht ein großer Tisch, auf dem wir alle nur knapp zusammen Platz finden. Wir sind schon alle ziemlich schlapp. Trotzdem bereiten wir unser Material für die Nacht vor – vor allem unsere Gedanken. Einige legen sich kurz in den Schlafsack. Mir geht es trotz der Anstrengung und Müdigkeit recht gut, nur ein leichter Druck im Kopf. Mein Nacken ist bereits seit Tagen sehr verspannt und schmerzt. Wir bekommen ein Abendessen, diesmal nicht mehr so üppig wie bisher. Mein Appetit hält sich aber auch etwas in Grenzen. Wir machen noch einen Test mit dem Pulsoxymeter, den Rudi mit dabei hat. Er meint, dass der Wert über 70 % liegen sollte. Darunter solle man gründlich darüber nachdenken, ob man wirklich auf den Gipfel gehen will, da dies durchaus gesundheitsgefährdend sein kann. Ich habe einen Sauerstoffgehalt von 78 Prozent bei einem Ruhepuls von 103. Herbert leider nur einen Wert von 62 Prozent. Er hat es bereits selbst gespürt, dass es ihm nicht gut geht. Er denkt, dass er nicht auf den Gipfel wird gehen können. Zu ausgezehrt ist sein Körper bereits, da er auch schon seit Tagen nicht sonderlich viel essen konnte. Die Höhenkrankheit hat ihn leider eiskalt erwischt. Er richtet sich trotzdem die wichtigsten Dinge her, die er für den Gipfel benötigen würde. Eine kurze Nacht der Erholung kann ja doch noch zu einer überraschenden Wendung führen.

Ich packe wieder meinen Tagesrucksack, Wasser, das entkeimt wird, Thermosflasche zu den Köchen, die sie mit heißem Wasser füllen, Snacks, Schokolade, Regenschutz. Zusätzliche Bekleidung kommt kaum mehr rein, da ich alles zu Beginn anziehen werde. Danach geht es bald in den Schlafsack. Ich schlafe nicht – wieder nur ein wenig im *Alphazustand*. Mehr nicht. Kein Schlaf. Warte eigentlich nur darauf, dass es 23:30 Uhr wird – dies ist der Zeitpunkt, für die Gipfeltour aufzustehen. Beim Liegen werden meine Kopfschmerzen stärker. Vor der Nachtruhe habe ich deswegen noch ein Kopfschmerzmittel genommen. Ich stehe diesmal nur einmal in der Nacht auf und gehe aufs WC – öfter hätte es vermutlich auch mein Geruchsorgan nur schwer ertragen. Der wenige Sauerstoff lässt mich nur äußerst langsam gehen. Meine Kopfschmerzen werden allerdings durch das Gehen erträglicher. Ich denke, es hat mit der Blutzirkulation zu tun, die durch das Aufstehen und Gehen und die frische Luft angeregt wird. Durch diese Erkenntnis bekomme ich wieder einen wichtigen Energieschub für die Gipfelnacht. Und dann ist es so weit. Es kommt Bewegung in den Schlafraum. Es ist jedoch kaum ein Wort zu hören. Mein Bruder bleibt liegen. Die Höhenkrankheit zeigt ihm ihre hässliche Fratze und verwehrt ihm ein Weitergehen. Ein Aufstieg in weitere Höhen würde sich zu diesem Zeitpunkt definitiv gesundheitsschädigend auswirken. Ich habe aber den Eindruck, dass er gut damit umgeht. Er hat seine maximale physische Grenze erreicht, wie er mir später bestätigen wird.

2.2.5 Tag 5 – Gipfeltag

> **Eintrag ins Notizbuch am 22.09.2017, 17:15 Uhr:** Der längste, härteste und anstrengendste Tag meines Lebens!

2.2.5.1 Eine Stunde bis zum Aufbruch

Der Gipfeltag beginnt streng genommen bereits am 21.09.2017 um 23:30 Uhr mit dem Aufstehen und den letzten Vorbereitungen für den Gipfeltag. Wir schlüpfen aus unseren Schlafsäcken. Die Müdigkeit steht jedem ins Gesicht geschrieben. Kaum jemand, der nicht über Kopfschmerzen klagt. Wir ziehen unsere wärmenden Kleidungstücke an. Gegen 0:00 Uhr am 22.09.2017 setzen wir uns zu Tisch und bekommen unser Frühstück ins Zimmer geliefert. Viel ist es nicht. Wir haben aber auch kaum Hunger. Ich zwinge mich dazu, einige Kekse zu essen und nochmal ordentlich meinen Wassertank im Körper aufzufüllen. Wir machen nochmal einen letzten Check unserer physischen Werte. Der Pulsoxymeter ist wieder im Einsatz. Alle, die zum Gipfel aufbrechen werden, haben Werte über 70 Prozent. Ob allerdings wirklich alle den Test der Sauerstoffsättigung gemacht haben, kann ich nicht mit Gewissheit sagen. Ich war zu diesem Zeitpunkt mehr mit mir selbst beschäftigt und darauf konzentriert, alle Dinge dabeizuhaben, die ich für die Gipfelnacht brauchen werde. Meine Werte lagen bei dem Test zwischen 82 und 86 Prozent – die Anzeige gibt während der Messung laufend Feedback. Der Puls ist etwas runter gegangen, lag aber immer noch knapp über 90 – Ruhepuls wohlgemerkt. Ich fühle mich nach dem Frühstück wieder wohler. Hab nur mehr leichte Kopfschmerzen. Ich packe meine Tasche fertig – besonders wichtig erscheint mir die Thermoskanne mit Tee zu sein, da draußen Temperaturen deutlich unter null herrschen. Die Temperaturen liegen zwischen minus 5 und minus 10 Grad. Bevor ich den Schlafraum verlasse, verabschiede ich mich noch von meinem Bruder. Wir schlagen kurz ab. Er wünscht mir Glück. Ich sage zu ihm, dass ich es mal probieren werde, ob ich es tatsächlich schaffe, kann ich aber nicht sagen, da mein physischer Zustand durchaus besser hätte sein können.

2.2.5.2 Aufbruch zum Gipfel

Fertig adjustiert treffen wir uns draußen mit Rudi und den Guides. Die Träger und Köche bleiben in der Kibo Hut, warten auf unsere Rückkehr vom Gipfel und achten in der Zwischenzeit auf meinen Bruder. Unsere Stirnlampen zeichnen Lichtspuren in die Nacht – auch die der anderen Gruppen, die sich auf den Weg zum Uhuru Peak machen. Am 22.09.2017 um 0:30 Uhr ist es dann soweit, die letzte Etappe zum Gipfel beginnt. Unsere Gipfelgruppe setzt sich in Bewegung. Prospar, unser Chief Guide, führt uns an. Die anderen Guides und Rudi flankieren uns beziehungsweise gehen hinter der Gruppe her. Fühle mich besonders sicher – die Guides achten sehr gut auf uns. Ein beruhigendes Gefühl. Wir marschieren in die stockfinstere Nacht im Gänsemarsch. Der Kraterrand ist anfangs kaum zu erkennen. Erst bei genauerer Betrachtung des Nachthimmels über uns entdeckt man eine noch dunklere Zone unterhalb des Himmels. Dies wird vor allem dadurch deutlich, dass in dieser Zone keine Sterne zu sehen sind – lediglich ein paar Lichter von Stirnlampen einer Gruppe, die etwas vor uns aufgebrochen ist. Der Weg ist zunächst leicht ansteigend. Rudi hat uns vor Abmarsch noch instruiert: Wir gehen mal zwei Stunden, dann machen wir Rast, dann machen wir jede weitere Stunde eine kurze Rast, um uns etwas zu erholen, zu trinken und wieder zu Luft zu kommen. Wir marschieren in äußerst langsamem Tempo. Unsere Schrittlänge ist kaum länger als die einer Fußsohle. Das Tempo, das Prospar vorgibt, ist sehr, sehr, sehr langsam. Wir marschieren ihm nach, ohne darüber nachzudenken, ob es zu schnell oder zu langsam ist. Mein vorläufiger Plan ist, mal bis zur ersten Pause zu gehen. Danach entscheide ich, wie ich mich fühle und ob ich weitergehen kann. Rudi ruft uns immer wieder zu – im gefühlten Zwei-Minuten-Takt. Seine Worte „gleichmäßig und tief atmen, gleichmäßig gehen" hallen durch die Nacht. Vor allem ist die Atmung besonders wichtig. Es darf keine zu flache Atmung sein, sonst wird der Körper in dieser Höhe nicht mit ausreichend Sauerstoff versorgt. Immer wieder wird mir durch seine Worte bewusst, besonders darauf zu achten. Immer wieder trinke ich einen kleinen Schluck aus dem Trinksystem. Doch nicht allzu lange. Bald ist das Mundstück meiner Trinkblase eingefroren. Ich habe zwar zum Kälteschutz noch zusätzlich eine Alufolie über den Schlauch gewickelt, doch besser wäre es gewesen, wenn ich diesen nach jedem Trinken ausgeblasen hätte. Ist ja nicht so, dass ich das nicht wusste – hab es ja im Buch *Zwei Brüder auf dem Kilimanjaro* (Neugebauer 2015) gelesen. Meine Gedanken wandern umher, ich versuche, mich von der Anstrengung abzulenken. Ich stelle mir vor, dass wir die neun Gefährten aus *Herr der Ringe* sind. Frage mich, wer wohl der Ringträger wäre. (Rückblickend betrachtet, führe ich diese wundersamen Gedanken auf den geringen Sauerstoff zurück.) Ich lasse aufkommende negative

Gedanken nicht zu. Ersticke sie bereits im Keim. Auch beantworte ich nicht die Frage, warum ich das mache. Endlich nach 2 Stunden die erste Pause. Wir schnaufen kurz durch, trinken etwas heißen Tee – verdünne diesen mit kaltem Wasser aus meiner Trinkflasche. Bin jetzt sehr froh darüber, dass ich diese noch zusätzlich eingepackt habe. Damit kann ich das heiße Teewasser etwas runterkühlen und so den einen oder andern Schluck Flüssigkeit mehr aufnehmen. Aus dem Trinksystem ist ja nichts mehr zu holen – trotz mehrerer Versuche. Die Pause ist nur kurz – wir marschieren bald weiter. Wieder im Gänsemarsch. Der Lichtkegel meiner Stirnlampe leuchtet auf die Fersen des Vordermannes. Nur selten schaue ich nach oben. Außer finsterer Nacht und dem Horizont des Kraterrandes, der kaum auszumachen ist, ist auch nicht viel zu sehen. Verstreut einige Stirnlampen der Gruppe vor uns. Rudi ruft uns weiter zu „Sohle vor Sohle. Gleichmäßig gehen, gleichmäßig atmen". Die Guides stimmen zwischendurch eines ihrer Lieder an. Faszinierend, dass diese Menschen scheinbar kein Problem mit dem wenigen Sauerstoff in der Luft haben. Sie können sogar singen. Wäre mir in keiner Weise möglich. Einerseits motiviert mich der Gesang, weil er meine Gedanken in eine schöne Stimmung bringt, andererseits gibt es auch zu denken, weil mir dadurch bewusst wird, dass diese Menschen locker und singend da rauf spazieren und ich am absoluten Limit bin. Bald werden zwei Frauen unserer Gruppe durch die Guides unterstützt. Sie nehmen ihnen die Rucksäcke ab und tragen diese für sie. Dies hat uns Rudi auch anfangs gesagt, dass wir den Guides jederzeit unsere Rucksäcke geben können. Sie sind überaus aufmerksam. Ich habe mir beim Trinken aus dem Trinksystem anfangs immer einen meiner Fäustlinge ausziehen müssen, um den Verschluss zu öffnen. Dabei habe ich auch meine Wanderstöcke in eine Hand gelegt. Schon war einer der Guides zur Stelle – plötzlich aus der finsteren Nacht – und hat mir die Stöcke für die Zeit des Trinkens abgenommen, damit ich leichter hantieren kann. Meine Fäustlinge sind mit einer Sicherheitsschlaufe an meinem Arm montiert, damit diese nicht beim Ausziehen verloren gehen können. Äußerst praktisch. Unserem ältesten Teilnehmer geht es merklich schlechter. Er muss immer wieder stehen bleiben. Auch muss er sich übergeben. Die Höhenkrankheit lässt grüßen. Ich nehme das Szenario zwar knapp über mir wahr, blicke aber nicht weiter hin. Bin mit mir selbst viel zu sehr beschäftigt. Denke mir nur, dass er jetzt umkehren wird. Doch er bleibt. Er geht weiter. Ich glaube, dass ich an seiner Stelle zurückgegangen wäre. Zu hoch wäre das Risiko, das ich damit eingehen würde. Aber es ist seine Sache – sein Leben. Seine Frau und seine Tochter sind mit dabei und sehen sich das Szenario an. Seine Tochter erzählt mir am nächsten Tag, dass sie sich große Sorgen gemacht hat. Auch deshalb, weil es ihrer Mutter auch nicht besonders gut gegangen ist.

> **Eintrag ins Notizbuch (später an dem Tag):** Versuche, positive Gedanken zu haben. Kopfschmerzen werden wieder stärker. Es ist eine echte Tortur. Mir fallen immer wieder die Augen zu. Der wenige Schlaf der letzten Nächte rächt sich. Ich gehe wie in Trance.

Ich bin immer wieder einige Schritte mit geschlossenen Augen gegangen. Bin nahezu während des Gehens eingeschlafen. Dieses Gefühl hatte ich noch nie zuvor. Ich arrangiere mich aber damit. Denke mir, das ist O.K. – ich darf ruhig ein paar Sekunden schlafen, ich versäume ja nichts, man sieht nichts und die Fersen des Vordermanns verändern sich auch nicht.

Nach jeder weiteren Stunde – so ungefähr, habe weder auf die Uhr geblickt noch ein echtes Zeitgefühl gehabt – machen wir eine kurze Pause. Teetrinken. Durchatmen. Wir strecken die Hände in die Höhe, um tiefer atmen zu können. Wir sprechen kaum miteinander in den Pausen. Jeder ist sichtlich an seine Grenzen gestoßen.

Die Schrittlänge wird weiter verkürzt. Wir gehen nur noch in *Trippelschritten*. Wir bahnen uns den Weg in Serpentinen immer weiter nach oben. Der Kraterrand scheint nicht näher zu kommen. Das Geröll unter unseren Fußsohlen ist recht fest. Gefroren beziehungsweise leicht festgetreten. Doch immer wieder rutscht man etwas zurück. Manchmal den gleichen Weg, den man gerade in den Schutt gesetzt hat. Die Oberfläche ist mit losen Steinen übersäht. Rudi ermahnt uns immer wieder, auf die Atmung zu achten. Die Guides stimmen immer öfter ein Lied an.

Die Gruppe, die vor uns aufgebrochen ist, haben wir in der Zwischenzeit überholt. Die Einzelnen waren sehr verstreut über den Weg. Meines Erachtens eine katastrophale Führung. Einige müssen sich erbrochen haben – die Spuren am Wegesrand legen Zeugnis davon ab. Im Scheinwerferkegel tauchen auch ab und zu Blutspritzer auf. Ob diese von der Gruppe vor uns sind oder von anderen, lässt sich nicht sagen. Aber wenn es mal so weit ist, dass man Blut hustet, ist bereits allerhöchste Gefahr in Verzug. Ein Lungenödem ist nur noch einen Steinwurf entfernt oder bereits schon da. In so einem Fall muss man verdammt schnell vom Berg. Diejenigen, die wir überholt haben, wirken am Ende ihrer Kräfte. Später an diesem Tag – in der Horombo-Hütte – erfahren wir, dass es von den zwölf Personen dieser Gruppe nur vier auf den Gipfel geschafft haben.

Es ist eine sternenklare Nacht. Bei den Pausen blicke ich immer wieder kurz nach oben – eine Sternschnuppe fällt vom Himmel. Die Lichter der Dörfer, die am Fuße des Kilimanjaro liegen, werden immer deutlicher und mehr. Auch die wenigen Lichter der Kibo-Hütte sind gut zu erkennen. Es wurde deutlich, dass wir in den letzten Stunden doch schon recht weit nach oben gekommen sind. Auch erkennen wir die Lichter der Horombo-Hütte. Der Kraterrand rückt näher. Ich bin bestens gekleidet. Mir ist zu keiner Zeit kalt. Habe teilweise das Gefühl, dass ich fast zu viel Kleidung anhabe. Anfangs habe ich sogar leicht in meinen dicken Fäustlingen geschwitzt. Ist aber weiter oben wieder verflogen, da es kälter geworden und ein leichter Wind aufgekommen ist.

Der Weg wird zunehmend steiler und felsiger. Wir haben offensichtlich die weite Geröllfläche hinter uns. Zwischen immer größer werdenden Felsen steigen wir weiter nach oben. Teilweise suche ich mit den Händen Halt an den Felsen. Kletterei ist es aber keine. Die Nacht neigt sich. Die Morgendämmerung beginnt. Immer klarer wird der noch vor uns liegende Weg bis zum Gilman's Point. Rudi meinte zu Beginn der Gipfeltour, dass wir diesen zum Sonnenaufgang erreichen könnten, wenn wir unser Tempo machen können. Nach der vorletzten Pause kommt zwischendurch ein Guide zu mir und bietet mir an, dass er meinen Rucksack für mich trägt. Ich nehme seine Hilfe an. Meine Energiereserven sind doch schon ziemlich aufgebraucht. Einige andere Bergkameraden haben ebenfalls bereits ihren Rucksack abgegeben. Ich fühle mich dadurch etwas beweglicher und leichter – der noch vor uns liegende Weg wird erträglicher. Einerseits war es schön zu sehen, dass wir schon fast am Kraterrand angekommen sind, andererseits schweift mein Blick durch das Licht, das das Morgengrauen bringt, immer öfter nach oben. Der Kraterrand kommt dadurch aber kaum merklich näher. Meine psychische Stärke wird weiter gefordert. Immer wieder blicke ich Richtung Mawenzi, der ebenfalls im Morgengrauen seine Silhouette zeigt. Ich möchte den Anblick – den Moment – nicht verpassen, wenn die Sonne ihre ersten Strahlen über den Horizont wirft. Eine wunderschöne Färbung der Horizontlinie beginnt – davor der Mawenzi. Wir machen unsere letzte Pause – es ist ca. 6:30 Uhr. Wir befinden uns ca. 20 Höhenmeter unterhalb des Gilman's Point. Ein super Platz, um den Sonnenaufgang in vollen Zügen zu genießen (Abb. 2.5).

Wir bleiben stehen, beglückwünschen uns und packen unsere Fotoapparate aus. Ein Moment, der mich an diesem Tag zum ersten Mal emotional sehr berührt. Eine Freudenträne läuft mir über die Wangen. Mein Brustkorb wölbt sich und saugt die Luft tief ein. Ich kann es kaum glauben, dass ich das erleben darf. Ein fantastischer Moment. Ich blicke nach oben. Die Felsen werden durch die frischen Strahlen der aufgehenden Sonne orange gefärbt.

Abb. 2.5 Sonnenaufgang über dem Mawenzi

Oben am Gilman's Point bereits einer unserer Guides. Er winkt uns zu. Dick eingemummt in seiner Kapuze. Wir kommen alle kaum aus dem Strahlen heraus. Wir stärken uns wieder mit Tee und brechen dann auf zum Gilman's Point.

2.2.5.3 Gilman's Point – 5685 m

Ich schnappe mir wieder meinen Rucksack. Der Guide hat diesen für eine knappe Stunde für mich getragen. Es dauert auch nicht lange und wir beglückwünschen uns erneut. Wir haben es tatsächlich geschafft. Wir haben den Kilimanjaro bestiegen. Auf der kleinen Fläche oben am Kraterrand erblicken wir nun auch zum ersten Mal den Krater und die gegenüberliegenden Gletscher. Alles in wunderschöne Farbtöne des Sonnenaufgangs getaucht. Ich blicke mich um, sauge die Eindrücke in mich auf. Sehe hinunter zur Kibo-Hütte und den langen Weg, den wir während der letzten 6 Stunden zurückgelegt haben. Auf die Horombo-Hütte und den weiten Weg, den wir am Vortag gegangen sind. Auf den mächtigen Mawenzi, den Reusch-Krater, dessen Boden ca. 200 Höhenmeter unter uns liegt, wieder auf die Gletscher, den Kraterrand entlang, erkenne den Stella Point, da wo die Machame-Route auf den Kraterrand trifft, weiter den Krater bis hinüber zum Uhuru Peak – den Gipfel des Kilimanjaro – unser Ziel. Wir machen viele Fotos von uns und dem Schild des Gilman's Point. Ich möchte diesen Moment für die Ewigkeit sichern. Obwohl ich am Ende meiner Kräfte bin, bin ich unglaublich stolz auf mich. Ich bin überaus glücklich, dass ich den Kilimanjaro hab besteigen dürfen. Meine Emotionen sind kaum mehr im Griff zu halten. Die Freude ist nahezu grenzenlos, aber dennoch etwas getrübt, da ich gerne diesen Moment mit meinem Bruder erlebt hätte. Der Aufenthalt dauert am Gilman's Point nicht all zu lange. Nach 15 Minuten brechen wir alle auf und machen uns auf den Weg zum Uhuru Peak. Keiner meiner Bergkameraden dreht um. Jeder will auf den Gipfel des Kili. Der Weg liegt vor uns. Dieser führt entlang des Kraterrandes – mal mehr auf der einen, mal mehr auf der anderen Seite, aber dennoch oben leicht ansteigend vorbei am Stella Point bis hin zum Uhuru Peak. Ich merke, wie mein Körper bereits ausgelaugt ist. Jeder Schritt nach oben ist die reinste Qual. Ich kämpfe mit mir selbst. Meine mentale und körperliche Stärke wird bis auf den letzten Funken ausgequetscht. Wir gehen vorbei an denjenigen, die soeben den Stella Point erreicht haben und sich gerade zu ihrer Besteigung des Kilimanjaro beglückwünschen. Ich denke kurz an meine Sitznachbarin im Flugzeug und ob es ihr nach dem Zwischenfall bei der Anreise vergönnt war, hier oben stehen zu dürfen. Sie hatte mir davon erzählt, dass für den gleichen Tag der Aufstieg zum Gipfel über diese Route für ihre Gruppe geplant war. Noch einmal geht es etwas steiler nach oben. Unser Tempo ist weiterhin extrem langsam. Der Weg vom Gilman's Point bis zum Uhuru Peak dauert 1,5 Stunden. Ich blicke mich immer wieder um. Sehe ins Tal, auf die Gletscher und den Krater. Ich erlebe ganz intensiv dieses Ereignis. Nicht allen geht es so gut. Zwei Frauen wirken schon ziemlich fertig. Dachte eigentlich, dass sie beim Gilman's Point umkehren müssen. Ich habe dies auch von unserem ältesten Teilnehmer gedacht. Aber alle sind weitergegangen. Es liegt mir fern, den Gesundheitszustand der anderen unserer Gruppe zu beurteilen. Weder bin ich Mediziner, noch kann ich angesichts der Höhenlage und des geringen Sauerstoffs klar denken und die Sachlage richtig beurteilen. Darüber hinaus können Rudi und die Guides die Situation, aufgrund ihrer langjährigen Erfahrung, mit Sicherheit besser einschätzen.

2.2.5.4 Uhuru Peak – der Gipfel des Kilimanjaro ist erreicht

>> **Ins Notizbuch schreibe ich später an dem Tag:** Es dauert 1,5 Stunden, bis wir diesen erreichen. Ich bin schon fix und fertig. Habe keine Kraft mehr. Dennoch fasziniert mich der Anblick der Gletscher. Um 8:15 Uhr erreiche ich den Gipfel des Kilimanjaro auf 5895 Metern. Ein faszinierendes Erlebnis. Ein Traum geht in Erfüllung.

Die letzten Schritte, der letzte Anstieg hin zum Uhuru Peak erfordern meine allerletzten Kraftreserven. Ich erblicke von einiger Entfernung das Schild, das den Gipfel markiert. Der Weg ist breit. Die Gletscher nah. Rundherum nur Vulkanasche, Steine, Geröll. Keine Pflanze mehr hier oben. Ich kann es während der letzten Meter kaum erwarten, den Gipfel zu erreichen. Immer wieder, während der letzten 1,5 Stunden Emotionalität pur. Ich kann es kaum glauben, dass ich hier oben sein darf. Und dann endlich ist es so weit. Wir erreichen den Gipfel. Eine weite, recht ebene Fläche, nur leicht ansteigend. Der Gipfel des Kilimanjaro bietet vielen Menschen Platz. Wir umarmen uns. Wir beglückwünschen uns. Wir sind überglücklich, dass wir es geschafft haben. Dutzende Fotos werden geschossen. Rundumblick. Ich sauge die Eindrücke auf und mache ein paar Fotos nur von mir mit dem berühmten Schild. Ich möchte sicherstellen, dass ich diesen Moment bestens festhalte – nicht nur in meiner Erinnerung, sondern auch auf den Bildern. Wir fotografieren uns gegenseitig und halten diesen Moment auch auf einem Gruppenfoto für die Ewigkeit fest (Abb. 2.6).

Ich kann es kaum glauben, dass mir diese Ehre zuteilwird und ich diesen Moment in meinem Leben erleben darf. Ich bin sprachlos vor Glück. Nach dem Festhalten dieses wunderbaren Moments macht sich leichter Hunger bei mir bemerkbar. Ich schnappe mir einen Obstmüsliriegel, beiße genussvoll hinein. Der Geschmack ist kaum zu ertragen. Offensichtlich hat die Höhe mein Geschmacksempfinden stark beeinträchtigt. Ich nehme mir einen Schokoriegel. Zucker. Viel Zucker. Viel besser. Ich verspeise diesen mit einem Wohlgenuss, obwohl auch das Essen in dieser Höhe anstrengend ist. Ich sitze auf einem Stein, vollkommen geschafft, aber glücklich.

Abb. 2.6 Ein Moment für die Ewigkeit. (© Birgit Alber, Berlin 2017. Mit freundlicher Genehmigung)

2.2.5.5 Der Abstieg

Nach dem *Gipfelsieg* machen wir uns wieder gemeinsam auf den Rückweg. Im Prinzip ist gerade erst mal das halbe Abenteuer erreicht, wenngleich der Rückweg um vieles einfacher ist und kürzer dauert. Oben am Kraterrand ist das Tempo recht angenehm. Jeden Schritt, den wir abwärts gehen, machen wir in einem etwas langsameren Tempo als bei einer normalen Wanderung in den Alpen. Jeder Schritt nach oben ist nur mehr in einem langsamen Schneckentempo möglich. Jeder dieser Schritte fordert mich extrem. Auch wenn es nur wenige sind, aber dennoch ist der Kraterrand nicht nur abfallend. Es geht zwar stetig nach unten mit eben ein paar Metern wieder rauf. Wir marschieren munter drauf los. Das Adrenalin des Gipfelerlebnisses hält noch an. Ich fühle mich weitaus besser als beim Hochgehen. Wir gehen am Kraterrand den gleichen Weg wieder zurück, auf dem wir rauf gekommen sind. Sehr bald eine ungewöhnliche Erscheinung. Zwei Gipfelstürmer – nicht von unserer Gruppe – mit einem Fahrrad am Kraterrand. Träger haben zwei Fahrräder nach oben geschleppt. Auf diesen wollen die beiden später den Berg hinabfahren, oder versuchen es zumindest. Geht sicher schneller, ist aber auch ziemlich riskant, vor allem über den langen Geröllhang. Ich schieße schnell ein Foto, denn so etwas würde mir vermutlich keiner so schnell glauben. Wir kommen wieder vorbei am Stella Point und gehen weiter zum Gilman's Point. Plötzlich, auf halbem Weg zwischen Stella Point und Gilman's Point, kippt der Teilnehmer vor mir rechts weg wie ein Baum, der gerade gefällt wurde. Er kann sich nicht halten, stolpert noch zusätzlich über einen Stein und landet hart zwischen den Felsen. Er bleibt kurz benommen liegen. Wir helfen ihm hoch. Er hat sich zum Glück nicht verletzt. Nicht auszudenken, wenn er mit dem Kopf gegen einen Felsen geschlagen oder auf die linke Flanke über den Geröllhang in Richtung Krater geschlittert wäre. Ich hätte ihm kaum, auch wenn ich das wollte, aufgrund meiner aufgebrauchten Kraftreserven helfen können. Ich habe dort oben mit mir selbst derartig zu tun gehabt, dass ich mich überhaupt auf den Beinen halten konnte. Bei einer Rettungsaktion hätte ich nicht viel mithelfen können. Denke aber, dass die Guides hierfür besser gerüstet und akklimatisiert sind. Später an diesem Tag erfahren wir, dass tatsächlich jemand aus einer anderen Gruppe den Hang in Richtung Kraterboden gerutscht ist. Was mit ihm geschehen ist und wie seine Rettung ausgesehen hat, haben wir nicht mehr erfahren.

Wir gehen weiter und passieren wieder den Gilman's Point. Wir machen eine kurze Rast, um wieder etwas zu trinken. Danach schlängeln wir uns zwischen den Felsen weiter nach unten. Die Schritte werden deutlich einfacher. Abwärts gehen kostet in dieser Höhe bei Weitem nicht die gleiche Kraft wie aufwärts. Der Blick wandert immer wieder über die weite Fläche am Kilimanjaro, die Steinwüste, die zwischen Kibo und Mawenzi liegt, hinunter zur Horombo-Hütte und natürlich zur Kibo-Hütte – dem Ziel unseres Abstiegs vom Kibo, aber nicht dem Tagesziel. Da ständig der Blick nach unten gerichtet ist und durch nichts beeinträchtigt wird, hat es den Anschein, dass die Hütte nicht näher kommen will. Meine Kräfte lassen immer mehr nach. Ich hätte nicht die leicht wiederkehrende Kraft in meinen Beinen durch unüberlegtes *Geröllrutschen* gleich unterhalb der Felsen am Gilman's Point verschwenden sollen. Dachte, in einem Anflug von scheinbarer Selbstüberschätzung, dass ich über das lose Geröll, in dem man nun bis über die Knöchel einsinkt, da der Nachfrost von der Sonne verdrängt wurde, hinunterlaufen und hinuntergleiten kann, wie beim Schifahren. Nach einigen hundert Metern ist mir die Luft ruckartig ausgegangen und ich war völlig „blau". Und das auf ca. 5500 Metern über dem Meer. Das Vorgehen rächt sich für den restlichen Weg bis zur Kibo-Hütte. Ich muss immer wieder Pausen machen, um zu Atem zu kommen und um mich kurz zu erholen. Unsere Gruppe hat sich in der Zwischenzeit ziemlich auseinandergerissen. Einige wandern den Serpentinenweg, andere gehen geradewegs langsam weiter nach unten und wirbeln dabei viel Staub auf. Ein Zusammenbleiben in der Gruppe wäre aufgrund dessen schon nicht möglich gewesen. Die Guides achten aber immer sehr gut auf uns und bleiben immer etwas hinter dem letzten Teilnehmer zurück. Rudi ebenfalls. Kurz vor der Kibo-Hütte bin ich schon so ziemlich ans Ende der Gruppe zurückgefallen. Durch meine vielen Pausen konnten mich die anderen leicht überholen. Aber es ist ja Gott sei Dank kein Wettrennen. Ich sehne die Hütte herbei. Endlich kommt diese näher und näher. Ich erkenne von Weitem bereits Herbert, der in der Obhut der Köche und Träger wieder zu Kräften gekommen ist. Er kommt uns bis zum Ende des Lagers entgegen und empfängt und beglückwünscht unsere Gruppe. So auch mich. Wir umarmen uns. Er fragt mich, ob ich oben war. Ich antworte: „Na klar. (Als ob dies selbstverständlich wäre.) Erzähl dir später alles, muss mich jetzt unbedingt hinlegen, bin fix und fertig". Um 11:10 Uhr komme ich in der Kibo-Hütte wieder an. Ich schleppe mich noch in den Schlafraum, entledige mich der meisten mittlerweile viel zu warmen Kleidung und lege mich sofort in meinen Schlafsack, der noch immer an derselben Stelle liegt, wo ich ihn mitten in der Nacht verlassen habe. Ich schlafe für ca. 30 Minuten tief und fest – das erste Mal bei diesem Abenteuer. Einige andere Gipfelstürmer unserer Gruppe haben ebenfalls ein kurzes Nickerchen gemacht.

2.2.5.6 Abstieg von der Kibo- zur Horombo-Hütte

Ich werde bald wieder geweckt. Es gibt Mittagessen, und wir müssen spätestens um 13 Uhr wieder aus der Hütte raus sein, da dann bereits die nächsten Gruppen eintreffen werden, und diese wollen natürlich auch einen leeren Lagerplatz für sich in Anspruch nehmen. Ich richte mich auf. Habe starke Kopfschmerzen. Ziehe mich wieder an für die Wanderung am Nachmittag zur Horombo-Hütte und packe meinen Seesack. Dann setze ich mich zu Tisch. Es gibt eine Gemüsesuppe. Ich habe kaum Hunger, weiß aber, dass ich etwas essen muss, um wieder zu Kräften zu kommen. Trinke Tee. Beim zweiten Löffel der Suppe wird mir kotzübel. Ich stehe auf und verlasse eilig den Raum. Auf dem Gang der Hütte merke ich bereits, dass es sich nur noch um Sekunden handelt. Am Ende des Ganges steht ein Mistkübel – das Zwischenziel meiner Flucht. Ich gehe raus aus der Hütte und setze mich auf einen Felsen, um mich zu erholen. Meine Atmung ist ruhig und tief. Es dauert nicht lange und es wird wieder besser. Keine Ahnung, ob die Übelkeit von der Höhe, den Kopfschmerzen oder von der weit über meine Grenzen hinausgehenden Belastung der letzten Nacht ausgelöst wurde. Ich kehre wieder zurück zur Hütte. Herbert fragt, ob ich noch etwas essen möchte. Ich verneine mit einem Augenzwinkern und den Worten: „Ich bin fertig mit dem Essen". Danach packen wir den Rest zusammen und verlassen die Kibo-Hütte. Mir geht es deutlich besser. Die frische Luft und die Bewegung verleihen mir wieder Energie. Wir wandern auf dem gleichen Weg in zügigen Schritten zurück zur Horombo-Hütte. Drei Stunden später kommen wir dort an. Auf dem Weg zurück denke ich immer wieder an das beeindruckende Erlebnis, den Kili bestiegen zu haben. Es gibt mir Kraft. Auch wenn ich müde und ausgezehrt bin, ist der weitere Abstieg nicht ganz so schlimm, wie ich mir das vorgestellt habe. Klar ersehene ich das Ende dieses Tages. Klar bin ich extrem müde. Aber meine Beine tragen mich gut den Weg hinunter. In der Hütte angekommen wieder das übliche Prozedere. Registrierung. Ich suche mir sofort einen Platz auf einem Felsen. Bin fix und fertig. Dennoch kommt mir der Gedanke, mich selbst in diesem Moment zu filmen. Ich schnappe mir meinen Fotoapparat, der auch eine Videofunktion hat, richte das Objektiv auf mich und gebe einen kurzen Kommentar ab – festgehalten für die Zeit nach dem Abenteuer.

Danach beziehen wir unsere Hütte. Unsere Gruppe teilt sich die Hütten wie schon einige Nächte zuvor in der Horombo-Hütte auf. Ich lege meinen Schlafsack auf, entledige mich einiger Kleidungsstücke und versuche, etwas Schlaf zu finden. Doch zu viele Gedanken kreisen in meinem Kopf. Auch sind leichte Kopfschmerzen immer noch zu spüren. Die Rast tut aber dennoch sehr gut. Später trage ich noch in mein Notizbuch ein und sende eine SMS mit der Nachricht nach Hause, dass ich den Gipfel erreicht habe. Am Abend gibt es wieder ein kräftiges Abendessen. Meine Müdigkeit führt mich aber bald wieder zurück in die Hütte und in meinen Schlafsack. Vorher bereite ich noch mein Trinksystem und das Wasser für den nächsten Tag vor. Die Trinkblase hat durch das Gefrieren keinen Schaden genommen. In der Zwischenzeit ist das Wasser auch wieder aufgetaut. Zum Schlafen komme ich aber auch in dieser Nacht kaum. Ich döse ein wenig, aber richtiger Schlaf ist es auch diesmal nicht. Bin aber nicht mehr wirklich darüber überrascht.

2.2.6 Tag 6 – Der letzte Tag des Kili-Abenteuers

Noch einmal gemeinsam frühstücken auf der Horombo Hut, noch einmal den Seesack mit dem Gepäck packen, das ich nicht für den Tagesmarsch benötige, noch einmal zurückblicken auf den Kibo, den wir einen Tag zuvor bezwungen haben (Abb. 2.7).

Die Freude ist bei allen noch immer zu spüren. Wir starten, wieder einmal mehr bei herrlichem Wetter, und wandern den Weg hinab, den wir einige Tage zuvor hochgestiegen sind. Das Ziel der Tagesetappe ist das ca. 20 Kilometer entfernte Marangu Gate.

Das Erlebnis des vergangenen Tages wirkt noch sehr. Meine Euphorie über den Gipfelerfolg ist enorm. Ich lasse während des Abstiegs die Erlebnisse der Gipfelnacht noch einmal gedanklich Revue passieren. Ich komme aus meinem *Dauergrinsen* kaum raus. Ich sauge all die Eindrücke noch viel intensiver auf als beim Aufstieg. Die Wanderung hinunter fällt auch um vieles leichter als der Aufstieg. Ich blicke hinüber zu einer Bergkette, die über 100 Kilometer entfernt liegt und die im Dunst des Tages schemenhaft zu erkennen ist. Ich entdecke die vielen Krater, die der Kilimanjaro auf seinem Bergrücken trägt. Wir durchwandern wieder das Heide- und Moosland, der Regenwald liegt uns förmlich zu Füßen und breitet sich wie ein weicher Teppich unter uns aus. Ich fühle mich wie in einer Naturdokumentation. Welch ein fantastisches Erlebnis. Immer wieder zücke ich meinen Fotoapparat und halte noch ein

Abb. 2.7 Blick von der Horombo Hut zum Kibo

paar Eindrücke mehr fest. Das Tempo der Wanderung ist recht zügig. Unsere Gruppe verliert sich etwas dabei. Ich wandere gemeinsam mit Herbert unser eigenes Tempo. Die Anstrengungen der Vortage machen sich deutlich bemerkbar. Wir gehen ein moderates Tempo. Zwischendurch legen wir auch die eine oder andere Pause ein, um uns zu stärken oder etwas zu trinken. Verlieren dabei aber die anderen nie ganz aus den Augen, da auch sie immer wieder kleine Pausen einlegen. Sei es, weil die zunehmenden Temperaturen, je weiter wir nach unten kommen, dazu veranlassen, Kleidung abzulegen oder wir zwischendurch Wanderern begegnen, die gerade ein Chamäleon entdeckt haben und wir dieses dann gemeinsam mit ihnen beobachten. Ich habe an diesem Tag auch für einen kurzen Moment den Eindruck, dass mein Bruder doch gerne auf dem Gipfel gestanden hätte. Ist mehr als verständlich. Auch wenn es nur das i-Tüpfelchen der Reise war, war es trotzdem ein Ziel, das die Reise krönen sollte. Ich denke auch immer wieder daran, dass es zwar schade ist, dass wir diesen einen Moment nicht teilen können, doch dafür unzählige andere schöne Erlebnisse, die wir abseits dieses Moments gemeinsam genießen durften - und diese wiegen um einiges mehr. Ich bin stolz auf ihn, dass er den Fokus des Metazieles der Reise nicht aus den Augen verloren hat. Vermutlich ist es ihm nicht leichtgefallen, dass er die Entscheidung treffen musste, nicht weiterzugehen. Aber in seiner körperlichen Verfassung war es die beste Entscheidung, die er treffen konnte, um nicht das übergeordnete Ziel der Reise zu gefährden – nämlich wieder gesund nach Hause zurückzukehren. Es gebührt ihm der höchste Respekt dafür.

Mittags legen wir eine Pause in der Mandara-Hütte ein, da, wo ich die erste Nacht ohne meinen eigenen Schlafsack verbringen musste. Die Erinnerungen daran werden wieder wach und ich lächle, da ich weiß, dass mich dieses Erlebnis nur stärker gemacht hat und ich jetzt über eine Ressource verfüge, die über die Erfahrungen vieler hinausgeht. Im Schatten eines Baumes unterhalb der Versorgungshütte machen wir Rast. Wir schießen noch ein letztes Gruppenfoto als Andenken an dieses Abenteuer.

Danach geht es weiter durch den Regenwald hinunter zum Gate. Während der letzten 1,5 Stunden beginnt mein Knie zu schmerzen. Der lange Abstieg seit dem Gipfel fordert nun seinen Tribut. Bis zu diesem Moment habe ich keinerlei Schmerzen im Knie verspürt – habe das Thema sogar vollkommen vergessen. Aus diesem Grund ist auch meine Kniebandage nicht im Tagesrucksack, sondern in der Tasche des Trägers. Damit bleibt mir für den letzten Teil nur die Möglichkeit, etwas langsamer zu gehen und mit meinen Wanderstöcken den Druck auf meinem rechten Knie dadurch etwas zu entlasten, dass ich Wanderstock und Fuß gleichzeitig nebeneinander aufsetze. Mit dieser Methode halten sich meine Schmerzen in Grenzen. Es beeinträchtigt auch nicht meine euphorische Stimmung. Es ist, wie es ist, und ich habe eine gute Lösung dafür gefunden. Ich sauge auch im Regenwald noch einmal alle Eindrücke so gut wie möglich auf. Dabei wird mir bewusst, dass der Weg steiler ist, als er mir beim Aufstieg erschienen ist. Zwischendurch halten wir immer wieder an und beobachten Affen in den Bäumen, die geschickt von Ast zu Ast hüpfen oder Blätter verzehren.

Um 14:15 Uhr erreichen wir das Gate. Ich stoppe kurz davor und halte diesen Moment mit meinem Geist und meiner Kamera fest. Herbert und ich durchschreiten das Gate. Wir umarmen uns und beglückwünschen uns. Ein schönes Gefühl. Auch mit allen anderen Bergkameraden das gleiche Ritual. Wir sind überaus froh, dass wir es geschafft haben. Ein besonderes Erlebnis, das ich mit meinem Bruder teilen durfte. Wir haben unser Ziel erreicht. Nämlich, dass wir wieder gesund und munter unten ankommen.

Am Gate erfolgt nun die letzte Registrierung. Rudi übernimmt die Formalitäten, und wir tragen uns nur noch im Buch der Kilimanjaro-Geher ein. Beim Souvenirshop decken wir uns noch mit kleinen Andenken und einer Coca-Cola ein. Das musste einfach sein. Eine eisgekühlte Coca-Cola zu Ehren der Coca-Cola-Route, wie die Marangu-Route auch genannt wird. Ein echt erfrischendes Erlebnis – beinahe so wie das Bier, das uns Rudi spendiert. Wir stoßen alle auf unseren Erfolg, unsere Gesundheit und auf Rudi an. Danach nehmen wir Abschied vom Berg. Noch einmal ein kurzer Blick nach oben in den Regenwald. Jeeps bringen uns wieder zum Hotel, das wir vor einer Woche verlassen haben.

2.3 Abschied aus Tansania

Nach einer Dusche und kurzen Regenerationspause findet im Garten des Hotels die Abschiedsfeier mit den Köchen, Trägern und Guides statt. Wir schnappen uns die Kleidungsstücke, die wir mitgebracht haben, und überreichen diese Prospar. Nachdem das gesamte Team eingetroffen ist, wird uns erst so richtig bewusst, wie viele Menschen für uns während der letzten Woche gearbeitet haben. Insgesamt sind es 22 Einheimische, denen wir für die letzten 7 Tage Arbeit gegeben haben. Rudi und Prospar stimmen auf das Fest ein – beide halten eine kurze, aber bewegende Ansprache. Dann stimmten die Einheimischen ein Lied an – viele weitere sollen noch folgen. Wir erhalten von Rudi und Prospar eine Urkunde ausgehändigt, die bestätigt, dass wir den Uhuru Peak erreicht haben. Die Einheimischen suchen sich in der Reihenfolge ihres Ranges Kleidung aus. Die Aufteilung der abschließenden Trinkgelder übernimmt der Chief Guide, der jedem nach Leistung und Art der Leistung (Guide, Koch, Träger) einen entsprechenden Betrag aushändigen wird. Wir stoßen mit den Einheimischen an und feiern mit ihnen gemeinsam. Sie singen Lieder und tanzen, wir tanzen mit. Diese Menschen sind die Menschen, die hinter unserem Erfolg stehen. Sie sind herzlich, freundlich und besonders hilfsbereit. Großartige Menschen, die ich kennenlernen durfte. Ich bedanke mich ganz besonders nochmal bei Heavenlight – er war es, der mir in der ersten Nacht seinen Schlafsack geborgt hat. Zu einem großen Teil verdanke ich ihm meinen Erfolg. Ich umarme ihn – so auch die beiden Träger, die mir in einem Gewaltmarsch meinen Seesack zur Horombo-Hütte in nur einem Tag gebracht haben, ein Weg, der eigentlich ein Zweitagesmarsch ist. Auch sie sind ein bedeutender Teil meines Erfolges.

Ich genieße die Lieder der Einheimischen, ich genieße das Gefühl, mit ihnen zu tanzen und mit ihnen zu feiern. Ich bin überwältigt von dem Gefühl, den Kilimanjaro bestiegen zu haben!

Nach dem anschließenden Abendessen überfällt mich bald die Müdigkeit und ich begebe mich ins Zimmer. Ich trage noch einmal meine Gedanken ins Notizbuch ein – viel zu wichtig erscheinen mir diese, als dass ich sie vergessen möchte. Während des Schreibens fallen mir bereits die Augen immer wieder zu, und ich kämpfe darum, die letzten Worte zu verschriftlichen. Noch bevor mein Kopf auf das Polster trifft, falle ich in einen langen, tiefen und festen Schlaf – das erste Mal seit einer Woche.

Das Abenteuer Kilimanjaro ist vollbracht. Doch die Reise nach Afrika hat noch einen weiteren Höhepunkt. Auch wenn dies natürlich im Vergleich zur Besteigung des Kilimanjaro etwas verblasst, handelt es sich dabei dennoch um ein Ziel, einen Traum, den ich mir zumindest einmal im Leben verwirklichen wollte – eine Safari zu unternehmen, um die Fauna und Flora Afrikas zu erleben. Der letzte Tag ist dafür bestens geeignet und führt uns in den Arusha-Nationalpark, der mit dem genialen Blick auf den Mount Meru eine perfekte Naturkulisse bildet. Dieser Tag mit den einzigartigen Erlebnissen ist nicht nur optimaler Ausklang der Reise, sondern wir belohnen uns damit selbst für die Anstrengungen der letzten Tage und haben die Möglichkeit, Abschied zu nehmen.

> **Eintrag ins Notizbuch 24.09.2017, 23:55 Uhr am Flughafen:** Eine faszinierende Reise, die gekrönt wurde mit dem Gipfel des Kilimanjaro, geht zu Ende!

> **Zusammenfassung**
>
> Auf den Gipfel des Kilimanjaro führen mehrere Routen. Die Marangu-Route bietet den Komfort, dass in einfachen Hütten geschlafen werden kann. Damit sich der Körper ein wenig auf die Höhe einstellen kann, wird ein Akklimatisierungstag eingelegt. Durch den abnehmenden Sauerstoff in der Atemluft werden einfache Bewegungen zunehmend anstrengender. Ein angepasstes und langsames Gehtempo schützt den eigenen Körper vor Überforderung. Dadurch entsteht auch die Möglichkeit, das Naturerlebnis während der Besteigung bewusst zu genießen. Anzeichen einer entstehenden Höhenkrankheit sind ernst zu nehmen und entsprechende Maßnahmen einzuleiten, um schwere gesundheitliche Schäden zu vermeiden. Trotz akribischer Vorbereitung kann es zu unvorhersehbaren Rückschlägen oder dem Erkennen der eigenen physischen Grenzen kommen. Der Gipfeltag ist der längste und härteste Tag des Aufstiegs. Bei der Abschiedszeremonie wird jenen Dank und Anerkennung ausgesprochen, die hinter dem Erfolg stehen.

Literatur

Achtsamkeit-hd (2019). http://www.achtsamkeit-hd.de/achtsamkeit.html. Zugegriffen am 24.11.2019

Neugebauer R (2015) Zwei Brüder auf dem Kilimanjaro. Marsh & Marsh, Trollenhagen

Teil II

Die Wirkkräfte aus theoretischer Sicht

Im zweiten Teil des Buches widmen wir uns der Aufarbeitung der einzelnen Themen in Anlehnung an die Wissenschaft. Ich gehe dabei keineswegs bis ins kleinste Detail in den einzelnen Bereichen, teilweise streife ich diese nur. Wir tauchen gerade mal so tief in die Materie ein, dass für den Leser das nötige Wissen aufgebaut werden kann, sofern dieses nicht bereits vorhanden ist, um die Zusammenhänge zu verstehen und um die Kilimanjaro-Strategie, wie sie im Teil III des Buches erörtert wird, nachvollziehbar und verständlich zu interpretieren. Man braucht dafür keineswegs Spezialist für die einzelnen Komponenten der Themenbereiche zu sein oder zu werden. Vielmehr geht es dabei um das *big picture*, den Blick von der Metaebene aus. Dem interessierten Leser ist natürlich die zahlreiche, hochkarätige Fachliteratur namhafter Autoren ans Herz gelegt, um in einzelne Wissensgebiete tiefer vorzudringen.

Zunächst starten wir mit der Thematik der Strategie. Da in der heutigen Zeit dieser Begriff vor allem im ökonomischen Kontext steht, betrachten wir dies auch von jener Seite. Denn gleich ob ein Ziel im beruflichen oder privaten Kontext entsteht und verfolgt werden möchte, bedarf es eines Umsetzungsplanes, um dieses zu erreichen. Wir sind es meist nicht gewohnt, im Privaten von einer Strategie zu sprechen, vielmehr denken wir in Form eines Planes, mal mehr und mal weniger akribisch ausgearbeitet, durchdacht und noch seltener verschriftlicht. Wenngleich ein derartiges Vorgehen auch noch in der Wirtschaft zu finden ist, bestätigen unzählige Erfolgsgeschichten, dass eine stringente Entwicklung einer Strategie die Energien eines Unternehmens fokussieren kann und zu Erfolgen führt. Gerade deshalb scheint es mir von großer Bedeutung, diesem Thema entsprechend Raum zu geben, um dessen Wirkkraft entfalten zu können.

Mit Kap. 4 „Ziele und Motivation" werden die *Triebfedern* des Erfolgs aufgearbeitet. Wir werden sehen, wie es zur Bildung von Zielen und deren Verfolgung kommt und welche Macht Ziele aufweisen können und die Energien für ein motiviertes Verhalten entstehen lassen. Motivation wurde bereits von zahlreichen Wissenschaftlern betrachtet. Motivation kann aus vielfältigen Quellen entstehen, jedoch in reinster Form, so wie sie in Theorien beschrieben wird, ist sie in der Praxis kaum anzutreffen. Eine klare Differenzierung ist in der Praxis auch nicht von großer Bedeutung. Motiviertes Verhalten, und da insbesondere das eigenmotivierte Verhalten, jedoch umso mehr.

Den Abschluss des zweiten Teils des Buches bildet das Thema Selbstmanagement. Das eigene Selbst und der Umgang mit sich selbst ist für die Kilimanjaro-Strategie ein wichtiger Bauteil. Neben der Selbstbewertung und der Selbstmotivation spielen die individuelle Persönlichkeit und die Einstellungen eine besondere Rolle. Warum dies so ist, werden wir in den jeweiligen Abschnitten aufarbeiten. Da weder das eine noch das andere *in Stein gemeißelt* ist – gerne können wir auch *hardcodiert* dazu sagen –, lässt es uns den Raum und die Möglichkeiten offen, daran zu arbeiten, um ein adaptiertes, den neuen Ansprüchen gerechtes Fundament zu schaffen. Eine Möglichkeit dafür bieten die systemische Sicht und der darauf aufbauende Coachingansatz, der ebenfalls vorgestellt wird.

3

Strategie

Inhaltsverzeichnis

3.1 Strategieentwicklungsprozess 70
3.2 Vision, Mission, Leitbild und Leitsätze 71
3.3 Strategische Ziele 73
3.4 Strategische Stoßrichtungen/Initiativen 74
Literatur 75

Am besten beginnen wir den zweiten Teil dieses Buches mit dem Thema Strategie – schließlich sprechen wir ja von der Kilimanjaro-*Strategie*. Wir blicken zunächst auf die Bedeutung des Wortes und betrachten im Anschluss die Entwicklung einer Strategie im unternehmerischen Kontext, wobei der Fokus auf die Vision und die strategischen Ziele gelegt wird. Auf die besonders im wirtschaftlichen Kontext bedeutenden Elemente einer Strategie, wie beispielsweise SWOT-Analyse, Positionierung und Geschäftsmodell, wird hier nur kurz eingegangen beziehungsweise sie werden gänzlich ausgespart, da diese für das Verständnis der Kilimanjaro-Strategie eine untergeordnete Rolle spielen.

Strategie ist in der heutigen Zeit ein viel verwendeter Begriff, wenngleich der Anschein erweckt wird, dass jeder etwas anderes darunter versteht. Schlägt man im Duden (2018) unter Strategie nach, wird dies als genauer Plan des Vorgehens beschrieben, der dazu dient, ein definiertes Ziel zu erreichen. Beeinflussende Faktoren werden dabei versucht, von Beginn an zu berücksichtigen. Mussnig et al. (2013b) sind der Bedeutung, dem man dem Begriff Strategie zuschreibt, etwas genauer nachgegangen. Strategie ist keineswegs ein

Begriff oder Vorgehen der Neuzeit oder gar des digitalen Zeitalters. Vielmehr wurde bereits bei den alten Griechen und Römern, aber auch in Fernost vor allem im militärischen Zusammenhang von Fähigkeiten der Feldherrnkunst und der taktischen Truppenführung gesprochen, erst später wurde der Begriff in der Politik und noch viel später in Unternehmen verwendet. Das damalige Strategieverständnis definierte sich als geplantes Agieren zur Entwicklung eines Planes, um das gesteckte Ziel best- und schnellstmöglich zu erreichen. Dabei werden all jene Faktoren im Vorhinein einkalkuliert, die sich auf die Umsetzung positiv oder negativ auswirken können. Strategie bedeutet aber auch, dass im Vorhinein alle denkbaren Situationen durchgespielt und dabei auf die jeweilige passende Variable entsprechende Handlungsalternativen ausgearbeitet werden. Eine exakte Festlegung aller Handlungsmöglichkeiten kann jedoch nicht getroffen werden, da diese auch von den Handlungen und Reaktionen anderer an der Umsetzung beteiligten Personen abhängig sind. Strategie ist lebendig und dynamisch und passt sich laufend an die sich ändernden Umwelten an. Strategie ist eine ungefähre Richtung, die zur Erreichung des Ziels eingeschlagen wird.

Fassen wir hier mal kurz zusammen: Strategie ist die Umsetzung des vorab Geplanten. Bei der Planung werden Eventualitäten, die bei der Umsetzung eintreten können, berücksichtigt. Der Plan bleibt soweit offen, damit auf Unvorhersehbares rechtzeitig reagiert werden kann, um den weiteren Plan entsprechend abzuändern.

Für unsere Zwecke sollte diese einleitende Erklärung des Strategiebegriffes erst mal reichen. Wir haben einen gewissen Grad des gemeinsamen Nenners der Begriffsdefinition erreicht, der für das Verständnis der weiteren Kapitel und vor allem des dritten Teils des Buches genügen wird.

3.1 Strategieentwicklungsprozess

Der Strategieentwicklungsprozess findet sich vor allem in der Managementliteratur. Hier werden detailliert die einzelnen Schritte beschrieben, die eine erfolgreiche Strategie – ein erfolgreiches Planen und Vorgehen im Unternehmen – gewährleisten sollen. Literatur für die private Lebensstrategie hingegen findet sich kaum bis selten und wenn, dann meist nur ansatzweise in Form von Ratgebern, die einzelne Teilaspekte des Lebens beleuchten – meist um von einem unerwünschten Zustand zu einem erwünschten zu kommen. Doch warum sollen die vielen gewonnenen Erkenntnisse im ökonomischen Umfeld nicht auch auf Privatpersonen anwendbar sein? Umgekehrt funktioniert es ja auch. So werden psychologische Konzepte im wirtschaftlichen Feld angewendet – die handelnden Personen sind in beiden Fällen ident, nämlich

Menschen, die denken, fühlen und handeln. Damit dies auch für den Einzelnen funktionieren kann, müssen die Anwendungsgebiete und Begrifflichkeiten klarerweise vom Ökonomischen übersetzt, adaptiert und passend gemacht werden, möglicherweise können auch einzelne Komponenten weggelassen oder durch andere ersetzt werden – aber möglich ist es, zumindest aus meiner Sicht.

Doch sehen wir uns zunächst die Schritte des Strategieentwicklungsprozesses aus der Managementsicht in komprimierter Weise an. Die Ableitung der Erkenntnisse nehmen wir im dritten Teil des Buches vor, wenngleich bereits hier erwähnt sein soll, dass die Kilimanjaro-Strategie nicht ausschließlich für die Privatperson konzipiert wurde, sondern ebenso im wirtschaftlichen Kontext für bestimmte Bereiche – mit Sicherheit nicht für alle – Anwendung finden kann.

Um zu wissen, wohin man gehen kann, ist wichtig zu wissen, wo man sich im Moment befindet. Deshalb stellt auch einen der ersten Schritte im Strategieentwicklungsprozess die Analysephase dar. Dabei gilt es, die aktuelle Lage sowie die künftige Entwicklung möglichst realitätsnah einzuschätzen. Die Kunst dabei ist, den Blick aus unterschiedlichen Perspektiven auf das Unternehmen – intern und extern – zu richten (Mussnig et al. 2013c), also sowohl das eigene Unternehmen zu beleuchten, wie auch die Umwelt und sich abzeichnende Trends wahrzunehmen und einzuschätzen. Im wirtschaftlichen Kontext wird dabei von der SWOT-Analyse gesprochen. SWOT steht als Akronym für die englischsprachige Bezeichnung von Strenghts, Weakness, Opportunities und Threats – also Stärken, Schwächen, Chancen und Risiken.

3.2 Vision, Mission, Leitbild und Leitsätze

Ist diese Analyse durchgeführt, ist damit die Basis für die nächsten Schritte des Strategieentwicklungsprozesses gelegt. Dabei gilt es, die strategischen Grundfragen zu beantworten. Wohin soll die Reise des Unternehmens gehen und warum? Bei diesen beiden Grundsatzfragen wird auch von Vision und Mission gesprochen. Im Strategieprozess verleiht die Beantwortung dieser beiden Fragen der Ausarbeitung der konkreten Strategie einen Ordnungsrahmen. Es sei aber erwähnt, dass im Laufe der Strategieentwicklung die Vision und die Mission immer wieder mit beleuchtet und gegebenenfalls, aufgrund der dabei gewonnenen Erkenntnisse, angepasst werden müssen. Im Zuge der Erarbeitung der Vision dreht sich alles um die Frage, *wie* das Unternehmen in der Zukunft optimalerweise aussehen soll. Durch die Beantwortung dieser Frage wird der gesamten Strategiearbeit sowie den steuernden Tätigkeiten im Unternehmen der Sinn verliehen. Im Vergleich dazu stellt die Frage bei der Entwicklung der Mission den Zweck des Unternehmens in den Fokus, also *wozu* es das Unternehmen überhaupt gibt. Mit der Definition einer Mission wird somit die Existenzberechtigung eines Unternehmens beschrieben (Sternad 2015).

Die Vision
ist das Zugpferd. Die Karotte vor der Nase. Das Idealbild. Der Stern, der leitet, der Orientierung gibt. Hier darf ein wenig geträumt und ein positives Bild der Zukunft des Unternehmens in bunten Farben gemalt werden. Und dieser wünschenswerte Zustand der zukünftigen Organisation muss klar und verständlich beschrieben werden. Jeder im Unternehmen tätige Mitarbeiter muss die Vision verstehen, ohne dass zusätzlich ergänzende Worte nötig sind, um diese verständlich zu machen. Erst dann kann es gelingen, dass die Vision internalisiert und danach gestrebt und gearbeitet wird. Mitarbeiter haben Energie – viel Energie. Sie wollen Leistung erbringen. Es gilt, die Energie zu bündeln und wie einen Laserstrahl auszurichten, um diesen entfernten Punkt in der Zukunft anzusteuern und für jedermann sichtbar zu machen. Die Mitarbeiter wollen aber auch wissen, wofür sie ihre Energieressourcen verwenden sollen. Sie brauchen einen Sinn, wofür sie arbeiten und teilweise auch kämpfen sollen; das große Ganze erfassen und danach streben. Eine Vision vermag die Mitarbeiter zu vereinen, um an einem gemeinsamen Strang zu ziehen – in eine Richtung blickend und dahin arbeitend. Jeden Tag seinen Beitrag leisten, um dieses Wunschbild des Unternehmens zu erreichen. Natürlich lässt sich die Zukunft nicht vorhersagen, aber man kann dennoch versuchen, diese nach dem eigenen Willen und nach seinen Vorstellungen zu erschaffen. Man wird das Bild der Zukunft vermutlich nicht punktgenau treffen, dies muss auch gar nicht sein, denn bis zu diesem fernen Punkt in der Zukunft treten unerwartete und nichtplanbare Ereignisse ein, auf die man zum gegebenen Zeitpunkt agil und dynamisch reagieren sollte, sofern man eine zieloffene Einstellung mitbringt (Mussnig und Granig 2013).

Die Mission
ist der Auftrag des Unternehmens an die Gesellschaft. Damit wird den Tätigkeiten eines Unternehmens ein übergeordneter Sinn verliehen, und sie bringt den Verlust für die Menschheit auf den Punkt, wenn das Unternehmen nicht existieren würde. Die Mission des Unternehmens wird adressiert sowohl an die Kunden wie an die Mitarbeiter als auch an die Eigentümer. Eine gut formulierte Mission macht die Mitarbeiter stolz auf das Unternehmen und vermittelt Sinn. Ein klarer Marktauftrag sichert Investitionen in das Unternehmen. Das Mission Statement bringt zum Ausdruck, warum der Kunde das Produkt kaufen soll (Greiner 2018).

3.3 Strategische Ziele

Ein bedeutender Schritt in der Strategieentwicklung ist, die strategischen Ziele zu definieren. Damit wird das Unternehmen in eine klare Richtung gelenkt und der Nährboden für die zu setzenden Maßnahmen bereitet, um den in ferner Zukunft liegenden gewünschten Zustand der Organisation zu erreichen. Bei strategischen Zielen spricht man von langfristigen Zielen, die idealerweise eine gewisse Flexibilität im Hinblick auf künftige Entscheidungen beinhalten und zur Erfüllung der Mission beitragen. Damit einhergehend ist das schrittweise Näherkommen an die definierte Vision verbunden (Sternad 2015).

Mussnig und Giermaier unterscheiden Ziele sowohl nach ihrer zeitlichen Perspektive als auch nach deren Wirkung in operative Ziele, taktische Ziele und strategische Ziele. Operative Ziele sind kurzfristig angelegt und möglichst präzise formuliert, der Begriff SMART wird in diesem Zusammenhang gerne ins Spiel gebracht. Wobei SMART ein Akronym ist und für *spezifisch, messbar, aktiv beeinflussbar, realistisch und terminiert* steht und als eine Art Checkliste für die Formulierung von Zielen dient, um sicherzustellen, dass die wesentlichsten Aspekte berücksichtigt wurden. Die Relevanz des SMART-Konzepts nimmt jedoch mit zunehmendem Zeithorizont ab und hat für die zeitlich am weitesten in der Zukunft liegende Zielsetzung, die Vision, nur noch sehr geringe Bedeutung. Strategische Ziele sind im Vergleich zu operativen Zielen eher qualitativ anstatt quantitativ formuliert. Qualitative Ziele lassen sich jedoch nur schwer messen und deren Umsetzungsgrad verfolgen. Zu diesem Zweck haben Norton und Kaplan die Balanced Scorecard entwickelt, bei der die strategischen Ziele und deren Betrachtung aus unterschiedlicher Perspektive, nämlich der Finanz-, Kunden-, Prozess- und Potenzialperspektive und die Zusammenhänge und Abhängigkeiten zueinander, dargestellt werden. Einzelne strategische Ziele können damit auf quantifizierbare Messgrößen heruntergebrochen werden. Taktische Ziele liegen zwischen den kurzfristigen und strategischen Zielen, sowohl im Zeithorizont (mittelfristig) als auch in deren Wirkungskreis (Mussnig und Giermaier 2013)

Strategische Ziele erfüllen unterschiedliche Aufgaben. Einerseits wird mit klar formulierten und attraktiven Zielen sowohl eine Motivations- als auch eine Identifikationsfunktion für die Mitarbeiter geleistet, und andererseits werden damit die Interessen der Eigentümer und der Geschäftsführung des Unternehmens gewahrt. Strategische Ziele ermöglichen eine Orientierung, ohne dabei einzuengen. Die Formulierung der strategischen Ziele ist nicht einfach, um einen hohen Wirkungsgrad, der damit erfüllt werden soll, zu erreichen. Doch gelingt dies, wird selbstständiges innovatives Handeln bei den Mitarbeitern gefördert und die Energie und Ressourcen werden zielgerichtet eingesetzt (Mussnig und Giermaier 2013).

3.4 Strategische Stoßrichtungen/Initiativen

Unter strategischen Stoßrichtungen beziehungsweise strategischen Initiativen werden die Maßnahmen verstanden, die zur Erreichung des zukünftigen Wunschzustandes, also der Erreichung der strategischen Ziele, Positionierung und letztendlich der Vision der Organisation beitragen. Diese Maßnahmen sind das verbindende Handlungselement zwischen dem Ist- und dem Sollzustand. Dabei handelt es sich um einzelne Aktivitäten, deren Funktion es ist, die Entwicklung des Unternehmens zu steuern. Die strategischen Initiativen werden wiederum in Zwischenziele und Meilensteine heruntergebrochen und ermöglichen damit eine schrittweise Annäherung und Erreichen der strategischen Ziele (Mussnig et al. 2013a).

Wie bereits bei der Formulierung der Vision, Mission und der strategischen Ziele ist auf die Formulierung der strategischen Stoßrichtungen besonders zu achten. Diese sollten in nur wenigen Worten die Entwicklung der Organisation skizzieren und die grundsätzlichen strategischen Handlungsalternativen darstellen, damit diese an die Mitarbeiter kommuniziert und von ihnen verstanden werden können. Mittels einer detaillierten Ausformulierung der strategischen Maßnahmen kann es gelingen, die zu verfolgende Strategie auf das operative Tagesgeschäft in Form von konkret definierten Arbeitspaketen mit Verantwortlichkeiten, Terminen und Ressourcen herunterzubrechen (Mussnig et al. 2013a; Sternad 2015).

> **Zusammenfassung**
> Unter Strategie wird die Umsetzung eines Planes verstanden. Dieser bleibt soweit offen, um nichtplanbare oder veränderte Bedingungen im Laufe der Umsetzung berücksichtigen zu können. Von Strategie wird vorrangig im wirtschaftlichen Kontext gesprochen. In diesem Zusammenhang sind Analysen der Stärken, Schwächen, Chancen und Risiken, aber auch Vision, Mission, Positionierung, Geschäftsmodell und strategische Ziele von Bedeutung. Für die Kilimanjaro-Strategie rücken die Vision und die strategischen Ziele in den Vordergrund, da diese nicht nur bei Unternehmen, sondern auch im Privaten bei der Erhebung der Ausgangslage und der Zieldefinition und -verfolgung Anwendung finden sollten. Die strategischen Initiativen sind die Maßnahmen, die am effektivsten und effizientesten zur Erreichung der strategischen Ziele beitragen.

Literatur

Duden (2018). https://www.duden.de/rechtschreibung/Strategie. Zugegriffen am 20.10.2018

Greiner O (2018) Touch Down. Wie Unternehmen unschlagbar werden. Murmann Publishers, Hamburg

Mussnig W, Giermaier G (2013) Strategische Ziele als Teil der Grundstrategie. In: Mussnig W, Mödritscher G (Hrsg) Strategien entwickeln und umsetzen, 2. Aufl. Linde, Wien, S 303–328

Mussnig W, Granig P (2013) Die Vision als Teil der Grundstrategie. In: Mussnig W, Mödritscher G (Hrsg) Strategien entwickeln und umsetzen, 2. Aufl. Linde, Wien, S 208–230

Mussnig W, Giermaier G, Sitter A (2013a) Die strategische Stoßrichtung als Teil der Grundstrategie. In: Mussnig W, Mödritscher G (Hrsg) Strategien entwickeln und umsetzen, 2. Aufl. Linde, Wien, S 283–302

Mussnig W, Rausch A, Mödritscher G (2013b) Grundlagen des strategischen Denkens und Handelns. In: Mussnig W, Mödritscher G (Hrsg) Strategien entwickeln und umsetzen, 2. Aufl. Linde, Wien, S 15–55

Mussnig W, Zaglia M, Rausch A (2013c) Die strategische Analyse als Basis der Grundstrategie. In: Mussnig W, Mödritscher G (Hrsg) Strategien entwickeln und umsetzen, 2. Aufl. Linde, Wien, S 157–207

Sternad D (2015) Strategieentwicklung kompakt. . Eine praxisorientierte Einführung. Springer Gabler, Wiesbaden

4

Ziele und Motivation

Inhaltsverzeichnis
4.1 Die Macht der Ziele 78
    4.1.1 Zielbildung 78
    4.1.2 Zielverfolgung 79
4.2 Motivation und was sich dahinter verbirgt 81
    4.2.1 Definition von Motivation 81
    4.2.2 Intrinsische vs. extrinsische Motivation 82
    4.2.3 Motivationstheorien 83
Literatur 86

Widmen wir uns nun in diesem Kapitel den Themen Ziel, Zielfindung, Zielumsetzung und der damit eng verbundenen Materie der Motivation, und blicken wir gemeinsam ein kleines Stück hinter die Kulissen. Ziele weisen eine hohe motivationale Relevanz auf, besonders dann, wenn diese der sogenannten intrinsischen Motivation entspringen. Ziele gelten als wirksame Werkzeuge, wenn es darum geht, das eigene Wohlbefinden und die eigene Leistung zu verbessern. Steht die Zielbildung unter der Prämisse der externen Motivation, können diese durchaus auch negative Auswirkungen auf das Wohlbehagen und die Gesundheit haben (Kuhl und Koole 2005).

Werden die Ziele von einer Person als besonders attraktiv wahrgenommen, gelten diese als besonderer Kraftstoff für die Motivation. Ziele gewinnen an Attraktivität, wenn sie reizvoll und wichtig sind und sich durch Aktivitäten realisieren lassen, die Freude bereiten. Im Vergleich dazu gewinnen Ziele, auch wenn diese nicht bewusst definiert werden, ebenso an Attraktivität, wenn mit ihrer Erreichung wichtige persönliche Bedürfnisse, wie physiologische Grundbedürfnisse, Bedürfnisse nach sozialer Beziehung, Freiheit, Sicherheit, Selbstbestimmung, Anerkennung, Sinn, Selbstwerterleben, Dominanz, Höherstellung und Wertkongruenz des eigenen Handelns, befriedigt werden (Fischer-Epe und Epe 2004).

4.1 Die Macht der Ziele

Jeder Mensch hat Ziele! Diese können sowohl bewusst als auch unbewusst gebildet werden, und dementsprechend kann nach ihrer Erfüllung gestrebt werden. Nicht bei jedem Ziel, das einen Menschen leitet und antreibt, ist es notwendig, dieses zu reflektieren und laufend dessen optimale Erreichung anzustreben. Viele Ziele, vor allem diejenigen, die der Befriedigung physiologischer Grundbedürfnisse entspringen, treten erst dann ins Bewusstsein, wenn deren laufende Befriedigung beeinträchtigt wird. Wird beispielsweise das Bedürfnis nach Atemluft eingeschränkt, reagiert der Körper rapide mit entsprechenden Warnsignalen. Aber ebenso auch Hunger und Durst treten erst dann in den Vordergrund, wenn der Körper entsprechende Ressourcen aufgebraucht hat und neue Energie benötigt wird. Ist dieses Ziel befriedigt, wird es wieder deaktiviert.

Differenzierter verhält es sich mit Zielen, die, entsprechend der Maslow'schen Bedürfnispyramide, in den oberen Kategorien angesiedelt sind, wie beispielsweise Selbstverwirklichung. Hier bedarf es zunächst der Bewusstmachung des Bedürfnisses und aufbauend darauf der aktiven Bildung des entsprechenden Zieles. Der Vielfältigkeit der Ziele in dieser Kategorie ist wohl kein Riegel vorgeschoben.

Auch wenn Ziele zumeist vernunftgeprägt sind, wie das Ziel, ein gesundes und langes Leben zu führen, sich ausgewogen zu ernähren und nach Bequemlichkeit und Wohlbefinden zu streben, zeigen sich unzählige kulturabhängige Ausnahmen. Csikszentmihalyi (2017) postuliert, dass jeder die Freiheit hat, wie er seine Realität wahrnimmt. Damit ist auch die Möglichkeit verbunden, seine Ziele frei zu wählen und danach zu streben. Bedeutend ist die Ernsthaftigkeit, mit der man an deren Umsetzung herangeht. Fehlt diese, wird ein Ziel kaum große Wirkung zeigen. Ziele schließen unabwendbar Folgen mit ein. Ist man nicht bereit, diese zu tragen, wird ein Ziel an Sinnlosigkeit gewinnen.

4.1.1 Zielbildung

So individuell Menschen sind, so einzigartig sind auch ihre Ziele. Sowohl situative Bedingungen, das Alter, der Bildungsstand und die Werte als auch der kulturelle und familiäre Hintergrund sind Determinanten der individuellen Zielbildung (Martens und Kuhl 2005). Menschen unterscheiden sich in der Zielorientierung. Jene, die bestrebt sind, die eigenen Kompetenzen zu erhöhen, verfolgen Lernziele. Menschen, die bemüht sind, das eigene Können und Wissen zu zeigen, beziehungsweise mangelnde Kompetenzen zu verbergen, bilden Leistungsziele (Spinath und Schöne 2003).

In Unternehmen werden Handlungsziele meist durch Führungskräfte vorgegeben. Bei einem Führungsstil, der den Mitarbeitern einen entsprechenden Handlungsspielraum einräumt, können diese Ziele auch gemeinsam mit der Belegschaft gebildet werden. Werden Verantwortungen an Mitarbeiter übertragen, wird zunehmend erwartet, dass Ziele für die Arbeitstätigkeiten in Selbstverantwortung definiert werden. Ziele bestimmen Intensität, Richtung und Ausdauer der zukünftigen Tätigkeit. Eine selbstbestimmte Zielbildung ist abhängig von den Wertigkeiten und Erwartungen einer Person. Werden Ziele von außen, durch die Führungskraft vorgegeben, wirken diese dann motivationsfördernd, wenn sie von den Mitarbeitern akzeptiert werden. Dies ist dann der Fall, wenn die Wahrscheinlichkeit der Erreichung der Ziele durch die ausführende Person hoch eingeschätzt wird und die Aktivitäten zur Erreichung der Ziele mit den persönlichen Motiven verbunden sind. Fehlende Zielakzeptanz kann zu einer Leistungsbeeinträchtigung führen (Kleinbeck und Kleinbeck 2009).

Die Zielbildung hängt sowohl vom Ausmaß der erwarteten Umsetzungsschwierigkeiten und den Erfolgserwartungen als auch von der positiven Suggestion der Zielerreichung ab und wird von zwischenmenschlichen Abstimmungsprozessen und subjektiven Sinn- und Wertzusammenhängen beeinflusst (Kuhl 2001). Allein durch die Bildung von Zielen werden jedoch noch nicht zwingend unmittelbare Handlungen zur Erreichung ausgelöst (Kleinbeck und Kleinbeck 2009).

4.1.2 Zielverfolgung

Als wichtiger Bestandteil der Zielverfolgung gilt die Selbstkontrolle. Der Fokus des Bewusstseins wird dadurch auf das momentan wichtigste Ziel gerichtet. Durch die damit verbundene Einschränkung der Selbstwahrnehmung werden Ablenkungen durch andere Interessen vermindert (Martens und Kuhl 2005). Durch die Ausblendung dieser konkurrierenden Ziele für eine gewisse Zeit können leistungsfördernde Mechanismen, wie Anstrengung, Ausdauer, Aufmerksamkeitssteuerung und aufgabenspezifische Strategien, ihre Wirkungskraft entfalten (Bipp und Kleinbeck 2005). Diese leistungsfördernden Mechanismen werden Mediatoren genannt. Weitere Determinanten im Prozess der Zielverfolgung stellen die sogenannten Moderatoren dar. Diese sind beispielsweise Rückmeldung zur Leistung, Fähigkeiten, Motive, Zielbindung, Aufgabenstruktur und Persönlichkeitsmerkmale der Person. Fehlen Rückmeldungen zum aktuellen Stand können keine Beurteilungen des eigenen Handelns durchgeführt und damit keine Rückschlüsse gezogen und mögliche Korrekturen eingeleitet werden. Die Kenntnis der erbrachten Leistungen trägt zur Aufrechterhaltung und Förderung der Motivation und Leistung bei (Kleinbeck und Kleinbeck 2009) und dient der Schaffung von Ordnung im Bewusstsein und Stärkung des eigenen Selbst. Steht die Rückmeldung in einem logischen Zusammenhang mit dem gesetzten Ziel, in das Energie investiert wird, löst dies Freude aus (Csikszentmihalyi 2017).

Die Bindung an das Ziel ist maßgeblich für die Ausdauer und Konzentration einer Person bei der Verfolgung des Zieles. Faktoren, die die Zielbindung beeinflussen, sind Partizipation bei der Bildung, persönliche Motive, die Wertigkeit des Zieles und die mit der Zielerreichung verbundenen Erwartungen. Der Zielverfolgungsprozess wird von der Aufgabenstruktur beeinflusst. Einfache Aufgaben entfalten die stärkste leistungsfördernde Wirkung. Da komplexe Aufgaben meist unterschiedliche Lösungsstrategien zulassen, werden die Auswahl und der Einsatz der besten Strategien erschwert. Die Leistung bei der Zielverfolgung wird, neben den situations- und aufgabenspezifischen Aspekten, auch von Persönlichkeitsmerkmalen beeinflusst. Der Wunsch nach Autonomie oder Vertrauen in die eigene Leistungsfähigkeit, aber auch ob die Person erfolgsmotiviert oder misserfolgsängstlich ist, beeinflusst die Wirkung von Zielsetzungen. Ein positiver Zusammenhang besteht zwischen Gewissenhaftigkeit und Zielbindung. Zielbindung korreliert wiederum positiv mit der Motivationsstärke (Kleinbeck und Kleinbeck 2009). Extraversion steht ebenfalls in einem positiven Zusammenhang mit der Zielverfolgung. Neurotizismus weist eine negative Korrelation mit dem Erfolg bei der Zielverfolgung auf (Kuhl 2001).

Menschen, die überzeugt sind, dass sie ihre persönlichen Ziele erfolgreich verfolgen, empfinden ein deutlich höheres subjektives Wohlbefinden als Personen, die der Meinung sind, dass sie ihre Ziele weniger erfolgreich umsetzen. Menschen, die ein höheres Wohlbefinden bei der Zielverfolgung aufweisen, nehmen ihre Ziele bedeutsamer wahr und motivieren sich mittels positiver Anreize bei der Zielverfolgung. Das Wohlbefinden der Person ist neben der eigenen Meinung über die Umsetzungskompetenz, aber auch von deren Entschlossenheit, tatsächlichem Fortschritt, Realisierbarkeitserwartung und von der durch nahestehende Personen erfahrene Unterstützung abhängig (Kuhl 2001).

Werden Ziele gebildet, sind mit deren Verfolgung Herausforderungen verbunden. Es gilt, sich diesen zu stellen und sie zu bewältigen – mit Entschiedenheit und Entschlossenheit, vorausgesetzt, die dazu benötigten Fähigkeiten sind vorhanden. Bedeutender als die tatsächliche Erreichung des Zieles sind der Versuch und die unternommenen zielgerichteten Anstrengungen, da sie weder verstreut noch verschwendet werden, sondern Sinn ergeben (Csikszentmihalyi 2017).

4.2 Motivation und was sich dahinter verbirgt

Mit Zielen und dem Bestreben, diese zu erreichen, geht moviertes Verhalten einher. Die Basis stellen die zugrunde liegenden individuellen Bedürfnisse dar, die durch Aktivitäten einer Person zu befriedigen versucht werden (Jost 2008).

4.2.1 Definition von Motivation

In movitum ire
ist der lateinische Ursprung und bedeutet, in das einzusteigen, was ein Individuum bewegt. Als Antriebskräfte für menschliches Verhalten gelten Motive und Bedürfnisse (Herzberg und Roth 2014). Diese sind angeborene Determinanten und verleihen dem individuellen Verhalten Intensität und Richtung (Myers 2008). Motivation kann auch als Zustand aktiver Verhaltensbereitschaft beschrieben werden (Sprenger 2010).

Der Wille zur Erreichung konkreter Ziele korreliert positiv mit der Stärkung der vorhandenen Motive und damit verbunden auch mit der Förderung der Motivation (Jung 2006). Doch allein die Motivationstendenz ist nicht ausreichend, um aktiv Handlungen zur Zielerreichung zu setzen. Durch Bewertung personenbezogener und situativer Einflüsse sowie die antizipierten Ergebnisse und deren Folgeabschätzung gewinnt die Tendenz den Charakter einer Handlungsabsicht (Heckhausen und Heckhausen 2006).

Persönlichkeitsspezifische Motivgefüge werden in habituelle Motivation und Aktualmotivation unterschieden. Die habituelle Motivation bezieht sich auf die Einstellung der Person, die aus dem Inneren heraus entsteht. Man spricht in diesem Fall von intrinsischer Motivation beziehungsweise Primärmotivation. Im Vergleich dazu wird Aktualmotivation oder auch Sekundärmotivation beziehungsweise extrinsische Motivation von äußeren Reizen erzeugt (Nagel 1991).

4.2.2 Intrinsische vs. extrinsische Motivation

Agiert eine Person aus eigenem Antrieb, handelt es sich um intrinsisch motiviertes Verhalten (Rheinberg und Vollmeyer 2012). Diese Tätigkeiten werden nicht nur deshalb ausgeführt, weil bestimmte wünschenswerte Konsequenzen damit verbunden werden, sondern vielmehr um ihrer selbst Willen, weil sie als spannend, zufriedenstellend und interessant erlebt werden. Intrinsisch motivierte Aktivitäten werden teilweise mit Flow-Erlebnissen verbunden. Spaß an der Tätigkeit, persönliche Wertvorstellungen, Leistungsfreude sowie klare persönliche Ziele stehen im Vordergrund (Mayrhofer 2009). Deshalb überrascht es auch nicht, dass diese Motivationsform auch als besonders wünschenswert und positiv eingestuft wird (Schiefele und Streblow 2005).

Bedeutsame intrinsische Motive in der Arbeitswelt stellen das Leistungsmotiv, das Kompetenzmotiv sowie das Geselligkeitsmotiv dar. Erwartet ein Mitarbeiter Befriedigung durch die Erreichung selbstgesteckter Ziele, kommt es zu hohem Arbeitseifer und die eigenen Anforderungen werden übertroffen – das Leistungsmotiv steht in diesem Fall im Vordergrund. Das Kompetenzmotiv äußert sich im Bestreben, auf künftige Entwicklungen des Unternehmens Einfluss zu nehmen, sowie im Wunsch, sich beruflich zu entfalten. Der Wunsch, mit anderen zusammenzuarbeiten und in einer sozialen Gruppe zu interagieren, entspringt dem Geselligkeitsmotiv (Jung 2006).

Liegen die Ursachen eines bestimmten Verhaltens außerhalb der eigentlichen Handlung oder wird das Verhalten von außen gesteuert, wird von extrinsischer Motivation gesprochen (Rheinberg und Vollmeyer 2012). Äußere Umstände können beispielsweise Disziplinarverfahren bei Verstoß gegen Regeln und Vorschriften sein oder der Erhalt von Belohnungen, wenn vorgegebene Ziele erreicht werden (Mayrhofer 2009). Extrinsische Motivation liegt auch dann vor, wenn eine Person, die machtmotiviert ist, eine Leistung nur deshalb erbringt, weil damit die eigene Machtposition oder aber auch das Ansehen und die Anerkennung durch andere Personen gestärkt wird (Kuhl und Koole 2005).

Intrinsische und extrinsische Motivation stehen in Wechselwirkung zueinander. Die Einführung extrinsischer Anreize, wie beispielsweise leistungsorientierte Entlohnung, kann dazu führen, dass die intrinsische Motivation zurückgedrängt oder gar zerstört wird. Dies kann sich auf das Verhalten einer Person so auswirken, dass nur noch Tätigkeiten ausgeführt werden, die materiell entlohnt werden. Man spricht in diesem Fall vom sogenannten Crowding-out-Effekt (Mayrhofer 2009). Im Alltag tritt dieser Effekt allerdings nur dann auf, so die behavioristische Lerntheorie, wenn es sich um eine intrinsisch sehr attraktive Tätigkeit handelt. In allen anderen Fällen wirken sich Belohnungen meist fördernd auf die Motivation aus (Kuhl 2010).

Bedeutsame Motive in der Arbeitswelt stellen Geld, Sicherheit und Prestige dar. Vermutlich stellt Geld das offensichtlichste, aber auch differenzierteste und schwierigste Arbeitsmotiv dar. Geld repräsentiert sowohl materielle als auch emotionale Werte und stellt so lange einen Motivator der Leistung dar, bis eine Person ihre materiellen Bedürfnisse ausreichend befriedigt hat und die Einkommenssituation als zufriedenstellend bewertet wird. Sicherheitsmotive stellen ein grundlegendes Bedürfnis eines Menschen dar. Ob bewusst oder unbewusst gebildet, zielen sie darauf ab, sich vor möglichen Gefahren zu schützen oder unangenehme Hindernisse abzuwehren. Durch das Prestigemotiv wird das Streben nach Differenzierung von anderen Menschen ausgedrückt. Es wächst aus den erwarteten Verhaltensweisen, die an den einzelnen Mitarbeiter eines Unternehmens gestellt werden. Werden diese Erwartungen erfüllt, werden der Person Ansehen, Bedeutung, Ruhm und Achtung verliehen (Jung 2006).

4.2.3 Motivationstheorien

Blickt man gegenwärtig in die Literatur, findet sich keine allgemein anerkannte Motivationstheorie, die eine umfassende Erklärung liefert, wie menschliches Verhalten angestoßen wird und welche Inhalte vorhanden sein müssen, sodass eine zweckgebundene Ausrichtung zustande kommt (Berthel und Becker 2010). Mehrere verschiedene, durchaus sich ergänzende Theorien versuchen zu erklären, in welchem Zusammenhang motiviertes Verhalten und Leistungserbringung stehen. Die Motivationstheorien lassen sich untergliedern in Inhaltstheorien und Prozesstheorien, wobei Letztere wiederum in Erwartungsvalenztheorien und Gleichgewichtstheorien differenziert werden (Jung 2006).

Der Fokus der Inhaltstheorien wird auf die Motivinhalte und deren Klassifizierung gelegt. Sie zeigen die spezifischen Faktoren, wie beispielsweise Bedürfnisse, aber auch Be- und Entlohnung, auf, die Menschen zur Erbringung von Leistung motivieren. Zu den bekanntesten Inhaltstheorien werden die Bedürfnispyramide nach Maslow, die Zwei-Faktoren-Theorie nach Herzberg, die E-R-G-Theorie nach Alderfer und die Theorie der gelernten Bedürfnisse von McClelland gezählt (Jung 2006).

Während Inhaltstheorien davon ausgehen, dass die Stärke der Motivation durch ein unbefriedigtes Bedürfnis entsteht (Jung 2006), versuchen Prozesstheorien zu erklären, mit welchen kognitiven Prozessen das Motivationsgeschehen verbunden ist. Die bedeutendsten sind die Dissonanztheorie nach Festinger, die Equity-Theorie nach Adams, die Erwartungstheorie nach

Vroom und jene von Porter und Lawler sowie die Zielsetzungstheorie von Locke (Berthel und Becker 2010).

Jenen Lesern, die sich intensiver mit den Motivationstheorien auseinandersetzen möchten, sei die zahlreiche Literatur zu dieser interessanten Materie ans Herz gelegt. Ein Modell möchte ich jedoch besonders herausstreichen, da es den Prozessverlauf eines Zieles, von Beginn bis zum Ende, nachvollziehbar erklärt.

4.2.3.1 Das Rubikon-Modell der Handlungsphasen nach Heckhausen und Heckhausen

Der Verlauf der Handlungen wird in diesem Modell als chronologisch horizontaler Pfad verstanden. Die Wünsche und deren Bewertung durch eine Person bilden den Beginn und die Bewertung der erreichten Ziele das Ende des Prozesses. Das Modell wird in vier Phasen gegliedert (Heckhausen und Heckhausen 2006):

1. Abwägen,
2. Planen,
3. Handeln,
4. Bewerten.

Prädezisionale Phase
Die erste Phase des Modells wird als prädezisionale Phase bezeichnet. In dieser erlangt eine Person zunächst darüber Klarheit, welche Wünsche realisiert werden sollen. Motive und Bedürfnisse der Person stellen dabei Inspirationsquellen dar. Die Anliegen und Wünsche werden nach der jeweiligen Bedeutung, Umsetzbarkeit und den damit verbundenen Folgen, sowohl positiven als auch negativen, gegeneinander abgewogen und vom ursprünglichen Wunsch zu einem konkreten Ziel formuliert. Mit der Zielformulierung wird ein Gefühl der Verpflichtung ausgelöst, dieses Ziel auch tatsächlich zu realisieren. Die Stärke der Verpflichtung wird im Rubikon-Modell auch Volitionsstärke genannt. Die Wunsch-zu-Ziel-Transformation wird auch als das *Überschreiten des Rubikons* bezeichnet. Die Bezeichnung dieses Modells geht auf Julius Cäsar zurück. Als dieser mit seinem Heer den Rubikon überschritten hatte, wurde ein Bürgerkrieg ausgelöst. *Alea iacta est – die Würfel waren gefallen*, der entscheidende Schritt war getan, und Cäsar musste danach trachten, den Krieg zu gewinnen.

Präaktionale Phase

Die zweite Phase, die präaktionale Phase, spiegelt die Bildung von Strategien in Form von Vorsätzen und Durchführungsintensitäten wider. Mögliche Aktivitäten werden gegeneinander abgewogen, die förderlich erscheinen, um das verbindliche Ziel auch tatsächlich zu erreichen. Der Grad der Günstigkeit ergibt im Zusammenwirken mit der Volitionsstärke die sogenannte Fiattendenz. Das Ziel, das die vergleichsweise höchste Fiattendenz aufweist, initiiert Handlungen zu deren Realisierung.

Aktionale Phase

In der aktionalen Phase, der dritten Phase des Rubikon-Modells, wird mittels der in der zweiten Phase geplanten Handlungen versucht, die konkretisierten Ziele der ersten Phase zu erreichen. Durch beharrliches Verfolgen des Ziels und wenn nötig durch eine Erhöhung der Anstrengungen, sofern Umsetzungsschwierigkeiten auftreten, soll das Ziel erreicht werden.

Postaktionale Phase

Die postaktionale Phase bildet die abschließende Phase des Modells. In dieser Phase bewertet die handelnde Person das erreichte Ergebnis. Wird das Ergebnis als zufriedenstellend bewertet, kommt es zu einer Deaktivierung des in der ersten Phase definierten Zieles. Bei Unzufriedenheit kann entweder das Anspruchsniveau gesenkt und dadurch der Zielzustand erreicht werden, oder es werden neue Handlungen geplant, die sinnvoll erscheinen, um das gesetzte Ziel doch noch zu erreichen (Achtziger und Gollwitzer 2006).

> **Zusammenfassung**
>
> Ziele lösen eine hohe motivationale Wirkkraft aus, sofern diese von einer Person als besonders attraktiv empfunden werden und der intrinsischen Motivation entspringen. Die Bildung von Zielen hängt von den Erfolgserwartungen und den angenommenen Schwierigkeiten bei der Umsetzung ab. Leistungsfördernde Mechanismen im Prozess der Zielverfolgung werden Mediatoren und Moderatoren genannt. Ausdauer und Konzentration bei der Zielverfolgung werden durch die Bindung zum Ziel determiniert. Motive und Bedürfnisse gelten als Antriebskräfte menschlichen Verhaltens. Die Verhaltensbereitschaft, gesteckte Ziele zu erreichen, wird als Motivation beschrieben. Diese wird in intrinsische, also aus eigenem Antrieb, und extrinsische Motivation, also durch die Steuerung des Verhaltens von außen, differenziert. Das Rubikon-Modell der Handlungsphasen beschreibt eindrucksvoll, wie Ziele gebildet, verfolgt und deaktiviert werden.

Literatur

Achtziger A, Gollwitzer PM (2006) Motivation und Volition im Handlungsverlauf. In: Heckhausen J, Heckhausen H (Hrsg) Motivation und Handeln, 3. Aufl. Springer, Heidelberg, S 227–302

Berthel J, Becker FG (2010) Personal-Management. Grundzüge für Konzeption betrieblicher Personalarbeit. Schäffer-Poeschel, Stuttgart

Bipp T, Kleinbeck U (2005) Wirkung von Zielen. In: Vollmeyer R, Brunstein J (Hrsg) Motivationspsychologie und ihre Anwendung. Kohlhammer, Stuttgart

Csikszentmihalyi M (2017) Flow. Das Geheimnis des Glücks. Cotta'sche Buchhandlung, Stuttgart

Fischer-Epe M, Epe C (2004) Stark im Beruf – erfolgreich im Leben. Persönliche Entwicklung und Selbst-Coaching. Rowohlt Taschenbuch, Reinbeck bei Hamburg

Heckhausen J, Heckhausen H (2006) Motivation und Handeln: Einführung und Überblick. In: Heckhausen J, Heckhausen H (Hrsg) Motivation und Handeln, 3. Aufl. Springer, Heidelberg

Herzberg PY, Roth M (2014) Persönlichkeitspsychologie. Springer, Wiesbaden

Jost PJ (2008) Organisation und Motivation. Eine ökonomisch-psychologische Einführung. Gabler, Wiesbaden

Jung H (2006) Personalwirtschaft. Oldenbourg Wissenschaftsverlag, München

Kleinbeck U, Kleinbeck T (2009) Arbeitsmotivation. Konzepte und Fördermaßnahmen. Pabst Science Publishers, Lengerich

Kuhl J (2001) Motivation und Persönlichkeit. Interaktion psychischer Systeme. Hogrefe, Göttingen

Kuhl J (2010) Lehrbuch der Persönlichkeitstheorie. Motivation, Emotion und Selbststeuerung. Hogrefe, Göttingen

Kuhl J, Koole S (2005) Wie gesund sind Ziele? Intrinsische Motivation, Affektregulation und das Selbst Motivationspsychologie und ihre Anwendung. In: Vollmeyer R, Brunstein J (Hrsg) Motivationspsychologie und ihre Anwendung. Kohlhammer, Stuttgart, S 109–127

Martens JU, Kuhl J (2005) Die Kunst der Selbstmotivierung. Neue Erkenntnisse der Motivationsforschung praktisch nutzen. Kohlhammer, Stuttgart

Mayrhofer W (2009) Motivaton und Arbeitsverhalten. In: Kasper H, Mayrhofer W (Hrsg) Personalmanagement. Führung. Organisation, 4. Aufl. Linde, Wien

Myers DG (2008) Psychologie. Springer, Heidelberg

Nagel K (1991) Weiterbildung als strategischer Erfolgsfaktor. Der Weg zum unternehmerisch denkenden Mitarbeiter. moderne industrie, Landsberg/Lech

Rheinberg F, Vollmeyer R (2012) Grundriss der Psychologie. Motivation. Kohlmhammer, Stuttgart

Schiefele U, Streblow L (2005) Intrinsische Motivation – Theorien und Befunde. In: Vollmeyer R, Brunstein J (Hrsg) Motivationspsychologie und ihre Anwendung. Kohlhammer, Stuttgart, S 59–71

Spinath B, Schöne C (2003) Ziele als Bedingungen von Motivation am Beispiel der Skalen zur Erfassung der Lern- und Leistungsmotivation (SELLMO). In: Stiensmeier-Pelster J, Rheinberg F (Hrsg) Diagnostik von Motivation und Selbstkonzept. Hogrefe, Göttingen, S 29–40

Sprenger RK (2010) Mythos Motivation. Wege aus einer Sackgasse. Campus, Frankfurt am Main

5

Selbstmanagement

Inhaltsverzeichnis

5.1	Selbstkonzept	91
5.2	Selbstbewertung	92
5.3	Selbstmotivierung	93
5.4	Persönlichkeit	95
	5.4.1 Big-Five-Modell	95
	5.4.2 Limbische Profiltypen nach Hans-Georg Häusel	96
5.5	Emotionen	97
5.6	Einstellungen und deren Veränderbarkeit	98
	5.6.1 Konstrukt und Funktionen von Einstellungen	98
	5.6.2 Einstellungsänderung	99
5.7	Systemtheorie	100
	5.7.1 Systemisches Coaching	101
	5.7.2 Selbstcoaching	102
Literatur		103

Im abschließenden Kapitel des zweiten Teils beleuchten wir das Thema Selbstmanagement und schaffen damit eine Wissensgrundlage, um die eigene Persönlichkeit und den Umgang mit sich selbst weiter zu entwickeln. Denn gerade die Bildung und Verfolgung von Zielen, aber ebenso die Aufrechterhaltung der Motivation und der Umgang mit Rückschlägen sind Eckpfeiler der Kilimanjaro-Strategie.

Unter Selbstmanagement wird die aktive Wahl der Wahrnehmung, der Präferenzen und der Verhaltenseinschränkungen verstanden. Personelle Faktoren und situative Umweltbedingungen determinieren das Verhalten eines Menschen. Zu einem bestimmten Ausmaß können diese von der Person jedoch bewusst ausgewählt werden. So hat eine Person zumindest zu einem gewissen Teil die Möglichkeit, selbst darüber zu entscheiden, wie sehr sie sich Umweltfaktoren ausliefert. Handlungsentscheidungen können erst in der jeweiligen Situation durch die Bildung von Präferenzen getroffen werden, und Handlungsspielräume können ohne äußere Einwirkungen eingeschränkt werden. (Jost 2008).

Aktives Selbstmanagement bedeutet, Verantwortung für sich selbst zu übernehmen. Dabei werden die Ressourcen, die einer Person zur Verfügung stehen, eingesetzt. Persönliche Stärken, psychische und physische Konstitution sowie individuelle Eigenschaften befähigen zu einer im Voraus agierenden Handlung (Bischof und Bischof 2004).

Der Prozess des Selbstmanagements wird in drei Phasen gegliedert. Die erste Phase wird als Phase der Metaentscheidung bezeichnet. Dabei definiert eine Person ihre Ziele, die in der jeweiligen Entscheidungssituation verfolgt werden sollen. Darüber hinaus wird auch definiert, wie Handlungsalternativen beurteilt werden und welche Entscheidungsregeln dabei zugrunde gelegt werden. Der Entscheidungsprozess dabei ist rational. Auf Basis der Metaentscheidungen wird in der zweiten Phase unter Berücksichtigung der Entscheidungskriterien eine Handlungsalternative ausgewählt. Die Realisierung der Handlungsalternative erfolgt in der dritten Phase. Die bewusst gesetzten Einschränkungen der ersten Phase spielen dabei eine wesentliche Rolle, da das Verhalten entsprechend gesteuert und kontrolliert werden muss, um die Ziele zu erreichen (Jost 2008).

Für eine strukturierte Selbstentwicklung kommen im Selbstmanagement verschiedene Arten der Selbstreflexion zur Anwendung. Eine konkrete Richtung kann durch den Einsatz von Coachingmethoden erzielt werden. Damit kann es gelingen, eine Person aus einer bestimmten Problemhaltung zu holen, indem negative Denkmuster aufgebrochen werden. Im Zuge des Abbaus problematischer Denk- und Verhaltensweisen können Ziele und Werte durch die Hinzunahme von neuen positiven Kognitionen definiert und die Persönlichkeit kann weiterentwickelt werden. Die Analyse der Ausgangssituation, also des Ist-Zustandes, und die Erarbeitung eines gewünschten Soll-Zustandes, der mittels Zielen definiert wird, können dazu beitragen, geeignete Maßnahmen zu planen und auszuwählen, um den Zielzustand zu erreichen. Von besonderer Bedeutung im Selbstmanagement sind Feedback und Feedbackschleifen. Diese können zu einer Korrektur der eingesetzten Methoden, aber auch des gewünschten Soll-Zustandes führen (Kogler 2006).

5.1 Selbstkonzept

Wer bin ich?
Eine Frage, die sich vermutlich schon viele Menschen gestellt haben. Die dabei aufkommenden Gedanken und Gefühle werden nach Myers (2008) mit Selbstkonzept bezeichnet. Menschen mit einem positiven Selbstkonzept nehmen die Welt positiv wahr und verhalten sich entsprechend. Ist das Selbstkonzept negativ ausgeprägt, so sind Menschen eher unzufrieden und unglücklich. Im Vergleich dazu versteht Gerrig (2015) unter Selbstkonzept die Motivation, Interpretation, Strukturierung und Regulierung von inter- und intrapersonalen Verhaltensweisen und Prozessen. Hierzu zählen beispielsweise die Erinnerungen, die eine Person an sich selbst hat, Überzeugungen, Werte, Motive und Kompetenzen eines Menschen, aber auch Einstellungen, Selbstbild sowie positive und negative Bewertung der eigenen Person und wie wir über andere Menschen denken. Der konzeptionelle Rahmen von Wissen über das Selbst wird als Selbstschema bezeichnet. Dies ermöglicht es, die zahlreichen und zum Teil komplexen Informationen über sich selbst zu strukturieren, und liefert die Basis für die Interpretation des eigenen Verhaltens.

Das Selbstkonzept wird auch als Selbstbild oder Selbsteinschätzung bezeichnet. Es entsteht im Laufe der Zeit durch die Wahrnehmung und Interpretation von Erfahrungen bezogen auf die eigene Person. Vergangene, gegenwärtige und erwartete zukünftige Leistungen bilden ein relativ stabiles Set an Annahmen und beeinflussen entsprechend die Anstrengungserwartung. Sowohl positive als auch negative Erfahrungen tragen dazu bei, dass die Anstrengungen stabil, erweitert oder reduziert werden (Berthel und Becker 2010), da die eigenen Handlungsergebnisse in einer selbstbewerteten Reflexion Informationen über sich selbst liefern (Heckhausen und Heckhausen 2006).

Werden Informationen über die eigene Person durch Selbstbeobachtung und die daraus abgeleiteten Rückschlüsse gewonnen, wird von einer reflexiven Prädikatenzuweisung gesprochen. Rückschlüsse auf die eigene Person können aber auch noch auf andere Art und Weise gezogen werden: direkt, indirekt und komparativ. Die direkte Prädikatenzuschreibung erfolgt auf Basis der direkten sprachlichen Merkmalzuschreibungen von anderen Personen. Bei indirekter Merkmalzuschreibung gewinnt eine Person Informationen über sich selbst aufgrund der interpretativen Rückschlüsse, die durch das spezifische Verhalten einer anderen Person gegenüber der eigenen Person gezogen werden. Vergleichen sich Menschen in Bezug auf bestimmte Merkmale mit anderen Personen und ziehen dadurch Rückschlüsse auf die eigene Person, wird von komparativer Prädikatenzuweisung gesprochen (Herzberg und Roth 2014).

Entsprechend dem Anstrengungskalkulationsprinzip hat das Selbstkonzept Einfluss auf die Motivation. Menschen, die ein hohes Selbstkonzept aufweisen, strengen sich bei erhöhten Aufgabenschwierigkeiten zunehmend mehr an. Wobei diese Steigerung nicht bis ins Unendliche stattfindet, sondern nur bis zu jenem Punkt, bei dem die Person die Meinung über sich vertritt, die gestellte Aufgabe mit maximaler Anstrengung gerade noch zu schaffen. Sobald dieser Punkt überschritten wird, fällt die Anstrengung rapide gegen null ab. Menschen, die ein niedriges Selbstkonzept aufweisen und damit die eigenen Begabungen möglicherweise unterbewerten, erreichen diesen Punkt früher als jene mit hohem Selbstkonzept (Rheinberg und Vollmeyer 2012).

5.2 Selbstbewertung

Einen maßgeblichen Einfluss auf die Zufriedenheit und das Wohlbefinden eines Menschen übt das Selbstwertgefühl aus. Es handelt sich dabei um ein grundlegendes Gefühl zum eigenen Selbst und spiegelt den Wert wider, den sich eine Person selbst zuschreibt. Die Selbstbewertung ist relativ konstant und ändert sich im Laufe der Zeit nur langsam. Deshalb kann es auch als eigenes Persönlichkeitsmerkmal angesehen werden, das verhaltenssteuernd auf den Menschen wirkt. Das Selbstwertgefühl beeinflusst den Umgang mit Menschen, Misserfolgen, Konflikten und Kränkungen, aber auch die Herangehensweise an Aufgaben (Fischer-Epe und Epe 2004).

Die Ausprägung des Selbstwertgefühls ist abhängig von genetischen und umweltbedingten Einflussfaktoren und differiert von Mensch zu Mensch. Gedanken, Verhalten und Stimmungen werden vom Ausprägungsgrad des Selbstwertgefühls maßgeblich beeinflusst. Menschen mit einem positiven Selbstwert trauen sich mehr zu, sind mutig, stolz, zuversichtlich und voller Tatendrang. Menschen mit negativem Selbstwert neigen hingegen zu Unsicherheit, Selbstzweifel, Mutlosigkeit, Hilflosigkeit und Angst (Fischer-Epe und Epe 2004).

Positive Beziehungserfahrungen in den ersten 18 Lebensmonaten legen bereits das Fundament des Selbstwertgefühls, das sogenannte Grundvertrauen des Menschen. Wird ein Säugling geliebt und mit seinen Bedürfnissen wahrgenommen und werden diese befriedigt, kommt es zu einer positiven Förderung des Grundvertrauens. Die zweite Grundlage des Selbstwertgefühls, neben dem Grundvertrauen, bildet das Selbstbewusstsein. Für die Bildung eines Selbstbewusstseins ist die Fähigkeit der Selbstreflexion Voraussetzung. Diese baut sich bereits im Kleinkindalter auf und wird ab dann stetig weiterentwickelt, ist jedoch zeitlebens niemals abgeschlossen. Denk-, Vergleichs-, Gefühls- und Bewertungsprozesse für die Verarbeitung von internalen und externalen Rückmeldungen gewinnen mit steigender geistiger Entwicklung immer mehr an Bedeutung. Das entwickelte Grundvertrauen und dessen Güte sind weiterhin daran beteiligt, wie gut positiv gemachte Erfahrungen internalisiert werden können. Ist das Selbstwertgefühl und damit einhergehend das Grundvertrauen und das Selbstbewusstsein positiv ausgeprägt, können Menschen positive Rückmeldungen und Erfolge, aber auch Kritik und Misserfolge erfolgreich verarbeiten (Fischer-Epe und Epe 2004).

Affekte der Selbstbewertung können beispielsweise Stolz oder Scham sein. Diese hängen unter anderem auch davon ab, ob die Ursachen für den Erfolg oder Misserfolg der eigenen Person oder der Umwelt zugeschrieben werden. Leistungsresultate haben stärkere Auswirkungen auf das Selbstwertgefühl, wenn die Ursachen in der eigenen Person lokalisiert werden, als wenn Umweltfaktoren für das Ergebnis verantwortlich gemacht werden. Wird der Erfolg der eigenen Fähigkeit zugeschrieben, werden Freude und Zufriedenheit besonders intensiv erlebt. Es kommt zu hohen Selbstbewertungseffekten. Personen, die hingegen eine Misserfolgsorientierung aufweisen, sehen häufig die Ursache des Misserfolgs im Mangel der eigenen Fähigkeiten. Erfolge werden eher der Leichtigkeit der Aufgaben oder dem Glück zugeschrieben. Misserfolge lösen starke Betroffenheit aus und führen zu einer abnehmenden Hoffnung auf künftig bessere Leistungen (Rheinberg und Vollmeyer 2012).

Als wichtige motivationale Ressource wird die Bewertung der eigenen Kompetenzen und des eigenen Selbst angesehen. Negative Selbstbewertung kann zu einer Zerstörung des motivierten Wirksamkeitsstrebens eines Menschen führen. Diese Wirkung kann jedoch durch die Anwendung von selbstwertschützenden Maßnahmen entkräftet werden. Beispielsweise können Misserfolge den Umweltfaktoren zugeschrieben, Kontrollstrategien umbewertet, soziale Vergleiche abwärtsgerichtet oder intraindividuelle Vergleiche mit eigenen Leistungsbereichen höherer Kompetenz gezogen werden (Heckhausen und Heckhausen 2006).

5.3 Selbstmotivierung

Der Prozess der Selbstmotivierung gilt als einer der wichtigsten Faktoren des Selbst (Kuhl 2001) und wird als bedeutender eingestuft, als durch andere motiviert zu werden. Sich selbst zu belohnen oder sich die Belohnung vor seinem geistigen Auge vorzustellen, ist ein erster Schritt der Selbstmotivation. Damit die Belohnungsstrategie ihre Wirksamkeit entfalten kann, bedarf es des Kontakts zum eigenen Selbstsystem und einer genauen Kenntnis der individuellen Bedürfnisse. Durch das Setzen von Zielen entsteht Motivation. Anspruchsvolle, realisierbare und lohnenswerte Ziele gelten als Grundvoraussetzung für Selbstmotivierung (Martens und Kuhl 2005). Neben der Zielsetzung stellt die Klärung der Sinnfrage ein weiteres psychologisches Fundament der Motivation dar. Wird der Sinn im Ziel und dem damit verbundenen Handeln erkannt, führt dies zu einem motivierten und zielbezogenen Verhalten (Eberspächer 2011). Werden Sinn und Werte jedoch außer Acht gelassen, kann keine Motivation entstehen. Der Mensch handelt dann nur noch nach konditionierten Prozessen, und diese machen den Menschen anfällig für Verhaltensmanipulationen (Frankl 2015).

Das Verhalten von Menschen kann durch Imagination positiv beeinflusst werden. Durch die geistige Entwicklung von Bildern kann die Zielsituation sichtbar gemacht und im Unbewussten gespeichert werden. Bilder aktivieren die rechte Hemisphäre des Gehirns. Dies führt zu einer simultanen Speicherung zahlreicher Informationen, die dadurch mit dem Bild verknüpft werden. Bilder werden im Gehirn in einem Ähnlichkeitsprinzip abgespeichert. In der rechten Hemisphäre werden auch die persönliche Intelligenz des Selbstsystems und der Erfahrungsschatz bereitgestellt. Werden nun Bilder aufgerufen, die in Verbindung mit Zielen stehen, werden zahlreiche ähnliche Bilder mit aktiviert. Diese können mit den jeweils verknüpften Informationen bei auftretenden Schwierigkeiten beitragen, um Lösungsstrategien zu entwickeln. Visualisierte Ziele können damit flexibel eingesetzt werden und eine unterstützende Wirkung bei der Erreichung anderer Ziele aufweisen (Martens und Kuhl).

Selbstmotivation braucht den persönlichen Entschluss und die Überzeugung, die gesteckten Ziele erreichen zu wollen. Psychische Energie und physische Kraft hängen zu einem gewissen Grad zusammen. Menschen, die körperlich fit sind, trauen sich bei der Bewältigung von Herausforderungen deutlich mehr zu als jene, deren körperliche Fitness geschwächt ist (Martens und Kuhl 2005).

Selbstmotivation und der damit verbundene Gewinn an Möglichkeiten, selbst in größten Schwierigkeiten noch Chancen zu erkennen, erfordert Anstrengung und Überwindung. Selbstmotivation führt nicht gezwungenermaßen dazu, dass keine Frustration oder Niedergeschlagenheit bei schwierigen Situationen empfunden wird. Menschen, die selbstmotiviert sind, leiden und ärgern sich wie andere Menschen auch. Die Dauer, in der sie in ihrem Leid und Selbstmitleid verharren, ist jedoch deutlich geringer als bei jenen, die weniger selbst motiviert sind (Malik 2005).

5.4 Persönlichkeit

Unter Persönlichkeit werden die individuellen charakteristischen Eigenschaften verstanden, die das Verhalten einer Person langfristig und in unterschiedlichen Situationen beeinflussen (Gerrig 2015). Eine andere Definition der Persönlichkeit beschreibt Hengstschläger (2012). Diese ist nach seiner Auffassung hauptsächlich von sozialen Faktoren determiniert. Das Temperament eines Menschen beschreibt den Verhaltensstil und ist Bestandteil seiner Persönlichkeit. Im Wesentlichen ist dieses genetisch bedingt und weist eine hohe Konstante im Leben auf. Durch Umwelteinflüsse bleibt die Persönlichkeit jedoch zu einem gewissen Teil modifizierbar.

Im Hinblick auf die Motivation kann eine tiefe Kenntnis der eigenen Persönlichkeit und das Wissen der möglichen Formbarkeit dazu beitragen, diese zu fördern (Gerrig 2015). Einigkeit besteht darin, dass die Persönlichkeit kurz- bis mittelfristig relativ stabil ist und nur über einen langen Zeitraum über spezifische Situationen und andere Determinanten geändert werden kann (Jost 2008). Nach Banduras Theorie beeinflussen sich Verhalten, Umwelt und Persönlichkeit wechselseitig. Die Selbstwirksamkeit wird dabei als zentrale Komponente betrachtet, da es die Motivation, die Leistung und Wahrnehmung der eigenen Person beeinflusst (Gerrig 2015).

Freud ist in seiner psychoanalytischen Theorie davon ausgegangen, dass das Verhalten durch innerpsychische Ereignisse motiviert ist. Konflikte in jungen Jahren bestimmen, seiner Annahme zufolge, das spätere Verhalten. Dies veranlasste Freud, das Unbewusste zu betonen. Motiviertes Verhalten kann durch Triebe entstehen. Diese liegen im sogenannten *Es* einer Person und sind dieser nicht bewusst erschließbar. Als Gegenpol dient das *Über-Ich*. Diese gegnerische Instanz agiert als Speicher der moralischen Einstellungen und Werte. Das *Ich* ist die realitätsgebundene Instanz. Sie repräsentiert die persönliche Sicht eines Menschen auf soziale und materielle Aspekte und wählt nach Ursachen und Konsequenzen abgewogene Handlungen aus (Gerrig 2015).

5.4.1 Big-Five-Modell

Um die Persönlichkeitsstruktur eines Menschen abzubilden, hat sich in den vergangenen Jahren der Konsens herausgebildet, dass fünf Faktoren am besten geeignet sind, um diese zu beschreiben (Gerrig 2015).

Dieses sogenannte Big-Five-Modell umfasst fünf generelle Merkmale, die für die Persönlichkeit eines Menschen charakteristisch sind (Jost 2008). Diese sind Neurotizismus, Extraversion, Offenheit für Erfahrungen, Verträglichkeit und Gewissenhaftigkeit. Menschen mit ausgeprägtem Neurotizismus, also emotionaler Instabilität, sind nervöser, ängstlicher, verlegener und unsicherer als jene mit weniger starker Ausprägung dieses Merkmals. Extravertierte Personen gelten als optimistisch, heiter, aktiv, gesellig und begeisterungsfähig. Introvertierte werden als eher reserviert und zurückhaltend von anderen Personen wahrgenommen. Das Persönlichkeitsmerkmal Offenheit für Erfahrungen weist darauf hin, wie sehr Menschen es lieben, neue Erfahrungen und Eindrücke zu sammeln, und wie wissbegierig, experimentierfreudig und fantasievoll sie sind. Menschen mit einer hohen ausgeprägten Verträglichkeit bringen anderen Menschen mehr Verständnis und Mitgefühl entgegen als weniger verträgliche Menschen. Letztere neigen eher zur Egozentrik. Gewissenhaftigkeit wird den Menschen zugeschrieben, die für ihr Handeln die Verantwortung übernehmen und sich als diszipliniert und zuverlässig erweisen (Berndt 2016).

5.4.2 Limbische Profiltypen nach Hans-Georg Häusel

Das limbische System ist eine Bezeichnung für Gehirnstrukturen, die wesentlich an der Verarbeitung von Emotionen beteiligt sind. Die wichtigsten Bereiche sind der Hippocampus, die Amygdala, der Hypothalamus, der cinguläre Cortex sowie Teile des orbitofrontalen und ventromedialen Cortex (Häusel 2014).

Das limbische System hat sich aus der Evolutionssicht des Menschen höchst erfolgreich erwiesen, da es unbewusst über Automatismen die Wahrnehmung und das Verhalten des Menschen steuert. Bereits kleinere Abweichungen vom limbischen Kurs dringen ins Bewusstsein als Unlust oder leichter Ärger. Stark negative Emotionen wie Angst, Ärger und Wut sind Indizien für größere Abweichungen und veranlassen eine Person, rasch entsprechende Handlungen einzuleiten, um diese Gefühle zu reduzieren und zu vermeiden. Agiert eine Person entsprechend seines limbischen Kurses, entstehen positive Emotionen wie Lust, Spaß, Glück und Geborgenheit. Der limbische Steuermechanismus ist jedoch kein absolutes System, das unkontrolliert jegliches Verhalten determiniert, da für den Menschen ein hohes Maß an Flexibilität des Verhaltens gewährleistet bleiben muss (Häusel 2014).

Das Denken und Verhalten eines Menschen wird wesentlich von den Emotionssystemen geprägt, wobei anzumerken ist, dass die individuellen Unterschiede zu 50 bis 60 Prozent genetisch bedingt sind. Hans-Georg Häusel hat für die Beschreibung der Persönlichkeitstypen vier Dimensionen definiert. Diese sind Dominanz, Balance, Harmonie und Stimulanz. Jede dieser Dimensionen ist bei allen Menschen vorhanden, wobei bei den einzelnen Menschen diese unterschiedlich stark ausgeprägt sind. Die jeweiligen Ausprägungen beeinflussen das Denken und Verhalten, die Werte und was als motivierend oder auch demotivierend empfunden wird. Die vier Dimensionen bilden die Basis der vier Persönlichkeitstypen. Diese sind Performer, Bewahrer, Harmonisierer und Kreative. Die Emotionssysteme werden über ein Leben lang als relativ stabil angesehen. Kultureinflüsse, Erfolg, Misserfolg oder aber auch traumatische Erlebnisse können diese verändern (Häusel 2014).

5.5 Emotionen

Emotionen sind ein komplexes Muster psychischer und physischer Veränderungen und lösen beispielsweise durch physiologische Erregung, Gefühle oder kognitive Prozesse Verhaltensreaktionen auf wahrgenommene Situationen aus. In weltweiten Studien wurden sieben Basisemotionen identifiziert, die kulturübergreifend eine übereinstimmende Bedeutung aufweisen. Diese sind Freude, Überraschung, Ärger, Ekel, Trauer, Furcht und Verachtung (Gerrig 2015). Diese Emotionen werden auch als primäre Emotionen bezeichnet. Als sekundäre Emotionen beziehungsweise Hintergrundemotionen werden Verlegenheit, Eifersucht, Stolz, Schuld, aber auch Regungen wie Unbehagen, Wohlbehagen, Anspannung und Ruhe genannt (Damasio 2011).

Physiologisch lösen Emotionen unterschiedliche Reaktionen aus. Beispielsweise werden Hormone ausgeschüttet, die Atmung wird beschleunigt, das Herz beginnt zu rasen, der Blutdruck wird gesteigert, und die Schweißdrüsen erhöhen ihre Tätigkeit. Dadurch wird der Körper schnell und unauffällig auf mögliche Notfallsituationen vorbereitet. Die Emotionskontrolle sitzt, wie weiter oben bereits erwähnt, im limbischen System. Die Amygdala nimmt dabei eine besondere Rolle ein, da diese den von den Sinnen erhaltenen Informationen eine entsprechende Bedeutung zuschreibt (Gerrig 2015).

Emotionen sind von Stimmungen zu differenzieren. Erstgenannte sind starke Gefühle, die auf einen Gegenstand oder eine Person gerichtet sind. Stimmungen unterscheiden sich von Emotionen dahingehend, dass diese nicht zwingend ein Objekt aufweisen, sondern oftmals auch unbekannte Ursachen haben und über einen längeren Zeitraum andauern können. Emotionen schlagen sich auf vier Ebenen nieder, und zwar als unmittelbare Empfindung, physiologisch, im kognitiven Denken und im Verhalten. Sie können zusammen auftreten und sich wechselseitig beeinflussen. Emotionen werden von Menschen oft als unkontrollierbar und überwältigend erlebt und können sehr schnell, auch ohne vernunftbasierter gedanklicher Auseinandersetzung, die Reaktionen und das Verhalten einer Person steuern (Werth 2010).

Neben den angeborenen und gelernten Reizen werden Emotionen auch durch emotionale Ansteckung ausgelöst. Dabei kommt es durch die Wahrnehmung der Emotionsausdrücke anderer Personen zu einer unbewussten Imitation, und die eigene Person wird durch eine Rückkopplung an das Gehirn in eine ähnliche Gefühlslage versetzt. Emotionen und Stimmungen einzelner Gruppenmitglieder beeinflussen das Denken und Verhalten und damit auch die Urteile der anderen Mitglieder der Gruppe (Werth 2010). Hintergrundemotionen werden sowohl durch interne lebensnotwendige Regulationsprozesse als auch durch andauernde kognitive Dissonanzen ausgelöst. Diese führen zur Befriedigung oder Hemmung von Trieben, aber auch zur Motivation (Damasio 2011).

5.6 Einstellungen und deren Veränderbarkeit

Einstellungen können als positive und negative Bewertungen von Menschen, Objekten oder Vorstellungen beschrieben werden, die bewusst oder auch unbewusst sowohl das Verhalten (Gerrig 2015) als auch das eigene Fühlen und Wahrnehmen beeinflussen (Martens 2009). Einstellungen werden zum einen von früheren Bezugspersonen übernommen, und zum anderen entwickeln Menschen diese aufgrund von Erfahrungen, die positiver oder negativer Natur sein können. Menschen sammeln im Zuge ihrer Entwicklung laufend Erfahrungen. Diese verknüpfen sich zu Grundüberzeugungen und beeinflussen wie innere Glaubenssätze das Verhalten und die Motivation. Einstellungen können im positiven Sinn die eigene Leistung und das Durchhaltevermögen stärken, aber ebenso negative Auswirkungen zeigen und zu überzogenen Leistungsansprüchen und damit auch zur Überforderung führen (Fischer-Epe und Epe 2004).

5.6.1 Konstrukt und Funktionen von Einstellungen

Einstellungen weisen die Tendenz auf, durch eine überdauernde und relativ gleichbleibende Meinung und Bewertung zu Dingen, Menschen und Ideen das Denken und Verhalten eines Menschen zu beeinflussen, und werden in kognitionsbasierte, affektbasierte und verhaltensorientierte Einstellungen unterteilt (Bak 2014).

Kognitionsbasierte Einstellungen werden auf Basis von Wissen und Fakten gebildet. Als Grundlage für die Prüfung der Vor- und Nachteile werden relevante Merkmale des Einstellungsobjekts herangezogen und führen zu bestimmten Überzeugungen gegenüber dem Objekt. Gefühle und Emotionen spielen bei den affektbasierten Einstellungen eine bedeutende Rolle, da diese keiner rationalen Begründung unterliegen. Verhaltensbasierte Einstellungen werden aus der Beobachtung und der Reflexion des eigenen Verhaltens abgeleitet (Bak 2014).

Einstellungen können neben diesen drei beschriebenen Ebenen auch in implizite und explizite Einstellungen untergliedert werden. Implizite Einstellungen sind im Unbewussten verankert. Da auf diese kein bewusster Zugriff erfolgt, wirken sie insbesondere bei spontanem Verhalten. Explizite Einstellungen sind hingegen dem Menschen bewusst zugänglich und können damit kontextspezifisch modifiziert werden. Damit kann es dem Menschen gelingen, sich der jeweiligen Situation je nach sozialer Erwünschtheit anzupassen, wenngleich das Verhalten nicht seinen eigenen Einstellungen entspricht. Obwohl zu einzelnen Menschen und Objekten sowohl implizite als auch explizite Einstellungen vorhanden sein können, müssen diese nicht zwingend deckungsgleich sein. Ist dies der Fall, setzen sich unter Stresssituationen meist die impliziten Einstellungen durch und steuern das entsprechende Verhalten (Bak 2014).

5.6.2 Einstellungsänderung

Einstellungen können, obwohl diese zeitlich relativ stabil sind, auf unterschiedliche Weise geändert werden (Bak 2014). Eine Änderung von Einstellungen stellt jedoch eine der schwierigsten Aufgaben in der Persönlichkeitsentwicklung dar. Ein Auslöser für eine Einstellungsänderung kann beispielsweise sein, wenn eine Person feststellt, dass ihre inneren Überzeugungen die Motivation und die Leistung hemmen, sich neuen Herausforderungen zu stellen (Fischer-Epe und Epe 2004). Darüber hinaus können Einstellungen auch noch durch persuasive Kommunikation, evaluative Konditionierung oder durch körperliche Erfahrungen verändert werden (Bak 2014).

Damit es durch Kommunikation zu einer Beeinflussung einer Person kommt und dadurch zu einer Veränderung von Einstellungen, bedarf es der Erfüllung bestimmter Bedingungen. Einen bedeutenden Einfluss auf eine mögliche Einstellungsänderung hat, entsprechend dem Elaboration-Likelihood-Modell, die

Art und Weise, wie Informationen verarbeitet werden (Gerrig 2015). Das Modell basiert auf dem Involvement-Konzept. Dabei werden Situationen unterschieden, in denen Menschen ein höheres oder geringeres emotionales und kognitives Engagement aufweisen. Dieses hängt sowohl vom Thema, der Person, dem Objekt als auch von den situativen Bedingungen ab. Im Elaboration-Likelihood-Modell werden, je nach Engagement, Motivation und Fähigkeit, zwei Wege der Informationsverarbeitung differenziert (Bak 2014). Diese werden als zentrale und periphere Route bezeichnet. Bei der Informationsverarbeitung über die zentrale Route werden Informationen der wahrgenommenen Situation tief verarbeitet. Dabei werden möglichst viele Informationen gesammelt, und bei der Verarbeitung wird auch auf frühere Erfahrungen zurückgegriffen. Dies erfordert einen entsprechend hohen kognitiven Aufwand und bedarf einer gewissen Motivation. Ergebnisse, die durch intensive, elaborierte Informationsverarbeitung zustande kommen, sind dauerhafte Einstellungen, die eine hohe Widerstandsfähigkeit aufweisen. Einstellungen, die über die zentrale Route gebildet wurden, beeinflussen das Verhalten eines Menschen. Ist eine Person nur zu einem geringen Ausmaß motiviert, sich mit dem jeweiligen Thema auseinanderzusetzen, oder verfügt diese über wenig Kenntnis oder Erfahrung in diesem Bereich, um die Situation zu beurteilen, erfolgt die Informationsverarbeitung über die periphere Route. Dennoch können einfache Hinweise in einer Information bereits kleinere Veränderungen von Einstellungen bewirken. Einstellungen, die auf diesem Wege gebildet wurden, weisen gegenüber künftigen Einflüssen nur eine geringe Widerstandskraft auf (Schenk 2007). Einen erheblichen Einfluss, auf welchem Weg die Informationen verarbeitet werden, übt die Stimmung der Person aus, in der sich diese zum jeweiligen Zeitpunkt befindet. Während Menschen in eher schlechter Stimmung mehr auf Argumente und Inhalte einer Kommunikation achten und die Informationen damit auf der zentralen Route verarbeiten, sind Menschen in positiver Stimmung offener für die Informationsverarbeitung auf der peripheren Route (Bak 2014).

5.7 Systemtheorie

Wenngleich sich noch keine einheitliche und allgemein anerkannte Systemtheorie herausgebildet hat, wird davon ausgegangen, dass der systemische Ansatz auf einer Ganzheitlichkeit und Selbstorganisation basiert. Die Komplexität lebender und sozialer Systeme wird als unbewältigbar angesehen und kann nicht durch eindeutige Ursachen-Wirkungs-Beziehung trivialisiert werden (Blessin und Wick 2014). Zu den bedeutendsten systemischen Theorien werden die Theorie der Selbstorganisation lebender Systeme und der radikale

Konstruktivismus gezählt. Medizin, Biologie, Physik und Kybernetik sind nur einige Wissenschaftszweige, die mit ihren jeweiligen Erkenntnissen zur Entwicklung systemischer Konzepte beigetragen haben (Schmidt 2013).

Systeme werden aus einzelnen Elementen gebildet, die charakteristisch miteinander vernetzt sind. Der Wirklichkeitsbereich der einzelnen Systeme grenzt sich von der Umwelt ab, steht jedoch mit dieser in einer laufenden Austausch- und Anpassungsbeziehung (Blessin und Wick 2014). Das Erleben und Verhalten einer Person steht immer in Bezug zu anderen Menschen und Umweltfaktoren. Diese gilt es in der Betrachtung zu berücksichtigen. Das individuelle Sein ist ohne das System, in das ein Mensch integriert ist und in Wechselbeziehung steht, nicht verstehbar (Schmidt 2013).

Die Grundzüge des systemischen Denkens bildet die Ansicht, dass Menschen, Teams und Organisationen keine linearen Systeme darstellen, sondern diese durch Interaktionen eine komplexe Wirklichkeit in einem zirkulären Netzwerk erzeugen (Backhausen und Thommen 2006). Watzlawick (2010) vertritt die Ansicht, dass es sowohl wissenschaftlich wie auch philosophisch unhaltbar ist, dass es eine einzige von Menschen unabhängige Wirklichkeit gibt. Die Wirklichkeit, in der Menschen leben, wird von diesen selbst konstruiert (Shazer 1992). Das bedeutet, dass die menschliche Kognition nicht durch außen eingebrachte Informationen charakterisiert wird, sondern die Welt und die Wirklichkeit erst durch individuelle Interpretation der Informationen entstehen. Menschen sprechen allerdings in der praktischen Lebenserfahrung von einer objektiven Realität, wenn von einer oder mehreren Personen ein Konsens zu einem Sachverhalt gebildet wurde (Tomaschek 2009).

Menschen sind fühlende, denkende und nichttriviale Lebewesen. Sie können sich jederzeit durch Selbstgestaltungsmöglichkeiten, also autopoietisch, dazu entscheiden, ihr Denken und ihr Handeln zu verändern. Sie treffen nicht vollkommen unabhängig von ihrer Umwelt ihre Entscheidungen, dennoch liegt es beim Einzelnen selbst, sein Verhalten zu ändern. Damit neue Denkweisen auch tatsächlich neue Handlungen auslösen, ist es notwendig, dass der Mensch einen Sinn darin sieht (Radatz 2000).

5.7.1 Systemisches Coaching

Systemisches Coaching basiert auf dem systemtheoretischen Ansatz und geht von der Selbsterzeugung lebender Systeme aus. Dabei wird versucht, die individuell wahrgenommene Wirklichkeit als subjektive Wirklichkeitskonstruktion der jeweiligen Perzeption des menschlichen Systems zu betrachten (Tomaschek 2009). Mittels systemischen Coachings wird die Möglichkeit geboten, eine Veränderung des eigenen Wahrnehmungsfeldes durch anderweitige Erklärung, Bewertung und Beschreibung von Sachverhalten herbeizuführen (Radatz 2000). Damit kann es gelingen, Denkmusterbarrieren aufzubrechen und neue Sichtweisen zu ermöglichen, die in weiterer Folge einen vergrößerten Handlungsspielraum gewähren (Struck 2006).

Systemisches Coaching wird als Treffen von Experten betrachtet, wobei der Coach Berater und Experte für den Prozess des lösungsorientierten Umgangs mit Problemen ist und der Coachee, also der Kunde, als Experte seines spezifischen Kontextes betrachtet wird. Die Lösung des Problems steht im Fokus des Coachings. Durch die Anwendung spezieller Fragetechniken können im Coachingprozess festgefahrene Sicht- und Denkweisen verflüssigt und aus einer anderen Perspektive betrachtet werden. Dadurch können neue Denk- und Handlungsmöglichkeiten generiert werden (Tomaschek 2009). Die Fragetechniken reichen von systemischen, offenen, differenzierenden, ziel-, lösungs- und ressourcenorientierten Fragen, Fragen nach Mustern, Skalierungsfragen bis hin zu hypothetischen, zirkulären und paradoxen Fragen (Radatz 2000).

Coaching kann als Unterstützung auch für den Auf- und Ausbau von persönlichen und sozialen Kompetenzen eingesetzt werden. Zunächst wird mittels Einschätzung oder Messung die aktuelle Ausprägung der persönlichen und sozialen Kompetenzen ermittelt. Fortschritte in der Entwicklung einzelner Ausprägungen, wie beispielsweise Selbstregulierung, Motivation, Empathie, Kommunikation, Konfliktbewältigung oder Teamfähigkeit, werden sichtbar gemacht. Im wirtschaftlichen Umfeld ist das 360-Grad-Feedback ein probates Mittel dafür (Lenbet 2007).

5.7.2 Selbstcoaching

Aufbauend auf dem in Abschn. 5.7.1 *Systemisches Coaching* beschriebenen Ansatz besteht für den Einzelnen die Option, Entwicklungsziele auch ohne Begleitung eines Beraters zu erreichen. Hierfür werden Techniken aus unterschiedlichen Themengebieten, wie beispielsweise Entspannung, Selbstreflexion, Selbstakzeptanz und Zieldefinition, eingesetzt. Analysen werden von der einzelnen Person selbst geleitet, und darauf aufbauend wird eine Entwicklung der persönlichen Kompetenzen angestrebt. Veränderungen, sowohl im eigenen Verhalten als auch in Beziehung zu anderen, können mittels Selbstcoaching erreicht werden (Lippmann 2006).

Neben der bewussten Auseinandersetzung mit den eigenen Emotionen und Gefühlen und dem Willen zur Veränderung stellen eine wohlwollende Grundhaltung zu sich selbst, Selbstreflexion und die Einholung von Feedback durch Dritte, aber auch die Bewusstmachung vorhandener Ressourcen, die Lösungs- und Entwicklungspotenzial bieten, wichtige Voraussetzungen für Selbstcoaching dar. Die bewusste Auseinandersetzung mit der eigenen Persönlichkeit und das Hinterfragen der Einstellungen und Emotionen sowie des eigenen Denkens und Verhaltens können die Entwicklung für eine selbstverantwortliche Lebensführung initiieren. Eine aktuelle Standortbestimmung dient als Ausgangspunkt für die angestrebte persönliche Entwicklung. Die individuellen Bedürfnisse, Einstellungen, Überzeugungen zur Leistung und Arbeit sowie die Quellen und Räuber der Motivation weisen bei der Kompetenzentwicklung hohe Bedeutung auf (Fischer-Epe und Epe 2004).

Selbstcoaching weist, im Vergleich zum Coaching mit einem Berater, aufgrund der Subjektivität der eigenen Wahrnehmung und der begrenzten Reflexionsmöglichkeiten Einschränkungen auf (Lippmann 2006). Zur Stärkung der eigenen Motivation, zur Suche nach neuen privaten und beruflichen Perspektiven und Zielen oder aber zur Stärkung des Selbstwertgefühls bietet dieser Ansatz gute Einsatzmöglichkeiten (Fischer-Epe und Epe 2004).

> **Zusammenfassung**
>
> Die eigene Persönlichkeit und der Umgang mit sich selbst beeinflussen das Verhalten einer Person. Selbstmanagement bedeutet, Verantwortung für sich selbst zu übernehmen. Das Selbstbild entsteht im Laufe der Zeit durch die Interpretation der wahrgenommenen Leistungen und Erfahrungen mit der eigenen Person. Der Wert, den sich jede Person selbst zuschreibt, wird als wichtige motivationale Ressource angesehen. Selbstmotivation entsteht durch das Setzen von anspruchsvollen und realisierbaren Zielen, die als sinnvoll angesehen werden. Eine tiefe Kenntnis der eigenen Persönlichkeit kann zur Förderung der Motivation beitragen. Emotionen beeinflussen das eigene Verhalten und die Motivation ebenso wie Einstellungen. Wenngleich die eigene Persönlichkeit und die Einstellungen als zeitlich relativ stabil gelten, können diese beeinflusst und verändert werden. Coaching und Selbstcoaching kann dabei unterstützend wirken, um gezielt die persönlichen und sozialen Kompetenzen weiter zu entwickeln.

Literatur

Backhausen W, Thommen JP (2006) Coaching. Durch systemisches Denke zu innovativer Personalentwicklung. Betriebswirtschaftlicher Verlag Dr. Th. Gabler, Wiesbaden

Bak PM (2014) Werbe- und Konsumentenpsychologie. Schäffer-Poeschle, Stuttgart

Berndt C (2016) Resilienz. Das Geheimnis der psychischen Widerstandskraft. Was uns stark macht gegen Stress, Depressionen und Burn-out. dtv Verlagsgesellschaft, München

Berthel J, Becker FG (2010) Personal-Management. Grundzüge für Konzeption betrieblicher Personalarbeit. Schäffer-Poeschel, Stuttgart

Bischof K, Bischof A (2004) Aktives Selbstmanagement. Methoden – Checklisten – Tools. expert, Renningen

Blessin B, Wick A (2014) Führen und führen lassen: Ansätze, Ergebnisse und Kritik der Führungsforschung. UVK, Konstanz

Damasio AR (2011) Ich fühle, also bin ich. Die Entschlüsselung des Bewusstseins. List, München

Eberspächer H (2011) Gut sein, wenn's drauf ankommt. Von Top-Leistern lernen. Carl Hanser, München

Fischer-Epe M, Epe C (2004) Stark im Beruf – erfolgreich im Leben. Persönliche Entwicklung und Selbst-Coaching. Rowohlt Taschenbuch, Reinbeck bei Hamburg

Frankl VE (2015) Der Mensch vor der Frage nach dem Sinn. Piper, München/Berlin

Gerrig RJ (2015) Psychologie. Pearson, Hallbergmoos

Häusel H-G (2014) Think Limbic. Haufe Lexware, Freiburg

Heckhausen J, Heckhausen H (2006) Motivation und Handeln: Einführung und Überblick. In: Heckhausen J, Heckhausen H (Hrsg) Motivation und Handeln, 3. Aufl. Springer, Heidelberg

Hengschläger M (2012) Die Durchschnittsfalle. Gene – Talente – Chancen. Ecowin, Salzburg

Herzberg PY, Roth M (2014) Persönlichkeitspsychologie. Springer, Wiesbaden

Jost PJ (2008) Organisation und Motivation. Eine ökonomisch-psychologische Einführung. Gabler, Wiesbaden

Kogler A (2006) Die Kunst der Höchstleistung. Sportpsychologie, Coaching, Selbstmanagement. Springer, Wien

Kuhl J (2001) Motivation und Persönlichkeit. Interaktion psychischer Systeme. Hogrefe, Göttingen

Lenbet A (2007) Zur Aktualität des Kompetenzbegriffs und zur Bedeutung der Kompetenzentwicklung für das Coaching. In: Schreyögg A, Schmidt-Lellek CJ (Hrsg) Konzepte des Coachings. Organisationsberatung, Supervision, Coaching. VS Verlag für Sozialwissenschaften, Wiesbaden

Lippmann E (2006) Settings. In: Lippmann E (Hrsg) Coaching. Angewandte Psychologie für die Beratungspraxis. Springer, Heidelberg

Malik F (2005) Führen Leisten Leben. Wirksames Management für eine neue Zeit. Campus, Frankfurt/New York

Martens JU (2009) Einstellungen erkennen, beeinflussen und nachhaltig verändern. Von der Kunst, das Leben aktiv zu gestalten. Kohlhammer, Stuttgart

Martens JU, Kuhl J (2005) Die Kunst der Selbstmotivierung. Neue Erkenntnisse der Motivationsforschung praktisch nutzen. Kohlhammer, Stuttgart

Myers DG (2008) Psychologie. Springer, Heidelberg

Radatz S (2000) Beratung ohne Ratschlag. Systemisches Coaching für Führungskräfte und BeraterInnen. Institut für systemisches Coaching und Training, Wien

Rheinberg F, Vollmeyer R (2012) Grundriss der Psychologie. Motivation. Kohlmhammer, Stuttgart
Schenk M (2007) Medienwirkungsforschung. Mohr Siebeck, Tübingen
Schmidt G (2013) Einführung in die hypnosystemische Therapie und Beratung. Carl-Auer-Systeme, Heidelberg
Shazer S (1992) Das Spiel mit Unterschieden. Wie therapeutische Lösungen lösen. Auer, Heidelberg
Struck KG (2006) Der Coaching-Prozess. Der Weg zu Qualität: Leitfragen und Methoden. Publics Corporate Publishing, Erlangen
Tomaschek N (2009) Systemisches Coaching. Ein zielorientierter Beratungsansatz. Facultas, Wien
Watzlawick P (2010) Einführung in den Konstruktivismus. In: Gumin H, Meier H (Hrsg) Wirklichkeitsanpassung oder angepaßte „Wirklichkeit"? 12. Aufl. Oldenbourg, München, S 89–108
Werth L (2010) Psychologie für die Wirtschaft. Grundlagen und Anwendungen. Spektrum Akademischer, Heidelberg

Teil III

Die Kilimanjaro-Strategie im Detail

Wie im ersten Teil des Buches dargestellt, lassen sich die Erfolgsaussichten für die Gipfelbesteigung dadurch erhöhen, dass man auf dem Kilimanjaro drei wesentliche Faktoren besonders beachtet – vorausgesetzt, man hat seine Hausaufgaben gemacht und geht gut vorbereitet an die Umsetzung beziehungsweise an die Besteigung des Berges heran. Diese drei wesentlichsten Faktoren sind: Akklimatisierung, Tempo und Trinken. Wie lassen sich nun diese Faktoren, dieses Prinzip, sowohl auf das Leben als auch auf den beruflichen Kontext (ist ja auch ein Teil des Lebens) übertragen? Wie kann es gelingen, diese Strategie – ich nenne sie die *Kilimanjaro-Strategie* - zu übersetzen, sodass jeder Leser einen möglichst großen Nutzen ziehen kann?

Um diese Fragen zu beantworten, haben wir uns gemeinsam im zweiten Teil des Buches an die theoretische Sicht einzelner Komponenten, die eine bedeutende Rolle spielen, herangewagt. Dieses wissenschaftlich fundierte Wissen gilt es nun, mit dem praktischen Wissen, der Erfahrung einer Kilimanjaro-Besteigung, zu verknüpfen und die Strategie auf das tägliche Leben zu übertragen, um ein funktionales Werkzeug in Händen zu haben, das leicht und für viele Situationen eingesetzt werden kann. Wenngleich es sich nicht um ein Universalwerkzeug oder gar Patentrezept handelt, das von jedermann immer und überall oder in jeglichem Kontext – ob für Unternehmer oder als Privatperson – eingesetzt werden soll, kann es aber gerade in jenen Momenten von großem Nutzen sein, wenn das Bewusstsein dazu drängt, dass es nur noch darum geht, über die Ziellinie zu kommen – gleichgültig was es kostet.

Bevor wir uns nun gemeinsam auf die letzte Etappe dieses Buches begeben und die in den ersten beiden Teilen des Buches vorgestellten Inhalte zu einem Gesamtkonzept verbinden, legen Sie dieses Buch zur Seite, reflektieren Sie die

Inhalte, gehen Sie noch einmal die geschilderte Besteigung des höchsten Berges Afrikas durch, rufen Sie sich die Inhalte des zweiten Teils des Buches in Erinnerung (hier dürfen Sie ruhig das Buch wieder gerne zur Hand nehmen und noch mal durchblättern). Halten Sie inne! Lesen Sie heute nicht weiter – nutzen Sie die Gelegenheit des Schlafes, der Erholung und akklimatisieren Sie sich. Erst dann brechen wir gemeinsam auf und erkunden im dritten und letzten Teil dieses Buches die Kilimanjaro-Strategie.

6

Die Bedeutung der Kilimanjaro-Strategie

Inhaltsverzeichnis
6.1   K.I.L.I.M.A.N.J.A.R.O. – Die Strategie 113
Literatur 113

Noch ehe wir die Kilimanjaro-Strategie in ihren einzelnen Komponenten beleuchten, gilt es, die Bedeutung und den Sinn der Strategie zu hinterfragen und die Eckpunkte vorzustellen. Die Kilimanjaro-Strategie erhebt keineswegs den Anspruch, eine vollkommen neue Methode darzustellen, um die eigenen Ziele noch besser und noch schneller zu erreichen. Sie stellt auch keine Anleitung von Wenn-dann-Optionen dar – im Sinne von mache dies und jenes, wähle den linken oder den rechten Weg auf einer Gabelung deines Lebens, und du erreichst alles, was du dir erträumt hast. Das Leben verläuft nicht geradlinig. Vielmehr treffen die Menschen Entscheidungen, bewusst oder unbewusst. Der Weg verändert sich dadurch. Die Ziele ebenso.

Die Basis der Kilimanjaro-Strategie stützt sich auf zahlreiche Komponenten, die wissenschaftlich fundiert sind, und setzt diese in einen schlüssigen Zusammenhang. Durch die Sichtbarmachung der Interdependenzen einzelner Faktoren gelingt es, die benötigten Stellschrauben so fein zu justieren, um dadurch den Weg hin zum Ziel mit einer gewissen Leichtigkeit und Freude zu gehen, ohne dabei den Fokus zu verlieren. Der Weg zum Ziel ist bereits ein bedeutender Teil davon. Das Ziel erreicht dadurch mehr Sinn, Wertigkeit und Bedeutung sowie einen höheren Nachhaltigkeitsfaktor. Es geht dabei nicht darum, nur für den einen ultimativen Moment, der mit der Erreichung eines

Zieles erstrebt wird, alles zu geben, denn diese Momente sind meist nur allzu kurz, betrachtet man rein die Zeitspanne des Erlebens.

Um dies zu verdeutlichen, ziehen wir als Beispiel die Besteigung des Kilimanjaro heran, so wie ich diese Zeit erleben durfte, und betrachten diese zunächst von der wirtschaftlichen Seite, nicht im Sinne des Geldes, sondern vielmehr vom Faktor Zeit. Begonnen hat alles ungefähr ein Jahr vor der tatsächlichen Reise zum höchsten Punkt Afrikas. Der Aufstieg hat 5 Tage gedauert. Der Abstieg nochmal einen Tag. Der Moment der Erreichung des Gipfels ein paar Sekunden – einen Augenblick. Der Genuss und das bewusste Erleben dieses Moments – sprich die Zeit, die ich auf dem Gipfel verbringen durfte, ca. 20 Minuten. Wunderbare Emotionen, die ich vermutlich nie wieder vergessen werde, sind untrennbar mit diesem fantastischen Erlebnis verbunden. Die Anstrengungen, die Zeit, die Kosten und die Entbehrungen, die ich dafür auf mich genommen habe, waren es allemal wert. Aber nur deshalb, weil für mich nicht nur diese 20 Minuten von Bedeutung waren. Stellen wir diese Zeitspanne von 20 Minuten ins Verhältnis zur Zeitspanne, die ich dafür aufgewendet habe. Zur leichteren Berechnung ziehen wir ein Jahr dafür heran, also 365 Tage oder 8760 Stunden oder 525.600 Minuten. 525.600 Minuten sind von dem Moment vergangen, als ich den Rubikon überschritten habe. 525.600 Minuten sind vergangen, bis ich auf dem Gipfel des höchsten Berges Afrikas stehen durfte. 525.600 Minuten war die Möglichkeit gegeben, um meinen Körper zu trainieren, damit er mit den außergewöhnlichen Umständen zurechtkommt. 525.600 Minuten, die mein Gehirn Zeit hatte, um sich auf diese Reise vorzubereiten – durch bewusste Auseinandersetzung mit dem Thema, aber auch durch unbewusste Denkschritte. 525.600 Minuten Aufwand für 20 Minuten Gipfelemotion – oder im Verhältnis betrachtet: 0,0038 Prozent. Eine Rendite, die sich definitiv nicht lohnt.

Betrachten wir dieses Abenteuer nun von der Seite des bewussten positiven Erlebens des Weges – im Sinne von: *Der Weg ist das Ziel*. Rechne ich mein Zeitinvestment zusammen, das ich für die Kili-Besteigung aufgewendet habe, so komme ich auf einen Gesamtwert von 855 Stunden oder 51.300 Minuten. In dieser Zeitrechnung sind folgende Werte eingerechnet: 150 Stunden körperliche Trainingseinheiten, also rund 3 Stunden pro Woche im Zeitraum von 50 Wochen (2 Wochen habe ich pausiert), Wanderungen inklusive An- und Abreise: 90 Stunden, Einkauf von diversem Material mit dazugehöriger Recherche: 30 Stunden, Informationsbeschaffung: 50 Stunden, durchschnittlich täglich eine halbe Stunde gedankliche Auseinandersetzung mit dem Thema: also 182 Stunden, Arztbesuche: 7 Stunden, Gespräche über mein Vorhaben: 20 Stunden, unmittelbare Reisevorbereitung: 20 Stunden, neuntägige Reise: 216 Stunden, Nachbereitung und Erholung nach der Rückkehr:

20 Stunden, Gespräche über das Erlebte mit interessierten Personen: 20 Stunden, Verfassen eines Nachberichts: 50 Stunden. Diese Gesamtzeit von 51.300 Minuten wiederum ins Verhältnis zu den 525.600 Minuten gesetzt, ergibt einen Prozentsatz von 9,76 Prozent – eine durchaus attraktive Rendite, denn in ein Portfolio mit dieser Ertragserwartung investiere ich mit Vergnügen! Anders ausgedrückt habe ich mit diesem Abenteuer rund 10 Prozent meiner Zeit mit Tätigkeiten und Gedanken verbracht, die mir Spaß gemacht haben und bei denen ich tiefe Zufriedenheit erleben durfte. Wohlgemerkt, in dieser Berechnung sind auch die Schlafenszeiten mit eingerechnet. Würde man diese noch abziehen, würde sich dieser Wert sogar auf knapp 15 Prozent steigern. Aber so weit möchte ich gar nicht gehen. Klar könnte man diese Berechnung noch viel detaillierter und genauer durchführen, um exaktere Werte zu erhalten. Doch bei dieser zugegebenermaßen rudimentären Betrachtung geht es nicht vorrangig darum, eine exakte Rendite des Zeitinvestments zu erhalten, sondern sie soll klar vor Augen führen, dass allein durch den gedanklichen Zugang bei der Verfolgung eines Zieles die Wertschöpfung an Sinn und Zufriedenheit um ein Vielfaches gesteigert werden kann. Bei unserem Beispiel wäre es das 2552-Fache!

Mit der Kilimanjaro-Strategie wird auch dem Mainstream ein wenig der Rücken zugekehrt. Menschen sind immer mehr getrieben von der Erfüllung vermeintlich bedeutender Tätigkeiten, der Erreichung von gesellschaftlich angesehenen Zielen, der Fremdgesteuertheit durch andere, aber auch durch den Drang der Selbstoptimierung. Besser, anders und schneller. Das sind die Devisen der heutigen Zeit. Die Digitalisierung 4.0 schreitet mit Siebenmeilenstiefeln voran. Dabei wird nicht nur die Industrie beschleunigt und vernetzt, sondern auch der Mensch. In diesem Zeitalter – ich nenne es, das *Smartphonikum*[1] – kann der eigene Geist, das eigene Wesen, die mentale Verfassung kaum mehr Schritt halten. Dies zeigen auch zahlreiche gesundheitliche Studien. So überrascht es nicht, wenn Medien darüber berichten, dass bereits bei Kindern und Jugendlichen Erkrankungen wie Stress oder Aufmerksamkeitsstörungen und Zeitmangel immer mehr zunehmen (Mauritz 2018). Mit der

---

[1] Smartphonikum ist ein Fantasiebegriff und soll mit einem kleinen Augenzwinkern vor Augen führen, dass wir uns in einer neuen Zeitepoche befinden. Der Technologiesprung, so wie wir ihn in dieser kurzen Zeitspanne erleben, ist womöglich so tiefgreifend und epochal, dass der einzelne Mensch in seiner individuellen Entwicklung kaum Schritt halten kann, um Geist, Körper und Verhalten auf diese rasante Entwicklung entsprechend anpassen zu können. Die Unmengen an Informationen lassen den Menschen an seine Grenzen der Aufnahmefähigkeit stoßen. Wesentliche, für die jeweilige Situation notwendige Informationen werden dadurch nicht mehr in der Intensität wahrgenommen, um vorausschauend und richtig zu reagieren. Verkehrsunfälle aufgrund von Ablenkungen durch das Smartphone nehmen zu. Ebenso Schäden am Körper, verursacht durch schlechte Körperhaltung. Auch die Pflege der sozialen Beziehungen befindet sich im Wandel. Face-to-face-Kommunikation wird zunehmend abgelöst durch Kommunikation über Onlinekanäle.

Kilimanjaro-Strategie wird das Tempo bewusst so reduziert, dass dieses wieder für den Menschen stimmig ist, dass Reserven vorhanden bleiben, um Energien dann freisetzen zu können, wenn Unvorhersehbares geschieht und man rasch reagieren muss.

Die Kilimanjaro-Strategie bedient sich der psychologischen Wirkmechanismen und setzt diese gezielt ein. Sie bricht eingefahrene Gedankengänge auf und offeriert Möglichkeiten, dem gedanklichen Zugang eine neue Basis zu schaffen. Vergleichbar mit dem Auge des Menschen, das in der Sehgrube, der Fovea centralis, das schärfste Sehen aufweist, wird mit der Kilimanjaro-Strategie der Fokus, das Ziel, nicht aus den Augen verloren. Die Wahrnehmungsqualität der visuellen Reize nimmt mit der Entfernung zur Sehgrube zwar ab, ist jedoch für die Erkennung von Gefahren besonders wichtig. Wie beim peripheren Sehen sind auch bei der Kilimanjaro-Strategie die Faktoren bedeutsam, die zwar auf den ersten Blick nicht im Mittelpunkt stehen, jedoch für die Erreichung der Ziele Wirksamkeit zeigen. So spielen neben der klaren und vor allem passenden Zielformulierung und dem bereits erwähnten Tempo auch der Zeitpunkt der Akklimatisierung beziehungsweise der Anpassung an die zwischenzeitlich neu erreichte Situation eine bedeutende Rolle. Der physischen Konstitution wird oftmals zu wenig Wert beigemessen, vor allem dann, wenn die körperlichen Voraussetzungen auf den ersten und sogar auf den zweiten Blick für die Zielerreichung als unbedeutend betrachtet werden. Doch Körper und Geist stehen in einer Wechselbeziehung zueinander. Es gilt, diese Reziprozität zu verstehen, die ausgesendeten Zeichen richtig zu deuten und entsprechende Maßnahmen einzuleiten. Dies erfordert ein gewisses Maß an Selbstreflexion, vor allem aber ein hohes Maß an wertschätzendem Umgang mit sich selbst.

Der neue gedankliche Zugang, mit dem Blick über den vielbesagten Tellerrand hinaus, schafft eine Erweiterung des Gedankenspektrums und stellt den Kern der Kilimanjaro-Strategie dar. Die einzelnen Elemente der Strategie sind eng miteinander verwoben und laufen keineswegs streng chronologisch ab. Vielmehr beeinflussen sich die zahlreichen Faktoren gegenseitig und können bei gezieltem Einsatz nötige Ressourcen zu einem späteren Zeitpunkt freilegen. Wenngleich ein strenger zeitlicher Ablauf nicht gegeben ist, kann die Kilimanjaro-Strategie dennoch grob in drei aufeinander aufbauende Prozessschritte untergliedert werden: Vorprojektphase, Umsetzung, Nachprojektphase. Diese Phasen sind aus der Managementliteratur wohlbekannt und deshalb auch nicht willkürlich gewählt. Um eine gewisse gedankliche Ordnung zu schaffen, werden die einzelnen Elemente der Strategie diesem, nennen wir ihn mal Grundrahmen zugeordnet. In der Vorprojektphase werden die Elemente: konstruktive Zieldefinition, Informationen einholen, Leidenschaft und Motivation sowie Imagination verortet. Der Umsetzungsphase können: maßvolles Tempo, Akklimatisierung, Notstopp, Jambo, Alles & Nichts sowie das Freisetzen von Reserveenergien zugeordnet werden. In die Nachbereitungsphase fällt das Element Output & Outcome.

6.1 K.I.L.I.M.A.N.J.A.R.O. – Die Strategie

Dem aufmerksamen Leser wird bereits aufgefallen sein, dass die Bezeichnung der einzelnen Elemente ganz bewusst gewählt wurde. Zieht man aus jeder Elementbezeichnung den ersten Buchstaben und setzt dieses zu einem Wort zusammen, man schafft also in diesem Fall ein sogenanntes Apronym (eine Sonderform des Akronyms), entsteht ein leicht zu merkendes Wort: KILIMANJARO. Dieses Wort kommt weit über 100-mal in diesem Buch vor. Sie haben ein konkretes Bild des Berges vor Augen. Sie wissen, dass dies der höchste Berg Afrikas ist. In diesem Moment, während Sie diese Zeilen lesen, entsteht eine neue Assoziation zu diesem Wort in Ihrem Gehirn. Ob Sie diese Assoziation behalten wollen oder wieder verwerfen, liegt ganz bei Ihnen. Machen Sie sich selbst ein Bild und entscheiden Sie später. Die einzelnen Elemente der Kilimanjaro-Strategie werden in den folgenden Kapiteln vorgestellt.

> **Zusammenfassung**
>
> Der Zeitgeist der heutigen Gesellschaft bringt mit sich, dass immer mehr Menschen von der Erfüllung vermeintlich wichtiger Tätigkeiten, dem unbedingten Willen, ein Ziel zu erreichen, und dem Drang der Selbstoptimierung getrieben sind. Der Fokus liegt auf dem Ergebnis. Der Weg zum Ziel spielt eine untergeordnete Rolle. Mit der Kilimanjaro-Strategie, die auf wissenschaftlichen Erkenntnissen basiert, gelingt es, jene Ziele, die hinter den Zielen liegen, zu hinterfragen, Rückschläge als Chance zu betrachten, eigene Grenzen zu erkennen, Metaziele zu erreichen und den Weg zum Ziel als bedeutsam und zufriedenstellend zu erleben. Durch die Erweiterung des Gedankenspektrums wird Zielen mehr Nachhaltigkeit verliehen, Leichtigkeit bei der Umsetzung gewonnen und Sinnerfüllendes in das eigene Leben integriert.

Literatur

Mauritz E (2018) Allergien und Diabetes: Kinder haben andere Leiden als früher. Kurier, S 30–31

7

K – wie konstruktive Zieldefinition

Inhaltsverzeichnis
7.1   Die Wirkkraft von Metazielen 117
7.2   Nachhaltigkeit der Ziele 121
Literatur 124

Wie wir im Teil II des Buches gesehen haben, entspringen Ziele aus unterschiedlichen Quellen. Emotionen, Gefühle, innere Spannungszustände oder die Befriedigung von Bedürfnissen, um nur einige zu nennen, sind der Nährboden, auf dem der Keim eines Zieles seine Wurzeln schlägt. Träume, die als realisierbar erscheinen, lassen das Ziel langsam ins Bewusstsein wachsen. Unzählige Denkprozesse stellen Dünger, aber auch Schadstoff für das heranwachsende, noch zu definierende Ziel dar. Den Blick in die Zukunft gerichtet, gestützt auf den Erfahrungen und dem Wissen aus der Vergangenheit, lassen sie in der Gegenwart den Keimling des Ziels zu einem definierten Ziel heranwachsen oder töten es, noch bevor es sein erstes Blatt beim Durchstoßen des Erdbodens dem Sonnenlicht entgegenstrecken kann. Doch passen die Bedingungen und vermag das neue Ziel, den kritischen inneren Filter zu durchdringen, stellt sich der Geist, nahezu wie von Zauberhand geführt, auf den Sprössling ein. Das assoziative Netzwerk wird hochgefahren und schafft bewussten gedanklichen Zugang, um das Ziel zu formen. Je näher das Ziel am inneren Kern der Persönlichkeit liegt oder an der Befriedigung bedeutender Grundbedürfnisse beteiligt ist, desto schneller feuern die Gedanken und formen Worte, die das Ziel beschreiben. Wenngleich die Formulierung zur Geburtsstunde noch nicht formvollendet ist und noch zahlreiche Schleifen der Adaption benötigt werden, ist es da und kann beginnen, seine Wirkkraft zu entfalten.

Die Bildung von Zielen hat für Menschen eine immens hohe Bedeutung, sofern sie konkret genug formuliert, realistisch zu erreichen, die Risiken auf ein akzeptables Maß reduziert und konstruktiv sind und somit der Entwicklung des Einzelnen dienen. Dadurch werden Energien freigesetzt, Entscheidungen leichter getroffen und mit der Erreichung wird die Lebenszufriedenheit gesteigert. Selbst wenn Ziele nur teilweise erreicht werden, kann dadurch das eigene Wohlbefinden beflügelt werden, sofern die Zieldefinition einen gewissen Interpretationsspielraum zulässt. Unrealistische Ziele und Träumereien können jedoch einen bitteren Beigeschmack aufweisen. Da ihre Erreichung nahezu unmöglich ist, kann es zu einer Beeinträchtigung der Lebenszufriedenheit kommen (Dobelli 2017). Weicht das Zielbild zu sehr von der Realität ab, können die mit der Zielbildung entstehenden inneren Spannungen zu groß werden, und anstatt positiver Energie werden Druck und möglicherweise Ängste ausgelöst (Schmid 2018).

Werden Ziele hingegen für die Einzelperson passend gebildet, wird damit auch die selektive Aufmerksamkeit gesteigert, und es werden Informationen im Bewusstsein verarbeitet, die sonst durch den Wahrnehmungsfilter fallen würden. Das Unbewusste arbeitet für uns und unsere Ziele. Die Prioritäten der Ziele erkennt man daran, wie oft und wie intensiv wir uns mit den Zielen bewusst auseinandersetzen (Bargh 2018). Ist die eigene Denkweise zielgerichtet und lösungsorientiert, wird der Fokus auf die wichtigen Dinge des Lebens gerichtet, und es stellen sich Motivation und positive Emotionen ein. Ein Zielbild kann sich manifestieren, und es entsteht eine innere Spannung. Diese agiert wie ein innerer Motor, der den nötigen Schub bringt, um dem Ziel näherzukommen (Schmid 2018).

Die bewusste Auseinandersetzung mit der Zielformulierung ist somit unverzichtbar. Einerseits muss diese, wie im Kapitel 3 beschrieben, SMART genug sein, damit alle relevanten Aspekte Berücksichtigung finden und entsprechende Energien freigesetzt werden können, und anderseits sollte diese auch einen gewissen Handlungs- und Interpretationsspielraum offen lassen, um sie situativ an die künftigen Erkenntnisse, die im Zuge der Umsetzung erlangt werden, anpassen zu können. Zugegeben, ein schmaler Grat, der zu bewältigen ist! Um dies ein wenig anschaulicher zu machen, möchte ich hier die Zielformulierung meiner Kilimanjaro-Besteigung in Erinnerung rufen. Das Ziel lautete nicht nur, auf dem Gipfel zu stehen, sondern nur so weit den Berg hoch zu gehen, dass ich ohne gesundheitliche Langzeitfolgen nach Hause zurückkehren konnte. Wenn ich am Gipfel ankommen sollte, bevor dieser Umkehrpunkt erreicht ist, stellt dies das Tüpfelchen auf dem „i" dar. Sollte dieser Punkt vorher erreicht sein, so stellt dies kein Scheitern für mich dar, das sich womöglich negativ auf mein Selbstwertgefühl auswirken könnte, sondern vielmehr die neu gewonnene Erkenntnis, das Wissen, wo meine physische Grenze liegt. Zumindest zu diesem Zeitpunkt meines Lebens. Diese Zielformulierung lässt mir einen gewissen Handlungsspielraum offen. Ich kann, im Falle, dass es mir nicht vergönnt sei, am Gipfel anzukommen, einen anderen interessanten Berg in Angriff nehmen oder es zu einem späteren Zeitpunkt, wieder versuchen und mich dabei auf die gemachten Erfahrungen stützen. Diese gedankliche Flexibilität stellt auch einen gewissen Interpretationsspielraum her, der zulässt, den Weg bis zum Umkehrpunkt als Erfolg zu beschreiben und zu werten, aber nicht als Niederlage. Die Entscheidung, wie ich damit umgehe, liegt ausschließlich bei mir. Mag sein, dass andere Personen ein vorzeitiges Umkehren als Scheitern interpretieren würden, aber möglicherweise nur deshalb, weil diese Menschen die Einstellung mitbringen, dass man nur auf einen Berg geht, um auf dem Gipfel anzukommen. Doch viele Wanderungen in meinem Leben in den Bergen und über Almen habe ich angetreten, um die Natur zu genießen und um abzuschalten, aber nicht, um zwingend auf dem Gipfel zu stehen. Waren diese Wanderungen deshalb nicht erfolgreich? Ganz im Gegenteil, ich hatte mein dafür definiertes Ziel erreicht. Dieses kleine Beispiel soll nochmals die Macht der Ziele, deren Definition und Interpretation verdeutlichen. Viel zu leicht lassen wir uns von Gedankengängen anderer Menschen beeinflussen und übernehmen sogar deren Zielbeschreibungen -ein kleines Stück Lebensunzufriedenheit wird damit geboren.

Doch wie bricht man nun eingefahrene Muster auf und definiert Ziele, sodass der Anreiz groß genug ist, um motiviert und fokussiert an die Umsetzung zu gehen, und gleichzeitig gedankliche Optionen bleiben, um eine positive Bewertung des Erfolges durchzuführen? Eine interessante Frage, die mit dem Blick auf die Metaziele und deren tiefgreifende motivationale Wirkkraft beantwortet werden kann.

7.1 Die Wirkkraft von Metazielen

Die Zielforschung hat bedeutende Erkenntnisse gebracht. Ziele wirken motivierend und leistungssteigernd. Können aber auch einen erhöhten Erfolgsdruck ausüben und somit zu einer Art Zwang und Verbissenheit bei ihrer Verfolgung führen. Bekanntermaßen wirkt jedoch Druck zu einem gewissen

Teil demotivierend und leistungshemmend. Es fehlt die Leichtigkeit bei der Umsetzung.

Steht die Leistung als Ziel im Vordergrund, kann negatives Feedback, das bei der Verfolgung des Zieles erhalten wird, zu Selbstzweifeln führen und künftige Bemühungen einschränken. Wird hingegen das Lernen als Ziel gewählt, wird die gleiche negative Rückmeldung mit mehr Gelassenheit aufgenommen, da es für die Person als nützlich gewertet wird, um die künftigen Aktivitäten erfolgreicher zu gestalten (Oettingen 2014).

Ein Ziel kann letztendlich nicht das eine ultimative und endgültige Ziel darstellen, auch wenn es noch so bedeutend für die Person ist. Es folgt nach dem Erreichen des Zieles immer noch ein Danach. Ist das Ziel erfüllt, geht das Leben weiter. Die Welt hört deshalb nicht auf sich zu drehen, nur weil man sein Ziel erreicht hat. Das Setzen neuer Ziele wird durch die Erfüllung des Zieles ermöglicht. Unter dieser Prämisse können wir also davon ausgehen, dass ein Ziel, gleich um welches es sich handelt, ebenso auch als Teilziel beziehungsweise als Unterziel betrachtet werden kann. Also einem anderen Ziel unterliegt, das womöglich weder zum gegenwärtigen Zeitpunkt bewusst angedacht noch als solches konkret definiert wurde. Oder anders ausgedrückt, glauben wir oft, die Gründe für unser Handeln zu kennen, doch nicht selten ist darin ein tiefer liegender Beweggrund verborgen (Bargh 2018).

Mit dem Erreichen eines Zieles möchte eine Person einen bestimmten Zustand herstellen. Dieser Zustand kann womöglich auch auf anderen Wegen erreicht werden. Gehen wir also davon aus, dass das Ziel einem sogenannten Metaziel unterliegt. Und, entsprechend dieser Annahme, kann im Umkehrschluss auch das Metaziel in verschiedene Unter- und Zwischenziele unterteilt werden. Diese Ziele stellen aus der momentanen Situation und dem vorhandenen Wissen und der Einschätzung der Erfolgswahrscheinlichkeit die beste Lösung zur Erreichung des Metaziels dar. Der beste Weg heißt jedoch nicht, dass es sich um den einzigen Weg handelt. Es gibt also möglicherweise noch andere Wege. Vielleicht, auf den ersten Blick, nicht ganz so gut geeignete, aber dennoch andere Wege zur Erreichung des Zieles. Also einen – nennen wir ihn vorerst mal – Plan B, der im Moment nur noch nicht gebildet wurde. Bei Bedarf, nämlich wenn Plan A nicht funktioniert, das Ziel also nicht erreicht wurde, formt man einen Plan B und geht zu diesem über, um das Ziel doch noch zu erreichen, sofern man dies dann noch immer anstrebt. Denn wie bei der Erörterung des Rubikon-Modells der Handlungsphasen beschrieben, wird bei Nichterreichen das Ziel neu definiert oder das Ziel deaktiviert, oder aber es werden auch Handlungsalternativen gesucht, um das Ziel dennoch zu erreichen.

Bei der Umsetzung von Plan A werden Erfahrungen gesammelt. Diese reflektiert und neu angewendet können in den künftigen Plan B einfließen und dadurch womöglich den Plan B sogar als besser geeignet erscheinen lassen als den ursprünglichen Plan A. Mit diesem Bewusstsein, dass auch beim Scheitern des Plans A ein Plan B ausgearbeitet werden kann, der dann vielleicht sogar besser ist als Plan A, reduziert sich die Verbissenheit bei der Umsetzung des Plan A, da es eine zukünftige attraktive Alternative geben wird. Dieser künftige Plan B stellt im eigentlichen Sinn keinen alternativen Plan dar, sondern vielmehr einen neuen, modifizierten Plan A – ich nenne diesen auch deshalb *Plan A+*. Damit wird deutlicher, dass es sich nicht um einen alternativen Plan handelt. Das „+" stellt die Erweiterung, die auf Basis der Erkenntnisse bei der Umsetzung von Plan A entstanden sind, dar.

Durch diese Bewusstmachung wird eine notwendige Leichtigkeit gewonnen. Das Ziel, das mit Plan A weiterhin besonders attraktiv und erstrebenswert ist, bleibt erhalten, unterliegt aber der Prämisse, dass dieses wiederum nur einem darüber angeordneten Ziel unterliegt. Die Umsetzung von Plan A bleibt bei einem mit Leichtigkeit gefüllten *ich will* und unterwirft sich nicht dem *Ich-muss*-Denken, das entstehen kann, wenn nur eine einzige Chance und eine einzige Möglichkeit zur Erreichung des Zieles gesehen wird. Der Kopf bleibt frei. Der Erfolgsdruck wird reduziert und damit einhergehend Zwang und Verbissenheit vorgebeugt. Das Ziel bedeutet damit weiterhin alles und zugleich aber auch nichts. Und selbst bei einem Scheitern des Plans A ist nichts verloren, da ein neuer Plan A+ entwickelt werden kann. Die Entwicklung eines echten Plans B, also eines alternativen Plans zu Plan A, der bei gleichzeitiger Entwicklung mit dem Plan A wichtige Ressourcen für die Entwicklung des Plans A verschwenden würde, ist damit auch obsolet. Ausschließlich der Plan A ist aktiviert und fokussiert die Energien.

Ein altes Sprichwort besagt, dass nicht das Ziel das Ziel ist, sondern der Weg dorthin. Der Weg bedeutet aber nicht nur gehen. Menschen unterliegen gerne der Versuchung, nur gehobene Ziele anzustreben, ohne den Zwischenetappen auf dem Weg dorthin die nötige Beachtung zu schenken (Ayan 2018). Der Weg bedeutet gehen und Ziele erreichen. Zwischenziele erreichen, die den weiteren Weg zur Erreichung des Metaziels als Meilensteine symbolisieren.

Da nun bei genauer Betrachtung jedes Ziel dieser Schlussfolgerung unterliegt, hat dies ebenso Gültigkeit für die Metaziele. Diese unterliegen wiederum weiterer überstellter Ziele, und das hat zur Folge, dass die Grenzen zwischen Privat und Beruf verschwimmen.[1] Diese zu charakterisieren und zu beschreiben unterliegt jedoch einer tiefgreifenden Auseinandersetzung mit sich selbst. Es gilt, das Unbewusste bewusst zu machen. Das, nennen wir es mal Meta-Metaziel, ist tiefer im Unbewussten verborgen, als das Metaziel. Es muss danach geforscht werden, aber es ist da und es ist wirksam. Mit jeder neuen Meta-Meta-Meta….-Forschung im eigenen Geist nähern wir uns auch immer mehr der Sinngebung des eigenen Lebens.

Es bedarf tiefgehender Einblicke in das Selbst, um diesen Kern zu finden und zu beschreiben. Coaching und Selbstcoaching können dafür einen bedeutenden Beitrag leisten. Doch gelingt dies ansatzweise, wird bei den einst oberflächlichen, aber vermeintlich wichtigen Zielen der übermäßige Druck, der Zwang, das Muss zu einem gewissen Grad reduziert, jedoch nur so weit, dass diese weiterhin erstrebenswert, motivierend und leistungsfördernd bleiben, da sie letztendlich operative, taktische und strategische Ziele darstellen, um den Sinn, oder auch anders gesagt die Vision des eigenen Lebens zu erfüllen. Das soziale und berufliche Umfeld kann unterstützender Wegbegleiter sein. Es verwundert nicht, dass sich Menschen mit ähnlichen Zielen und ähnlicher Lebensorientierung sympathisch finden und sich gegenseitig unterstützen, bekräftigen und Mut zusprechen. Aber ebenso im beruflichen Kontext ist nicht selten die intrinsische Triebfeder besonders bei jenen zu beobachten, die der Tätigkeit nachgehen, die sie für sie persönlich am passendsten empfinden, und auf ihre Stärken bauen können und ihre Leistung in jenem Unternehmen erbringen, in dem sie auch ihre persönlichen Meta-Meta-…Ziele verfolgen und mit hoher Wahrscheinlichkeit erreichen können.

Ich stelle deshalb in diesem Zusammenhang auch folgende These auf: Wenn der Sinn beziehungsweise die Vision eines Unternehmens (gerne können wir in diesem Zusammenhang auch von Meta-Metazielen eines Unternehmens sprechen) und die daraus abgeleiteten strategischen Ziele für den Mitarbeiter klar und verständlich sind und er diese in seiner Interpretation nahe seinem persönlichen Sinn oder zumindest seinen Metazielen verortet oder mit diesen in Verbindung bringen kann, ist es ein Leichtes für den Einzelnen, einen gedanklichen Brückenschlag zu vollziehen, um zu erkennen, dass mit den Tätigkeiten, die der Verfolgung der Unternehmensvision dienen, auch gleichzeitig der individuelle Sinn, zumindest zu einem gewissen Teil, erfüllt werden kann. Dies – nennen wir es treffenderweise *Management by emergent meaning* – ist der nährstoffreiche Boden, auf dem nicht nur die intrinsi-

---

[1] Entsprechend dieser Annahme wären auch Entscheidungen des Topmanagements in Unternehmen erklärbar, die fragwürdig und für Dritte kaum nachvollziehbar sind, oder wenn zur Mitarbeitermotivation Beweggründe vorgeschoben werden, die bei genauer Hinterfragung einen schalen Beigeschmack hinterlassen.

sche Motivation der Mitarbeiter gedeihen kann, sondern auch durch die daraus entstehenden Wechselwirkungen neue Gedankenstrukturen durch die persönliche Betroffenheit der Mitarbeiter in das Unternehmen integrierbar werden und diese wiederum auf die Vision und strategischen Ziele des Unternehmens Einfluss nehmen können. Mit zunehmender Distanz zwischen der Unternehmensvision und dem individuellen Sinn sinkt jedoch diese intrinsische Motivation des Individuums. Dienst nach Vorschrift, destruktives Denken, Zynismus, innere Kündigung bis hin zur Kündigung selbst, um nur einige zu nennen, sind die logischen Verhaltenskonsequenzen der Mitarbeiter, die dann mittels extrinsischer Motivation durch die Führungskräfte kompensiert werden sollen.

Ein klingendes Zitat, das Antoine de Saint-Exupéry zugeschrieben wird und gerne in Unternehmen im Zusammenhang mit Vision gebracht wird, lautet: „Wenn Du ein Schiff bauen willst, dann trommle nicht Männer zusammen, um Holz zu beschaffen, Aufgaben zu vergeben und die Arbeit einzuteilen, sondern lehre die Männer die Sehnsucht nach dem weiten, endlosen Meer." Doch dieses Zitat muss meines Erachtens nun neu formuliert werden, da es einseitig und manipulativ wirkt. Daher sollte festgehalten werden, um in der Analogie des Zitats zu bleiben: *Wenn du ein Schiff bauen willst, schaffe die förderlichen Rahmenbedingungen, damit deine Beschäftigten erkennen können, dass sie dein Schiff auf das Meer ihrer Sehnsüchte bringt.*

Auch wenn dieser gedankliche Zugang durchaus noch einer genaueren wissenschaftlichen Überprüfung zu unterziehen ist, kann zumindest die Mitbetrachtung der Metaziele eine wohldosierte Freisetzung von Energien bewirken, um Ziele mit dem gebührenden Willen und Freude, aber ohne Verbissenheit zu verfolgen. In der Praxis hat sich diese Methode bei meiner Besteigung des Kilimanjaro bereits bestens bewährt.

7.2 Nachhaltigkeit der Ziele

Wie ich bereits ausgeführt habe, bin ich damals zum Abenteuer Kilimanjaro aufgebrochen, weil es sich tief in mir stimmig mit meiner Persönlichkeit angefühlt hat, diese besondere Zeit zu erleben. Ich wusste nicht, was mich erwarten würde, weder in der Vorbereitung noch in der Umsetzung. Ich habe damit im Vorfeld auch kein bewusst definiertes Meta-Metaziel verfolgt. Ich wusste nur, *ich will* das tun. Ich habe weder auf dem Weg zum Gipfel noch auf dem Gipfel selbst eine biblische Erleuchtung erfahren, wie einst Moses die Zehn Gebote von Gott in Empfang genommen hat. Weit entfernt davon. Die Tage der Wanderung dem Uhuru Peak entgegen waren faszinierend, wunderschön, beeindruckend und der Gipfeltag unglaublich hart und anstrengend. Auf dem Gipfel selbst erlebte ich Emotionalität pur, fast surreal – vielleicht auch deshalb, weil mir die Atemluft im wahrsten Sinne des Wortes gefehlt hat. Der tiefer liegende Sinn dahinter hat sich erst Tage und Wochen nach meiner Rückkehr für mich eröffnet. Erst dann wurde mir die Nachhaltigkeit dieses Erlebnisses, das ich unbedingt durchleben wollte, bewusst. Und erst noch später konnte ich es in Worte fassen. Der Gipfel war aber nur ein Teilziel und nie das Ziel der gesamten Reise – dieses war so hoch zu gehen, dass ich ohne gesundheitliche Langzeitfolgen wieder nach Hause zurückkehren kann. Und selbst dieses Ziel ist nicht das ultimative Ziel, sondern unterliegt wiederum einen darüber liegenden Metaziel. Und dieses Metaziel wiederum einem noch höhergestellten Meta-Metaziel usw. Alle Anstrengungen und Entbehrungen, die ich mit dieser Reise auf mich genommen habe, waren es wert, auf mich zu nehmen. Durch das immanente Gefühl, dass diese Besteigung eine höhere Bedeutung für mich hatte, wurden mir mehr Energien zurückgegeben, als ich investieren musste. Einfach ausgedrückt: Der Spaß und die Freude am Tun haben alles andere in den Schatten gestellt, da die Anstrengungen dem Zweck der Zielerreichung – nämlich der Erreichung übergeordneter Ziele dienen.

Mihaly Csikszentmihalyi (2017) konstatiert, dass Ziele in einem Gesamtzusammenhang stehen müssen, um im Herbst des Lebens darauf zurückzublicken und einen Sinn hinter dem Erlebten zu finden. Um dies zu verdeutlichen, ziehen wir ein Bild heran (siehe dazu die untenstehende Abb. 7.1). Auf

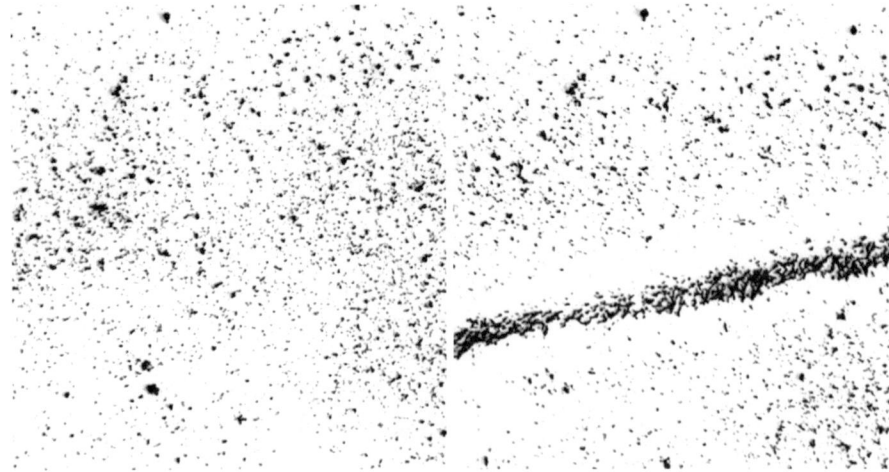

Abb. 7.1 Metallspäne symbolisieren unsere Tätigkeiten. Links ohne Fokus, rechts mit Fokus auf ein Ziel (Magnet)

dem linken Bild sind unzählige kleine Punkte dargestellt. Diese symbolisieren all die Tätigkeiten, die wir tagtäglich durchführen. Mal sind es kleinere Dinge, die wir erledigen, mal größere. Die vielen Tätigkeiten sind breit verstreut und eine Richtung für deren gemeinsamen Zweck ist nicht erkennbar. Wir erachten diese Tätigkeiten jedoch in gewisser Weise als wichtig und bedeutend, sonst würden wir sie schließlich nicht durchführen. Die Tage, die Wochen, die Monate und Jahre sind ausgefüllt. Nur bringen uns diese Tätigkeiten dahin, wohin wir aus freiem Willen wollen? Dienen diese einem höheren Zweck? Wird durch die Erreichung des Ziels mein Leben besser oder erfüllter? Erkennbar ist dies nicht. Betrachten wir nun das rechte Bild. Es handelt sich dabei um die gleiche Anzahl an Tätigkeiten wie auf dem linken Bild. Es weist allerdings einen bedeuteten Unterschied auf. Eine konzentrierte Linie im mittleren Bereich des Bildes. Die Konzentration im Mittelbereich ist mittels eines Magneten entstanden, der die Punkte (für unser Bild repräsentieren Metallspäne die Tätigkeiten) angezogen hat. Der Magnet steht als Symbol für die Ziele, die, sobald diese definiert wurden, eine Wirkkraft entfalten. Sie ziehen nämlich die Aufmerksamkeit auf sich und fokussieren damit die Anstrengungen, dieses Ziel zu erreichen. Um dieses zu erreichen, sind nicht zwingend mehr Tätigkeiten notwendig und mehr Zeit dafür zu investieren, sondern es bedarf vielmehr, die eigenen Handlungen zu hinterfragen und diese bedarfsgerecht auszurichten – nämlich auf das Ziel. Der für das Beispiel verwendete Magnet hat aufgrund seiner Größe nur einen entsprechenden Teil der Metallspäne angezogen. Je größer der Magnet (für unsere Metapher, je größer und bedeutender das Ziel für uns und unser Leben ist), desto mehr Metallspäne (Aufmerksamkeit und Tätigkeiten) wird dieser an sich ziehen. Die Bedeutung der Ziele ist gleichzusetzen mit unseren höherwertigeren Zielen, den Metazielen und den Meta-Metazielen. All die darunter liegenden Ziele unterliegen der Anziehungskraft des darüber liegenden, und all die Tätigkeiten unterliegen der Wirkkraft des jeweiligen Zieles. Der Weg wird dadurch klarer, deutlicher und fokussierter und führt zum individuellen Sinn.

All die Anstrengungen, Mühen und Energien, die für andere Ziele aufgebracht werden, sofern diese Teilzeile von höher geordneten Zielen darstellen, sind es wert, geleistet zu werden. Dadurch werden diese Ziele zu nachhaltigen Zielen und verleihen den Tätigkeiten zur Umsetzung Sinn. Diese Energien, die dafür aufgewendet werden, gehen nicht verloren. Sie manifestieren sich in Freude, Spaß und Lebenszufriedenheit. Mit jeder Tätigkeit, mit jedem Atemzug wird ein passender und stimmiger Puzzlestein des Lebens gelegt. Die Konzentration und der Fokus bei der Umsetzung von einzelnen Zielen unterliegt letztendlich dem Meta-Meta-Meta-Meta…-Ziel. Oder nennen wir es doch einfach, dem Sinn meines eigenen Lebens!

> **Zusammenfassung**
>
> Durch eine bewusste Auseinandersetzung mit der Zielformulierung wird geprüft, ob das Ziel realistisch zu erreichen ist und der Entwicklung der eigenen Person dient. Ein definiertes Ziel löst die entsprechende Motivation aus, um dieses zu erreichen. Durch die Erreichung von Zielen wird eine Ausgangslage geschaffen, um dadurch höher geordnete Ziele, sogenannte Metaziele, zu verfolgen. Diese Basis kann auch auf anderen Wegen oder durch andere Ziele erreicht werden. Durch die Bewusstmachung dieses gedanklichen Freiraums kann ein übermäßiger Druck reduziert und eine gewisse Leichtigkeit für die Verfolgung des Ziels generiert werden. Damit kann es gelingen, den Weg der Zielverfolgung selbst als bedeutungsvoll zu erleben. Ein bewusstes Hinterfragen der eigenen Ziele sowie der darüber liegenden Metaziele und eine entsprechend konstruktive Adaptierung der Zielformulierung kann dazu beitragen, dass die eigenen Ziele eine höhere Nachhaltigkeit und damit mehr Sinn für das eigene Leben erhalten.

Literatur

Ayan S (2018) 10 Dinge, die Sie über sich wissen sollten. Gehirn & Geist, Bd.4, S 13–21, Spektrum der Wissenschaft, Heidelberg

Bargh J (2018) Vor dem Denken. Wie das Unbewusste uns steuert. Droemer, München

Csikszentmihalyi M (2017) Flow. Das Geheimnis des Glücks. Cotta'sche Buchhandlung, Stuttgart

Dobelli R (2017) Die Kunst des guten Lebens. 52 überraschende Wege zum Glück. Piper, München

Oettingen G (2014) Die Psychologie des Gelingens. Pattloch, München

Schmid K (2018) Kopfsache Gesund. Die Wissenschaft entdeckt die Heilkraft der Gedanken. edition a, Wien

8

I – wie Informationen einholen für eine detaillierte Planung

Inhaltsverzeichnis
Literatur.. 130

Untrennbar mit der Planung der nötigen Schritte, die für die Erreichung eines Zieles maßgeblich sind, ist die Informationsbeschaffung verbunden. Zunächst gilt es, die Eckpunkte zu identifizieren, die bedeutend für die Herstellung des Zielzustandes sind. Der Einsatz der in der wirtschaftlichen Praxis eingesetzten Methoden des Projektmanagements[1] können sich dabei als hilfreich herausstellen, um eine strukturierte Herangehensweise zu ermöglichen. Dabei wird ein besonderer Fokus auf die Planungsphase gelegt.

Ein Projekt wird zunächst zeitlich, sachlich und sozial abgegrenzt und analysiert. Es folgt eine Leistungsplanung, die überblicksmäßig beginnt und schrittweise detaillierter ausgearbeitet wird, bis ein sogenannter Projektstrukturplan zur Verfügung steht. Meilensteine werden identifiziert und terminiert, sodass eine realistische Umsetzbarkeit gegeben ist. Selbstverständlich wird der Projektorganisation sowie der Ressourcen- und Kostenplanung entsprechende Aufmerksamkeit geschenkt, damit die definierten Ziele für das Projekt erreicht werden können. Im Projektmanagement hat sich die strukturierte Planung *vom Groben ins Feine* bewährt. Dabei wird berücksichtigt, dass

---

[1] Das Projektmanagement wird hier nur kurz in seinen wesentlichen Eckpunkten skizziert, um ein Grundverständnis für dieses Thema zu schaffen. Eine detaillierte Beschreibung der zahlreichen unterschiedlichen Herangehensweisen im Projektmanagement ist einschlägiger Fachliteratur vorbehalten.

sich im Projektverlauf Änderungen ergeben können, auf die unmittelbar eingegangen werden muss. Es bedarf deshalb auch einer agilen Haltung bei der Projektgestaltung und -umsetzung. Bereits zu Beginn werden die wesentlichen Punkte, die für die Zielerreichung zu beachten sind, berücksichtigt (Geiger et al. 2009). Damit ist ein gewisser Schutz gegeben, um nicht zu einem späteren Zeitpunkt überraschenderweise festzustellen, dass wichtige Elemente vergessen wurden. Dies kann besonders dann fatal sein, wenn dies ein Zeitpunkt ist, der bereits zu nah am Zieltermin liegt, und keine oder kaum mehr Zeit zur Verfügung steht, um Maßnahmen zu setzen, *das Ruder* noch rumzureißen. Doch bereits vor dem Projektstart und dem Start der Planungsphase findet eine sogenannte Vorprojektphase statt. Dabei werden bereits die nötigen Informationen gesammelt, die eine Grundlage für die Zielbildung und für die Planungsphase darstellen. Die Phase der Informationsbeschaffung beginnt nicht erst mit der konkreten Zieldefinition, sondern stellt vielmehr ein begleitendes Element während des gesamten Durchlaufes dar. Selbst bei der Transformation vom Wunsch zu einem Ziel wird bereits auf vorhandenes Wissen, wenngleich dies möglicherweise zu diesem Zeitpunkt auch nur rudimentär vorhanden ist, zurückgegriffen. Beispielsweise kann bereits der Vergleich mit anderen – im Sinne von *die andere Person hat etwas, das ich nicht habe*, zu einem inneren Spannungszustand führen. Dies löst wiederum das Besterben aus, diese Spannung zu reduzieren. Ein neues Ziel wird gebildet. Mit der Auseinandersetzung des heranwachsenden Zieles wird die selektive Aufmerksamkeit aktiviert, und Informationen können den inneren Filter passieren und werden im Bewusstsein verarbeitet. Dabei kann jedoch kein allumfassendes Wissen aufgebaut werden, sondern es werden Themen angerissen, die Fragen auslösen. Es gilt, diese Fragen so weit zu beantworten, dass ein befriedigender Wissensstand hergestellt wird, um daraus Handlungsinitiativen zu ermöglichen.

Die Möglichkeiten, Informationen zu sammeln und Wissen aufzubauen, sind vielfältig. Beim Blick ins Internet gelangt man schnell auf einschlägige Webseiten, Berichte, Foren und Social-Media-Beiträge, in denen zum jeweiligen Thema Informationen geteilt werden und die Möglichkeit besteht, aktiv seine Fragen an die Community zu richten. Dabei gilt es, besondere Vorsicht walten zu lassen, da bei Weitem nicht alle Informationen einen hundertprozentigen Wahrheitsgehalt aufweisen oder nur einen Teil der Wahrheit darstellen und oftmals aus der subjektiven Perspektive des Verfassers stammen, die durchaus zweckgebunden dargestellt werden können. So wird beispielsweise der Anbieter einer Reise die Informationen, die förderlich für die Buchung der Reise sind, in einem farbenprächtigeren Erscheinungsbild darstellen, als jene Informationen, die kritische Denkprozesse beim Leser auslösen. Und dies beginnt bereits bei den veröffentlichten Bildern und dem Blickwinkel des Fotos. Ein Fotograf für Reiseveranstalter wird eher den vor ihm liegenden malerischen Sandstrand in Szene setzen, als den vielleicht hinter ihm liegenden Hafen, in dem täglich zahlreiche Fährschiffe an- und ablegen. Neben den Onlinemöglichkeiten bietet sich an, einschlägige Fachliteratur zu lesen. Der Vorteil des *klassischen Wissensspeichers* ist, dass Magazine und Bücher umfassendere Inhalte zu einem Themenbereich aufweisen und zum Teil gut recherchiert sind. Der Nachteil liegt in der Dauer der Wissensaufnahme. Ein kurzer Beitrag auf einer Webseite ist nun mal schneller gelesen als ein dreihundertseitiges Buch. Wird ein eher – ich nenne es mal – *passiverer Konsum* des Wissens bevorzugt, kann durchaus auf Filme, Dokumentationen, Hörbücher und Podcasts zu einem Themenbereich zurückgegriffen werden. Denn gerade bei der Vermittlung von einzelnen Handgriffen, beispielsweise der Bedienung einer Computersoftware, kann in Form eines kurzen Videos zur Demonstration schneller Wissen vermittelt werden als mittels einer Beschreibung in Prosa. Besonders interessant kann sich die Einholung von Wissen von Personen im persönlichen Kontakt herausstellen. Wenngleich dieses Wissen oft rein auf persönlicher Erfahrung basiert, spielen die während des Gesprächs vermittelten Gefühlsregungen, die anhand der Interpretation der Körpersprache auch unbewusst identifiziert werden, eine besondere Rolle. Das transformierte Wissen wird dadurch lebhafter und kann in Verbindung mit den vermittelten Emotionen, die aufgrund der emotionalen Ansteckung auch beim Empfänger wirken, auf mehreren Wegen der Sinnesverarbeitung im Gehirn verarbeitet werden.

Die aktive Einholung von Informationen ist nur eine Seite der Medaille. Unser Unbewusstes arbeitet ständig für uns. Es arbeitet im Hintergrund stets für unsere Ziele. Die Wichtigkeit unserer Ziele erkennt unser Unbewusstes daran, wie oft und intensiv wir uns mit einem Ziel auseinandersetzen und wie viel Zeit und Mühe wir dafür aufbringen. Dadurch werden unsere Sinne geschärft und die unzähligen Informationen, die laufend auf uns einströmen, erhalten einen selektiven Filter. Damit wird unsere Aufmerksamkeit gesteigert, und es gelingt uns leichter, jene nützlichen Objekte und Ereignisse wahrzunehmen, die sonst leicht übersehen werden können (Bargh 2018).

Die Möglichkeiten, an Informationen zu kommen, sind nahezu grenzenlos. Hier wurden nur einige vorgestellt. Welche die passende ist, entscheidet jeder für sich. Ein guter Mix von allem ist wohl nicht ganz verkehrt.

Einhergehend mit der Einholung von Informationen gilt es, basierend auf dem neu gewonnenen Wissen, Entscheidungen zu treffen, um eine strukturierte Planung und Vorbereitung durchzuführen. Diese getroffenen Entscheidungen können maßgeblich sein, ob das definierte Ziel in der Phase der Umsetzung auch tatsächlich erreichbar wird. Werden Informationen nicht oder nur lückenhaft eingeholt, ist keine optimale Basis vorhanden, um die nötigen Schritte in der Planungsphase initiieren zu können. Abgesehen von den Risiken, die nicht erkannt oder falsch eingeschätzt werden, können kaum optimale Entscheidungen getroffen werden, um in entscheidenden Situationen intuitiv richtig reagieren zu können.

Vielen Menschen fällt es schwer, mit Souveränität in Entscheidungssituationen zu gehen. Ursachen dafür gibt es mehrere. Um die unangenehmen Konsequenzen von Fehlentscheidungen zu vermeiden, kommt es zur Prokrastination (im Volksmund auch als *Aufschieberitis* bekannt), zur Abschiebung an Delegierte oder zum Treffen einer Entscheidung aus dem Impuls. Entscheidungskompetenz steht weder auf dem Stundenplan in der Schule noch haben es Hochschulen im Programm. Menschen lernen Entscheidungen zu treffen auf der Basis von Trial and Error – also Versuch oder Irrtum. Dabei werden im Laufe der Zeit, Erfahrungen gesammelt. Auf diese wird bei künftigen Entscheidungen zurückgegriffen, um Fehlentscheidungen möglichst zu vermeiden. Ebenso stehen uns perfektionistisches Denken und innere Konfliktsituationen, wie beispielsweise innere Spannungen, wenn das Herz eine andere Meinung hat als der Kopf, im Wege, um clever zu entscheiden. Doch wie kann es nun gelingen, gute Entscheidungen zu treffen, um ein erfolgreiches Handeln zu ermöglichen? Einen interessanten Ansatz zum Aufbau von Entscheidungskompetenzen stellt das Lernen am fallbasierten Modell dar. Dabei wird ein systematisches Vorgehen in sieben Schritten empfohlen. Zunächst gilt es, Personen zu identifizieren, die kritische Entscheidungen getroffen haben. Um die jeweilige Entscheidungssituation möglichst detailliert zu erfassen, werden Interviews dafür eingesetzt. Anschließend gilt es, die Beschreibungen der Einzelfälle nach relevanten Kriterien auszuwählen und diese didaktisch aufzubereiten. Personen, die ihre Entscheidungskompetenz verbessern wollen, kommen in Kleingruppen zusammen und werden über die Fälle in Kenntnis gesetzt. Durch Reflexion als Einzelperson und in der Gruppe anhand von Leitfragen können neue Kognitionen hinzugenommen und damit mehr Sicherheit und Klarheit aufgebaut werden, um künftig bei ähnlich auftretenden Situationen eine kompetente Entscheidung zu treffen (Sauerland et al. 2018).

Die gewonnenen Informationen stellen die Grundlage für eine optimale Planung dar. Der oben erwähnte Projektstrukturplan ist ein Kernelement im Projektmanagement und schafft, wie der Name schon sagt, eine geordnete Struktur für die Umsetzung eines Projekts. Dabei werden zunächst Themen im Rahmen eines Brainstormings gesammelt. Diese werden thematisch geclustert und in einzelne Kategorien zusammengefasst. In weiterer Folge werden die Details dazu ausgearbeitet, Termine fixiert, die vorhandenen Ressourcen analysiert und dabei die Fragen beantwortet, auf welche Ressourcen aufgebaut werden kann und welche noch zu stärken sind. Um dies anhand eines Beispiels zu verdeutlichen, möchte ich meine Kilimanjaro-Besteigung heranziehen. Nachdem ich meine ersten Recherchen beendet hatte, war mein Wissen zu diesem Thema gestärkt, doch die unzähligen Informationen waren noch ungeordnet. Um die Planungsphase konkret zu starten, bündelte ich einzelne Informationen, die thematisch zusammenpassten, und bildete daraus einzelne Kategorien. Ausrüstung, physische Konstitution, psychische Konstitution, Medizin, Reisedaten, Essen und Must-have waren die wichtigsten Überbegriffe, die mich während der Planungs- und Vorbereitungsphase wie ein roter Faden geführt haben. Diese Kategorien dienten als Ankerpunkte, um Informationen und neue Erkenntnisse gedanklich leichter zuordnen zu können. Damit war auch bereits ein wichtiger Grundstein gelegt, um einerseits noch intensiver zu recherchieren und andererseits einzelne Schritte, im Projektmanagement wird von Arbeitspaketen gesprochen, detaillierter zu definieren und so zu planen, dass zum Tag X alle nötigen Ressourcen zur Verfügung stehen. Trainingspläne wurden erstellt, Zwischenziele festgelegt, benötigte Ausrüstungsgegenstände gelistet und besorgt, Impfungen in zeitlicher Folge so verabreicht, dass mein Körper gut damit umgehen konnte, sowie Reiseanbieter sondiert und gebucht und vieles mehr.

Das Wissen, wann welche Schritte und von wem, wie und wo (die berühmten 5 Ws) durchgeführt werden, ist das Ergebnis einer guten Planung, schafft Sicherheit und steigert die Wahrscheinlichkeit der Erreichung des Zieles. Um dazu ein konkretes Beispiel zu nennen: Werden neue Bergschuhe angeschafft und diese nicht gut eingelaufen, kann dies dazu führen, dass während des Aufstiegs auf den Berg Blasen an den Füßen entstehen. Diese können nicht nur den Spaß verderben, sondern sogar dafür sorgen, dass man frühzeitig abbrechen muss. Dieses mögliche Szenario lässt sich leicht vermeiden, indem man einfach rechtzeitig die Schuhe kauft und einige Male damit marschiert. Manchmal kommt es auch nur auf Kleinigkeiten an, die man nicht bedacht hat, und schon rückt das Ziel in weite Ferne.

Zu einem späteren Zeitpunkt dienten mir die für mein Projekt gesammelten Informationen und definierten Schritte auch für die Erstellung meiner Checkliste, die mir gerade kurz vor der Abreise die Sicherheit vermittelte, die ich brauchte, da ich dadurch Gewissheit hatte, alles Notwendige berücksichtigt und auch in die Taschen verpackt zu haben. Ich musste dafür zu diesem Zeitpunkt keine unnötigen mentalen Energien mehr aufbringen oder gar diese mit eventuellem Ärger vergeuden, weil ich dieses oder jenes nicht berücksichtigt oder vergessen habe.

Die mentale Vorbereitung war im Vergleich dazu weniger geprägt von einzelnen Schritten oder Zwischenzielen, sondern vielmehr dadurch, dass ich Informationen darüber gesammelt habe, was mich am Berg erwarten kann, und ich mich geistig immer wieder auf die möglichen Situationen eingestellt habe. Sei es von den Temperaturen, dem wenigen Sauerstoff in der Luft, dem Schlafen in großer Höhe und natürlich den Anstrengungen des Gehens, die von Höhenmeter zu Höhenmeter zunehmen werden. Ich bin dabei so weit gegangen, dass ich das Höhenprofil einer Vorbereitungswanderung mit dem der Marangu-Route verglichen habe, um ein Gefühl dafür zu bekommen, wie die Neigung des Aufstiegsweges ist und wie kräfteraubend es sein wird, diesen zu gehen. Die Erkenntnisse daraus sind dann wiederum in das physische Vorbereitungsprogramm eingeflossen. In diesem konkreten Fall musste ich keine Änderungen vornehmen, da mein Trainingsplan bereits passend dafür war. Doch gerade diese Erkenntnis hat wiederum einen positiven Rückschluss auf meine psychische Konstitution bewirkt. Ich wusste, mein Vorbereitungsprogramm ist stimmig mit dem gesetzten Ziel – ich bin damit auf dem richtigen Weg, um das Ziel erreichen zu können.

> **Zusammenfassung**
> Für eine Planung der Zielverfolgung ist die Einholung relevanter Informationen unerlässlich. Der Einsatz von Methoden aus dem Projektmanagement kann sowohl im wirtschaftlichen wie auch im privaten Umfeld eine strukturierte Umsetzung ermöglichen. Bereits in der Phase der Zielfindung und Zieldefinition werden Informationen zur realistischen Umsetzbarkeit eingeholt. Diese Informationen sind auf deren Echtheit und Gültigkeit zu hinterfragen und mögliche subjektive Befangenheiten des Verfassers zu berücksichtigen. Neben der aktiven Einholung der Informationen wird die selektive Wahrnehmung entsprechend der Bedeutung des Zieles geschärft und filtert die für die Zielerreichung relevanten Informationen aus der Fülle der unzähligen Informationen, die tagtäglich von unseren Sinnen erfasst werden. Auf Basis des erweiterten Wissens sind Entscheidungen zu treffen. Die Beantwortung der 5 W-Fragen (wer, was, wann, wie, wo) stellen einen Mindeststandard einer guten Planung dar.

Literatur

Bargh J (2018) Vor dem Denken. Wie das Unbewusste uns steuert. Droemer, München

Geiger IK, Romano R, Gubelmann J, Badertscher K, Pifko C (2009) Projektmanagement – Zertifizierung nach IPMA (3.0) – Ebenen D und C. . Grundlagen und Kompetenzelemente, Methoden udn Techniken mit zahlreichen Beispielen. Compendio Bildungsmedien, Zürich

Sauerland M, Müller GF, Gewehr P (2018) Entscheiden lernen – ein Modell für die Praxis. Wirtschaftspsychologie aktuell, S 28–34

9

L – wie Leidenschaft & Motivation. Von der Vorbereitung bis zur Umsetzung

Inhaltsverzeichnis
9.1　Motivation als Kompetenz... 133
Literatur... 135

Ebenso wie bei der Informations- und Planungsphase ist die nächste Phase, die Vorbereitung, nicht klar von der vorhergehenden zu trennen. Vielmehr handelt es sich um einen fließenden Übergang. Nicht jedes kleinste Detail lässt sich im Vorhinein planen. Soll auch nicht unbedingt so sein, da dadurch ein gewisser Grad an Flexibilität erhalten bleibt, um neue Erkenntnisse laufend integrieren zu können. Die Phase der Informationsgewinnung und die daraus resultierende Planung reichen tief in die Vorbereitungsphase hinein. Die Eckpunkte, die Meilensteine und der *Fahrplan* sollten dennoch definiert sein, um konkrete Vorbereitungsschritte umzusetzen. Es geht darum, die richtigen Dinge zur richtigen Zeit zu tun, um eine optimale Vorbereitung zu gewährleisten.

Um wieder ein Beispiel zu nennen. In meiner langjährigen beruflichen Praxis habe ich so manch surreale Anekdote aus der Finanzbranche gehört, die beispielhaft die Bedeutung einer stringenten Vorgehensweise zum Ausdruck bringt – so wie diese: Ein junger Mann erzählt in begeisterten Worten davon, dass er nun seinen Traum erfüllen möchte. Er will sich ein Haus bauen. Er berichtet davon, wie er vorgehen möchte, welchen Stil sein Haus haben wird und mit welchen technischen Einrichtungen das Haus ausgestattet sein wird. In schillernden Worten erzählt er davon, wie er sein Leben genießen wird in seinem neuen Haus mit Pool. Und dieser Traum wird bald in Erfüllung gehen, denn er hat in einem Musterpark sein Haus gefunden und bereits den Kaufvertrag unterschrieben. Auf die Frage, wie er seinen Traum finanzieren wird, blickt er etwas erstaunt und erwidert, dass er ja deshalb das Gespräch mit dem Finanzberater sucht, weil er eine Finanzierung benötigt. Bereits während der Beratung wird seine noch vor Kurzem so frische und vor Freude gefärbte Gesichtsfarbe immer blasser. Der Grund ist, dass er bei seiner überstürzten Planung und lückenhaften Berechnung der Kreditraten nicht die zu zahlenden Kreditzinsen berücksichtigt hatte. In der momentanen Zinsphase wäre das nicht so fatal, doch die Erzählung stammt aus den 1990er-Jahren, und bei der damaligen Zinslage musste man bei einer Kreditlaufzeit von 25 Jahren ungefähr das Doppelte des Finanzierungsbedarfs zurückzahlen. Das bedeutet in diesem konkreten Fall also auch das Doppelte seiner angenommenen Kreditrate. Doch damit nicht genug. Bei einer weiteren Frage stürzte er sichtlich endgültig aus allen Wolken. Die Frage war banal: Wo wird denn das Haus gebaut? Diese Frage hatte er sich bis zu diesem Zeitpunkt noch gar nicht gestellt. Er hatte weder Grund und Boden, noch hatte er eine Idee, wo er das Haus in 6 Monaten hinstellen lassen wird, denn dies war der geplante Liefertermin des bestellten Hauses. Auch baubehördliche Wege tangierten ihn bis zu diesem Gespräch in keiner Weise.

So unglaublich diese Geschichte klingt, die sich vermutlich auch so nie zugetragen hat, so traurig ist sie dennoch. Der Traum vom eigenen Haus zerplatzte im Nu und musste auf unbestimmte Zeit verschoben werden. Nur äußerst schwierig und unter beträchtlichem finanziellem Aufwand konnte dieser junge Mann den Kaufvertrag wieder rückgängig machen. Er hätte weder in so kurzer Zeit ein Grundstück kaufen und die baubehördlichen Bewilligungen einholen können, noch hätte er die Kreditraten bezahlen können. Die Motivation, dieses Projekt umzusetzen, war für den jungen Mann sehr hoch. Er wollte sein Ziel, ein Haus sein Eigen zu nennen, möglichst rasch realisieren. Voller Leidenschaft und Tatendrang hat er sich auf dieses Ziel konzentriert – leider eben nur auf das Endprodukt und nicht darauf, wie er dieses Ziel, mit all den einhergehenden Zwischenschritten, verwirklichen kann. Fehlt eine vernünftige Planung, können auch die nötigen Vorbereitungsarbeiten nicht durchgeführt werden, und ein Ziel löst sich auf, noch bevor konkrete Umsetzungsschritte zur richtigen Zeit gesetzt werden können.

Die Leidenschaft bringt die Würze ins Leben. Selbst wenn man nicht jeden Handgriff und jede Tätigkeit mit vollster Hingabe erledigen kann, sollte meiner Meinung nach die Basisenergie durch eine hohe Portion an Leidenschaft zur Verfügung gestellt werden. Der intrinsischen Motivation kann kaum genügend Wert beigemessen werden. Die innere Antriebskraft jedes Menschen kann nahezu Berge versetzen – wie ein bekanntes Sprichwort sagt. Und je länger die Planung, die Vorbereitung und die Umsetzung zur Erreichung eines Zieles dauern, desto langsamer sollte sich dieser Energievorrat leeren. Hier spielt wieder der Sinn eine gehörige Rolle. Ist die Sinnfrage geklärt und ist man sich dessen bewusst, brennt die Flamme der Leidenschaft unaufhörlich. Ich möchte die Bedeutung der Leidenschaft mit folgendem Zitat ausdrücken, das ich 2016 für mich festgehalten habe: *Die Feder, mit der ich in das Buch meines Lebens schreibe, ist gefüllt mit Herzblut! Das Leuchten der Schrift, der Worte und der Silben gibt mir mehr Kraft zurück, als das Schreiben je kosten könnte – ein Perpetuum mobile des Glücks!*

Bei der theoretischen Auseinandersetzung mit dem Thema Motivation haben wir erfahren, dass diese unterschiedlichen Ursprungs sein kann. Die bewusste Auseinandersetzung mit der eigenen Motivation kann spannend und interessant sein und so manch neue Erkenntnis über sich selbst bringen. Bei der Umsetzung von Zielen ist die Motivation vielmehr ein Zustand, der mit Freude an der Tätigkeit, vielleicht sogar mit einem Flow-Gefühl, Glück, Zufriedenheit und Spaß an der Tätigkeit verbunden wird und sich auf diese Weise ausdrückt. Diese Emotionen sind es, die das Rad der Motivation am Laufen halten. Das Erleben dieser Gefühle macht Reserven locker, um die oft zitierte Extrameile zu laufen. Die Antizipation der positiven Energie mobilisiert auch die nötigen Kräfte, um den ersten Schritt in Richtung Zielerreichung zu setzen.

Das Erleben dieser positiven Gemütszustände bleibt in der eigenen Erinnerung gespeichert und trägt dazu bei, dass nicht nur das Ziel und dessen Erreichung von Bedeutung sind, sondern ebenso auch der Weg, der bis dahin gegangen wird. Entsprechend der *Broaden and Build Theory of positive Emotions* entsteht durch das Erleben von positiven Emotionen eine Aufwärtsspirale. Je häufiger positive Gefühle erlebt werden, desto eher steigt die Lust auf Neues, dies führt wiederum zur Stärkung der eigenen Ressourcen und Kompetenzen und in weiterer Folge zum persönlichen Wachstum und Steigerung der Lebenszufriedenheit (Rahm 2017).

9.1 Motivation als Kompetenz

Menschen neigen dazu, erst dann überdurchschnittliche Leistung zu erbringen, wenn sie von anderen, beispielsweise von ihrem Vorgesetzten, besonders motiviert werden. Diese Haltung als Opfer ist in der Wirtschaft nicht selten anzutreffen. In den Philosophien der Unternehmen ist zu erkennen, dass Mitarbeitermotivation vorrangig Führungsverantwortung ist. Doch wesentlich wichtiger ist es, die Fähigkeit zu erlangen, sich selbst zu motivieren (Martens und Kuhl 2005). Für Selbstmotivation bedarf es allerdings an Anstrengung und Überwindung. Doch gelingt dies, ist ein wesentlicher Grundstein dafür gelegt, um auch noch in größten Schwierigkeiten Chancen zu erkennen (Malik 2005).

Unter motivationaler Kompetenz wird die Fähigkeit verstanden, seine individuellen Vorlieben und Wünsche in Einklang mit den situativen Bedingungen zu bringen. Gedanken, Emotionen und Verhaltensweisen, die für die Zielerreichung förderlich sind, stellen wesentliche Elemente dar, die dabei zum Einsatz kommen. Im Konzept der lern- und leistungsbezogenen Motivation als Kompetenz wird die Individualität der Person berücksichtigt. Charakteristische Vorlieben und Abneigungen sind nur schwer oder mit beträchtlichem Aufwand zu verändern. Motivationale Merkmale gelten hingegen als veränderbar. Der handelnden Person wird in der Kompetenzperspektive eine aktive und selbstbestimmte Rolle zugeschrieben. Motivationsbezogene Kompetenzen können dementsprechend erworben und angewendet werden (Spinath 2005).

Im Kompetenzmodell der Handlungssteuerung sind drei Kompetenzen verortet: motivationale Kompetenzen, volitionale Kompetenzen sowie Selbstbewertungskompetenzen. Kennt eine Person die eigenen Tätigkeitsvorlieben und kann diese Situationen bezüglich des Anreizcharakters für die eigenen Motive richtig einschätzen, wird von motivationaler Kompetenz gesprochen. Stimmen situative Anforderungen und personenbezogene Bedürfnisse überein, werden die Tätigkeiten als ressourcenschonend und mühelos empfunden. Im Idealfall verschmilzt die handelnde Person mit der Tätigkeit – ein Flow-Erlebnis[1] stellt sich dabei ein (Csikszentmihalyi 2017). Unter volitionalen Kompetenzen wird das Kennen von hilfreichen und störenden Kognitionen und Handlungen sowie die Anwendung zweckmäßiger Strategien verstanden. Verfügt eine Person über die Kompetenz der Selbstbewertung, so kennt diese die Emotionen, die durch lern- und leistungsbezogene Kognitionen entstehen. Günstige Kognitionen zur Selbstbewertung können angewendet, ungünstige vermieden werden (Spinath 2005).

---

[1] Der Glücksforscher und Schöpfer der Flow-Theorie, Mihály Csikszentmihály (2017), beschreibt in seinem gleichnamigen Buch Flow als Zustand der tiefen Versunkenheit in eine Tätigkeit, die so erfreulich ist, dass nichts anderes in diesem Moment von Bedeutung ist.

> **Zusammenfassung**
>
> Die Leidenschaft, mit der eine Tätigkeit ausgeführt wird, stellt eine bedeutende Energie für die Zielverfolgung dar, kann jedoch mit der Dauer der Ausführung abnehmen. Mit der Klärung der Sinnfrage kann es gelingen, diesen Energievorrat nie vollständig zu verbrauchen. Die Motivation kann unterschiedlichen Ursprungs sein. Doch gleich, ob unbefriedigende Bedürfnisse oder die mit der Zielerreichung verbundenen Erwartungen die Treiber sind, stellt die intrinsische Motivation jene Energie mit der höchsten Wirkkraft zur Verfügung. Die dadurch ausgelösten Emotionen, wie Glück und Zufriedenheit aber auch ein Erleben des Flow-Gefühls, halten die Motivation am Laufen und können dazu beitragen, dass Reserven leichter mobilisiert werden können und eine Aufwärtsspirale der positiven Gefühle und Stärkung der eigenen Ressourcen in Gang gesetzt werden kann. Motivation wird auch als persönliche Kompetenz verstanden, um Ziele mit den situativen Bedingungen in Einklang zu bringen.

Literatur

Csikszentmihalyi M (2017) Flow. Das Geheimnis des Glücks. Cotta'sche Buchhandlung, Stuttgart

Malik F (2005) Führen Leisten Leben. Wirksames Management für eine neue Zeit. Campus Verlag, Frankfurt/New York

Martens JU, Kuhl J (2005) Die Kunst der Selbstmotivierung. Neue Erkenntnisse der Motivationsforschung praktisch nutzen. Kohlhammer, Stuttgart

Rahm T (2017) Wohlbefinden trainieren – Ansätze der Positiven Psychologie. Wirtschaftspsychologie aktuell. Z Pers Manag, Bd.3, S 43-47. Deutscher Psychologen Verlag, Berlin

Spinath B (2005) Motivation als Kompetenz: Wie wird Motivaton lehr- und lernbar? In: Vollmeyer R, Brunstein J (Hrsg) Motivationspsychologie und ihre Anwendung. Kohlhammer, Stuttgart

10

I – wie Imagination

Inhaltsverzeichnis
Literatur.. 140

Wie wir im Teil II des Buches gesehen haben, kann Imagination, also die geistige Entwicklung von Zielbildern, einen positiven Einfluss auf das eigene Verhalten bewirken. Durch die Art der Speicherung der Bilder im Gehirn werden dazugehörige Informationen und vorhandene ähnliche Bilder verknüpft und bei Abruf aktiviert. Die dabei antizipierten Emotionen können eine Förderung der Motivation bewirken, sofern die mit dem Zielbild aktivierten Bilder positiv konnotieren.

Die Technik der Visualisierung wird auch im systemischen Coaching bei der Visions- und Zielarbeit eingesetzt. Dabei versetzt sich der Coachee, also die Person, die gecoacht wird, gedanklich in eine zukünftige Situation. Der Coach unterstützt ihn dabei beispielsweise durch den Vortrag einer Fantasiereise (Vogelauer 2000). Dafür werden zwei Sessel im Beratungsraum aufgestellt. Der Sessel, auf dem der Coachee im Moment sitzt, stellt die Gegenwart dar. Der gegenüberliegende ein konkretes Datum in der Zukunft. Der Raum dazwischen die Zeitspanne von heute bis zum definierten Zeitpunkt. Der Coachee wechselt nun physisch den Platz von der Gegenwart in die Zukunft, schließt die Augen und lässt seinen Gedanken freien Lauf. Er versucht, die zukünftige Situation so gut wie möglich zu beschreiben. Alle Gedanken, alle Bilder, die ihm in den Sinn kommen, werden festgehalten, ohne diese zu bewerten. Dadurch wird die künftige Situation immer klarer, auch für den Berater. Dieser notiert in Stichworten die Bilder, um später mit diesen weiterarbeiten zu können. Wenn keine neuen Gedanken und Bilder mehr hinzukommen, wird die Übungssequenz beendet und der Berater spricht mit dem Coachee in einer kurzen Feedbackschleife über das eben Visualisierte. In einer zweiten Übungssequenz taucht der Coachee abermals in die Zukunftsvision ein, beantwortet aber dabei die Frage, was alles geschehen ist und was dazu geführt hat, dass er diese künftige Situation erreicht hat. Damit wird der Blick von der Zukunft hin zur Gegenwart gelenkt. Der Berater notiert während der Übung die Stichworte thematisch auf eigenen Karten und kann diese dem Coachee nach dieser Übung übergeben. Dieser geht nun nicht nur gedanklich, sondern auch physisch von der Zukunft in die Gegenwart und legt dabei die einzelnen Karten vor sich auf den Boden, jeweils zu dem Zeitpunkt, der für ihn stimmig ist. Dadurch ergibt sich eine Art Zeitleiste der persönlichen Entwicklung. In der Gegenwart angekommen wird nun gemeinsam an der vor dem Coachee liegenden Zeitleiste gearbeitet und eventuell noch Korrekturen vorgenommen. Durch diese Übung kann es gelingen, dem Coachee nicht nur ein Zielbild zu vermitteln, das für ihn stimmig und passend ist, weil es ja sein eigenes ist, sondern auch noch einen Umsetzungsplan, wann welche Handlungsinitiativen zu setzen sind, damit er am Ziel ankommt. Der Coachingprozess ist nun jedoch noch nicht abgeschlossen. Es müssen noch konkrete Schritte gefunden und gesetzt werden, um die Zwischenetappen zu erreichen. Der Coach leitet den Prozess. Der Coachee arbeitet inhaltlich und definiert, was wann wo und wie zu tun ist, und beginnt, den Prozess in Gang zu setzen. Das Zielbild ist beim Coachee gespeichert. Sobald dieses aktiviert wird, werden Initiativen ausgelöst, die dienlich sind, um dem Ziel Schritt für Schritt näher zu kommen.

Die Imagination erlaubt auch eine immer wiederkehrende Feedbackschleife, um zu prüfen, ob das Erwartete mit den momentanen Schritten, die gesetzt werden, erreicht werden kann oder ob eventuell Korrekturen nötig sind (Seilheimer 2001). Die Zielbilder, die ich während der Vorbereitung mit dem Kilimanjaro verbunden habe, waren nicht ausschließlich auf den Gipfel reduziert. Ich hatte Bilder zur Anreise, zum Gate des Nationalparks, zum Weg und dessen Beschaffenheit, zu den Menschen, mit denen ich diese Tage gemeinsam verbringen werde, zur Schlafstätte, zu den Nächten und Sternbildern, zum Essen und viele mehr. Je näher der Tag rückte, an dem ich letztendlich nach Afrika aufgebrochen bin, desto mehr und konkretere Bilder hatte ich bereits in meinem Kopf gespeichert. Aber nicht nur Bilder von der Reise. Auch von der Rückfahrt und Ankunft zu Hause und dem Moment, in dem ich meine Familie wieder in die Arme nehmen darf. All diese Bilder haben mich während der Vorbereitungszeit begleitet und mich motiviert, zu trainieren, Informationen zu sammeln, Pläne detaillierter auszuarbeiten und die nötige Ausrüstung zu besorgen und diese gewissenhaft zu verpacken.

Die Bilder, die ich vor meinem inneren Auge projizierte, waren eine Mischung aus Bildern, die ich recherchierte, und jenen, so wie ich mir das Abenteuer vorstellte. Dadurch ist es mir gelungen, Bilder zu schaffen, die detailliert genug waren, um eine realistische Einschätzung der Lage zu erhalten und gleichzeitig meine Motivation zu stärken, da ich all dies endlich in der Realität erleben wollte. Die imaginierten Bilder waren aber trotzdem nebulös genug, um nicht eine Art Déjà-vu vor Ort zu erleben.

Imaginationen beziehungsweise das geistig vor Augen Führen von Bildern können besonders dann die Selbstwirksamkeitserwartung steigern, wenn es sich dabei um in die Zukunft gerichtete und reflektierende Vorstellungen handelt. Die projizierten Bilder lösen ein Erleben mit allen Sinnen aus. Dabei entstehen Gefühle und Emotionen, die wiederum ein spürbares Körperleben ermöglichen und Handlungsimpulse initiieren. Durch Imagination wird die eigene Schöpferkraft genutzt, um die innewohnenden Ressourcen entdeckbar zu machen. Diese Ressourcen sind es, die einerseits für die Förderung der physischen und psychischen Gesundheit eingesetzt werden können und andererseits das Vertrauen in sich selbst stärken und Energie freilegen, um mit herausfordernden Situationen zurechtzukommen. Beim Imaginieren haben wir die Möglichkeit, Dinge in einer Art Trockentraining auszuprobieren und immer wieder aufs Neue zu verwerfen, zu adaptieren und feiner zu justieren, bis eine umsetzbare Lösung gefunden wird. Die Vorstellungen müssen dabei nicht zwingend von Anfang an bis ins kleinste Detail ausgestaltet sein. Ein grobes, schemenhaftes Bild kann nach und nach zu einem scharfen und kontrastreichen Bild ausgearbeitet werden. Es geht nicht darum, wie in der Fotografie den einen besonderen Moment in all seinen Facetten in einem Bruchteil einer Sekunde festzuhalten, sondern vielmehr handelt es sich dabei um die Skulptur eines Bildhauers, der Stück für Stück sein Werk von dem Stein befreit, der es bisher für die Welt unsichtbar gemacht hat. Mit dem Imaginieren werden Erinnerungen an Situationen hervorgerufen, die erfolgreich bewältigt wurden. Diese Kognitionen sind es, die dazu beitragen, sich neuen Herausforderungen zu stellen und diese auch aus eigener Kraft bewältigen zu können. Mit der Bewältigung der bisherigen Herausforderungen werden Kompetenzen aufgebaut und erweitert, und diese stärken die eigene Überzeugung und Erwartung, künftige schwierige Situationen zu einem gewünschten Ergebnis zu bringen. Diese Selbstwirksamkeitserwartung ist individuell ausgeprägt. Menschen mit hoher Ausprägung weisen eine höhere Wahrscheinlichkeit auf, herausfordernde Situationen zu bewältigen, als jene, deren Ausprägung gering ist. Diese Ressource kann gestärkt werden. Das Wissen darüber, dass andere Personen eine außergewöhnliche Situation, womöglich eine sehr ähnliche wie die eigene bereits geschafft haben, trägt dazu bei, dass das als unmöglich eingestufte Vorhaben seinen größten Schrecken verliert und als schaffbar betrachtet werden kann (Reddemann und Stasing 2013).

Dies bestätigt auch meine Besteigung des Kilimanjaro. Ich selbst war zuvor noch nie auf dem Berg, noch nie in Afrika und noch nie in ähnlicher Höhenlage. Ich hatte keine Ahnung davon, wie mein Geist und vor allem mein Körper reagieren werden. Ich wusste nur aus Berichten, sowohl aus Büchern und dem Internet, aber auch aus dem persönlichen Erfahrungsbericht meines Bekannten, dass es möglich ist. Damit wurde es auch für mich vorstellbar und möglich, da ich mich grundsätzlich in einer guten körperlichen und mentalen Verfassung gefühlt habe. Bei meinen Imaginationen zur Besteigung des Kilimanjaro habe ich auch immer wieder gedanklich darauf zurückgegriffen und dadurch meine Selbstwirksamkeitserwartung gesteigert.

> **Zusammenfassung**
> Die geistige Entwicklung von positiven Zielbildern kann, durch die dabei entstehenden Emotionen, eine fördernde Wirkung auf die Motivation bewirken. Durch Imagination werden Ressourcen, die der Zielverfolgung dienen, sichtbar gemacht, und Strategien für auftretende Hindernisse können entwickelt werden. Diese Kognitionen tragen dazu bei, sich neuen Herausforderungen zu stellen und dadurch seine Kompetenzen zu erweitern und die Selbstwirksamkeitserwartung zu steigern. Darüber hinaus erlaubt die Imagination eine Art Kontrollschleife, um zu überprüfen, ob das Ziel mit den bisherigen Anstrengungen erreicht werden kann. Gegebenenfalls können alternative Lösungsansätze gesucht und geistig ausprobiert werden.

Literatur

Reddemann L, Stasing J (2013) Imagination. Psychotherapie-Verlag, Tübingen
Seilheimer C (2001) Antezedenzien und Konsequenzen des Regret. Grundlagen – Messung – Implikationen. Gabler, Wiesbaden
Vogelauer W (2000) Methoden-ABC im Coaching. Praktisches Handwerkszeug für den erfolgreichen Coach. Hermann Lutherhand, München

11

M – wie maßvolles Tempo. Der Körper spricht mit dir

Inhaltsverzeichnis
Literatur 150

„Gehe nicht zu schnell und trinke viel Wasser", lautete der Ratschlag von Michael, der Jahre zuvor den Gipfel des Kilimanjaro erreichen durfte, als ich ihn nach ein paar Tipps gefragt hatte. Vor allem das Tempo ist in zahlreichen Berichten im Höhenwandern ein zentrales Thema. Als er mir das Tempo demonstriert hatte, das er damals auf den Berg hinauf gegangen ist, konnte ich kaum glauben, dass man weiterkommt oder jemals am Ziel ankommt, wenn man ein derartig langsames Tempo geht. Aber es funktioniert. Vermutlich einer der wichtigsten Tipps, um die Chance zu wahren, am Ziel anzukommen. Ein Ratschlag, den auch ich gerne weitergebe – nicht nur für die Besteigung des höchsten Berges Afrikas. Das Tempo zu gehen, das passend für die jeweilige Situation ist, und auf die Zeichen des eigenen Körpers zu hören zählt auch deshalb zu den Kernelementen der Kilimanjaro-Strategie.

Viel zu oft ist man von einem inneren Treiber angehalten, möglichst schnell am Ziel anzukommen. Doch warum? Was ist der Anlass, noch schneller und noch besser zu sein? Ich vermute, es liegt am Geist der heutigen Zeit. Der sportliche Wettkampfgeist von einst ist weitergewandert. Weiter zur Wirtschaft. Weiter ins Private. Dies ist auch keine Überraschung. Wer in der Wirtschaft bestehen möchte, muss schneller sein als der Wettbewerb, muss besser sein als die Konkurrenz. Unternehmen, die schlechte oder langsame Leistungen und Produkte zu einem nichtkonkurrenzfähigen Preis verkaufen wollen, werden nicht viele Bilanzen erstellen müssen. Der Bankrott ist vorprogrammiert. In Unternehmen arbeiten Menschen, und diese sorgen dafür, dass Innovationen auf den Markt kommen, die Leistungen und Produkte laufend verbessert werden und dass kostengünstiger produziert wird. Schneller – höher – stärker, lautet die Devise. Nur dann besteht erst die Möglichkeit, dass ein Unternehmen erfolgreich sein kann. Damit die agierenden Menschen die Leistungen erbringen können, die von der Wirtschaft gefordert werden, werden die leistungsorientierten Unternehmensleitbilder, ob verschriftlicht oder durch die Unternehmenskultur erlebbar gemacht, zunehmend internalisiert und formen die Menschen und deren Persönlichkeit zu einem Teil mit. Man geht heute davon aus, dass die Persönlichkeit des Menschen zu ca. 50 Prozent von seiner Umwelt geformt wird (Maltby et al. 2011). Die Menschen leben in sozialen Gefügen und beeinflussen sich gegenseitig. Dies erklärt auch zum Teil, warum die leistungsorientierte Gesellschaft der heutigen Zeit so ist, wie sie ist. Für das einzelne Individuum besteht kaum die Möglichkeit, sich der Determinanten zu entziehen. Man wird zu einem guten Teil geformt von der Gesellschaft, von der Wirtschaft, vom Zeitgeist.

Das leistungsorientierte Denken ist auch nicht verwerflich, solange der Mensch selbst Schritt halten kann. Besorgniserregend wird es erst, wenn Grenzen auf Dauer überschritten werden und nicht erkannt wird, dass mit einer Geschwindigkeit agiert wird, die nicht mehr kontrolliert werden kann. Die logische Folge ist, dass durch die hohen eigenen Leistungserwartungen Schäden entstehen. Ein Blick in aktuelle Statistiken zeigt, dass Stress, Burnout und Depressionserkrankungen zunehmen. Eine Erkenntnis, die Anlass geben sollte, darüber einen inneren Dialog zu führen, um geeignete Maßnahmen rechtzeitig zu ergreifen.

Der Körper und der Geist senden laufend Signale und geben Auskunft darüber, ob der Weg, den man geht und wie man diesen bestreitet, passend ist. Die Schwierigkeit ist, diese Hinweise zu erkennen und in weiterer Folge diese richtig zu deuten.

Ziehen wir als Beispiel das Thema Burnout heran. Nach Freudenberger wird Burnout als Prozess beschrieben, der in zwölf Stadien abläuft (Gesundheitsportal 2018).

- Phase 1: Ein durchaus gesundes Engagement kann zu einem übersteigerten Ehrgeiz werden und sich in einer Art Zwang, sich zu beweisen, ausdrücken.
- Phase 2: Der Einsatz wird erhöht. Körperliche und psychische Befindlichkeiten werden zurückgestellt.
- Phase 3: Die eigenen Bedürfnisse, vor allem die sozialen Kontakte, werden vernachlässigt.

- Phase 4: Konflikte und Bedürfnisse werden verdrängt, die Fehler häufen sich.
- Phase 5: Eigene Werte werden umgedeutet. Arbeit und Leistung rücken immer mehr in den Vordergrund.
- Phase 6: Auftretende Probleme werden verleugnet, körperliche Beschwerden nehmen zu, aggressives und zynisches Verhalten tritt verstärkt auf.
- Phase 7: Man zieht sich sozial immer mehr zurück, und Ersatzbefriedigungen rücken in den Vordergrund.
- Phase 8: Neben immer stärkerem sozialem Rückzug zeigt sich das deutlich veränderte Verhalten durch Ersatzbefriedigungen, wie etwa erhöhter Alkoholkonsum, übertriebenes Essen oder Shoppen.
- Phase 9: Das Gefühl für die eigene Persönlichkeit geht verloren.
- Phase 10: Eine innere Leere manifestiert sich in Ängsten, Paniken, Mutlosigkeit und exzessiven Ersatzbefriedigungen.
- Phase 11: Neben Erschöpfung und Verzweiflung treten Depressionen und Suizidgedanken auf.
- Phase 12: Die völlige Burnout-Erschöpfung mit körperlichem, geistigem und emotionalem Zusammenbruch entsteht.

Dieser kleine Exkurs soll ein wenig für das Thema sensibilisieren, vor allem soll er aber klar vor Augen führen, dass, wenngleich diese Phasen mit den jeweiligen Signalen von Experten beschrieben werden, diese nicht einfach bewusst wahrzunehmen sind, um rechtzeitig geeignete Gegenmaßnahmen einleiten zu können. Denn ist es nicht manchmal so, dass man sich *jetzt einfach durchbeißen muss, nur das eine Mal*, denn *dann wird's schon wieder*. Unerwartete Ereignisse erfordern spontane Leistungserhöhung, *um die Schäfchen ins Trockene zu bringen. Die werden sich noch wundern, was ich alles kann,* und *wenn das geschafft ist, dann können wir unsere Wunden lecken* oder *können uns auf den Lorbeeren endlich ausruhen. Aber jetzt noch schnell Gas geben.* Das Tempo wird erhöht und nicht immer gedrosselt, wenn es notwendig wäre. Selbst dann nicht, wenn die situativen Bedingungen, die die Beschleunigung notwendig gemacht haben, nicht mehr vorhanden sind. *Jetzt weiß ich, dass du belastbar bist*, sagt der Vorgesetzte. Die nächste Herausforderung wartet, und *ich erwarte mir, dass du wieder Gas gibst*. Vom Sprinter zum Dauerläufer, jedoch im Sprinttempo. Dass dies nicht lange gut geht, versteht sich von selbst.

Die Zeichen sind da. Bedeutend ist, diese wahrzunehmen, zu interpretieren und das Tempo wieder auf ein Niveau zu drosseln, mit dem gute Leistung vollbracht werden kann und zusätzlich Ressourcen für spontane Spitzenleistung zur Verfügung stehen. Auf dem Weg zum Gipfel des Kilimanjaro sind diese Signale deutlich zu spüren. Der laufend weniger werdende Sauerstoff in der Atemluft zeigt dir klar und deutlich das Tempo, das du maximal gehen kannst. Doch nicht das maximale Tempo ist das richtige Tempo. Das richtige Tempo ist das, dass man nicht außer Atem kommt und dass man ein gutes Gefühl beim Gehen hat. So bleiben Reserven zur Verfügung, die dann eingesetzt werden können, wenn es notwendig ist. Diese werden aber nicht vergeudet, nur weil man es könnte. Denn es wartet von Tag zu Tag eine immer höhere Anstrengung auf einen. Und dafür werden die Reserven benötigt. Der Weg wird steiler und steiniger, der Sauerstoff weniger, die Gehzeiten länger. Sind die Reserven bereits vor dem Gipfeltag aufgebraucht, sinkt die Erfolgswahrscheinlichkeit deutlich.

Um das geeignete Tempo beim Bestreben, ein Ziel zu erreichen, zu wählen, ist es unabdingbar, einen guten Kontakt mit sich selbst herzustellen. Dadurch kann es gelingen, die Signale nicht nur wahrzunehmen, sondern auch die richtigen Schlüsse daraus zu ziehen. Das gleiche Ziel kann für zwei verschiedene Personen eine unterschiedliche Herausforderung darstellen. Selbst wenn beide die gleichen Grundvoraussetzungen mitbringen. Die situativen Bedingungen können für den einen das Tempo als zu gering und wenig herausfordernd erscheinen lassen und für den anderen als zu hoch und kaum bewältigbar. Die momentane mentale Stärke oder der gesundheitliche Zustand kann zu einem deutlichen Unterschied bei der Leistung führen.

Beim Sport ist es leichter, die Anzeichen zu erkennen und richtig zu deuten und damit das Tempo, beispielsweise beim einem Lauf, entsprechend darauf einzustellen. Doch wie sieht es bei Zielen des täglichen Lebens oder im Job aus. Gerade im Berufsleben werden Ziele gerne von Vorgesetzten vorgegeben. Neben der Problematik, dass diese von außen vorgegeben werden und nicht zwingend mit den eigenen Zielen übereinstimmen müssen, kann die zeitliche Erfüllung und damit verbunden das Tempo, das zur Erreichung der Ziele gegangen werden muss, nur bedingt beeinflusst werden. Nehmen wir hierfür als Beispiel die Verkaufsziele eines Außendienstmitarbeiters. Die Ziele für den einzelnen Verkäufer errechnen sich, stark vereinfacht ausgedrückt, aus dem seitens des Unternehmens angestrebten Gewinn eines Geschäftsjahres. Um diesen zu erreichen, müssen entsprechend viele Produkte verkauft werden. Dies aufgeschlüsselt für jeden Verkäufer ergibt das definierte Ziel für die Einzelperson. Der Zeitrahmen ist mit dem Geschäftsjahr – dies ist meist ein Kalenderjahr – ebenso vorgegeben. Gute Führungskräfte definieren die Ziele gemäß dem SMART-Konzept und gewähren ihren Verkäufern einen gewissen Handlungsspielraum bei der Umsetzung. Dies bedeutet, die vereinbarten Ziele sind spezifisch, messbar, abgestimmt, realistisch und terminiert. Gerne werden Ziele und deren Erreichung, neben den Verkaufsprovisionen, mit Bonifikationen verbunden. Dies bedeutet, dass Verkäufer, sofern sie ihre Ziele in der vereinbarten Zeit erfüllen, eine Sonderzahlung erhalten. Ein besonderer Anreiz, der eine zusätzliche Motivation entwickeln soll. Gute Verkäufer genießen neben dem Ansehen in der Firma auch die Aussicht auf höherwertigere Jobs, die wiederum mit einem höheren Gehalt verbunden sind. Doch es gibt auch Schattenseiten eines Verkäufers. Die vereinbarten Jahresziele werden heruntergebrochen auf Quartals- oder Monatsziele und geben dem Unternehmer laufend Feedback über die Leistungen der Verkäufer und die Möglichkeit, die Verkäufer untereinander zu vergleichen. Verkäufer, die nicht laufend performen, werden bald ein ernstes Gespräch mit ihrem Vorgesetzten führen und erklären müssen, warum die Verkaufszahlen nicht passen. Über diejenigen Verkäufer, die es nicht schaffen, wieder binnen kürzester Zeit entsprechende Zahlen zu liefern, hängt das Damoklesschwert der Kündigung. Es entstehen Ängste. Angst um den Job. Angst um die Absicherung des Lebensstandards. Und diese sind nur einige der zahlreichen Faktoren, die Personen in Verkaufsjobs veranlassen, mit hohem Tempo Leistung zu erbringen. Erfolg im Verkauf bedeutet auch Erfolg auf dem Bankkonto. Verkaufsprovisionen prasseln wie ein Segen herein und motivieren, noch mehr zu verkaufen. Die normalen Arbeitszeiten werden ausgedehnt, Überstunden gemacht und selbst an Wochenenden ist man gerne für seine Kunden da. Schließlich ist der Kunde ja König – und Geldgeber. Eigene Interessen werden dabei etwas hintangestellt und spielen nur mehr eine eher untergeordnete Rolle. Werte, die einst wichtig waren, treten zunehmend in den Hintergrund. Die Anerkennung bei der jährlichen Ehrung der besten Verkäufer entschädigt für so manch durchgearbeitete Nacht. Möge man meinen. Doch die Dauerbelastung ist für viele zu hoch. Außer Arbeit gibt es nur noch Arbeit, und die schönen Erlebnisse des Lebens sind nur noch blasse Erinnerungen an eine Zeit davor. Das Tempo ist meist selbst gewählt, aber dennoch nicht stimmig. Die vereinbarten Verkaufsziele sollten so abgestimmt sein, dass diese mit Anstrengung in der normalen Arbeitszeit zu erreichen sind. Die Anstrengung, die für die Erreichung der Ziele aufzuwenden ist, sollte dabei weder zu einer Überforderung noch zu einer Unterforderung führen. Erfüllen die Ziele diese Kriterien nicht, dann sind diese weder abgesprochen noch realistisch und damit auch nicht SMART. Das *Mehr* an Verkäufen ist selbstbestimmt – und das kann man selbst beeinflussen. Durch Bewusstmachung dessen, was hinter dem *Mehr* steckt. Welche Ziele werden mit mehr Geld erfüllt? Welche Ziele – oder anders ausgedrückt – welche Probleme werden mit mehr Zeit in der Arbeit verdeckt? Decken sich die beruflichen Ziele mit den persönlichen Zielen? Habe ich noch ausreichend Zeit für die anderen wichtigen Dinge meines Lebens? Geld hat einen hohen Stellenwert. Doch es gibt noch andere Werte, die bedeutend für die Menschen sind. Familie, Freunde, Hobbies, ehrenamtliches

Engagement und Zeit für Ruhe, Erholung und Entspannung. Ich bezeichne diese auch als Quellen der Energie und Lebensfreude, und sie sind mindestens so bedeutsam wie Geld. Faktoren, die es wert sind, das Tempo so einzustellen, dass auch dafür die nötige Zeit bleibt, um all dies zu genießen.

Durch ein maßvolles Tempo bei Aktivitäten zur Erreichung der gesteckten Ziele entsteht auch die Möglichkeit, die Dinge, an denen man am *Wegesrand* vorbeikommt, bewusster wahrzunehmen. Der Fokus rein auf das Ziel mag zwar auf den ersten Blick der richtige sein, da man dadurch weder dieses aus den Augen verliert, noch sich durch nicht dem Ziel dienliche Sachverhalte ablenken und beeinflussen lässt. Möglicherweise kann es dadurch gelingen, rascher am Ziel oder überhaupt am Ziel anzukommen. Doch was, wenn das Ziel viele Jahre in der Zukunft liegt? Was ist mit der Zeit bis dorthin? Wo bleibt die Lebensfreude? Bleiben dabei womöglich andere Ziele, die vielleicht nicht gerade so präsent im Kopf sind, auf der Strecke? Und was, wenn trotz all der Anstrengungen am Ende das Ziel nun doch nicht erreicht wurde? All die Mühe, all die Zeit wäre womöglich vergebens. Doch der Weg bis dahin ist meines Erachtens mindestens so bedeutend wie das Ziel selbst. Ich spreche hier von Lebensqualität, die gerade durch die bewusste Wahrnehmung der großen und kleinen Dinge erhöht werden kann. Wer möchte, kann dies gern in Verbindung mit Achtsamkeit bringen.

Das maßvolle Tempo auf dem Weg in Richtung Uhuru Peak hat Zeit und Raum gelassen, all die wunderbaren Dinge abseits des erdigen und steinigen Weges intensiv wahrzunehmen, wie beispielsweise die Faszination des Regenwaldes und all die Dinge, die er zu bieten hat. Nicht immer auf den ersten Blick erkennbar springen Affen von Ast zu Ast und beobachten uns Wanderer mit ebenso hohem Interesse wie wir sie. Der kleine Bach, der sich neben dem Pfad seinen Weg den Berghang hinunter sucht. Das Chamäleon, das geschickt getarnt hinter einem Stein sitzt, oder der fantastische Ausblick oberhalb der Baumgrenze, der mich das Wunder erleben lässt, inmitten einer Naturfilmdokumentation und Teil davon zu sein. Aber nicht nur die Wunder der Fauna und Flora gilt es, bewusst zu erkennen. Auch das Gespräch mit anderen, die soziale Interaktion, der Glückwunsch zum Erreichen eines Zwischenzieles (Meilensteine) und das spürbare Zusammenwachsen einer Gruppe von Menschen, die sich einem gemeinsamen Ziel verschrieben haben.

Der Weg hin zum Ziel ist für mich so bedeutend wie das Ziel selbst. Durch diese Haltung gelingt es mir, all das wahrzunehmen, was rund um mich geschieht, und dies mit Freude zu erleben. Diese Freude manifestiert sich in aggregierter Form als Lebenszufriedenheit. Würde ich nur auf das Ziel hin steuern und diese besonderen Erlebnisse nicht wahrnehmen, würde diese Würze meines Lebens fehlen.

„Trinke viel Wasser" – der Ratschlag, der gerade für die Besteigung des Kilimanjaro von hoher Bedeutung ist, soll an dieser Stelle als Synonym verstanden werden, auf die Zeichen seines Körpers und die Signale, die er aussendet, zu achten und darauf, was der Körper benötigt. Beim Höhenbergsteigen kommt der Zufuhr von Flüssigkeit eine besondere Bedeutung zu. Durch das Schwitzen im Zuge der Anstrengungen und die erhöhte Atmung in der kalten und trockenen Höhenluft verliert der Körper mehr Flüssigkeit. Die optimale Zufuhr ist 4 bis 5 Liter täglich (Alpin 2008). Dies sind nützliche Hinweise, und sofern man diese beachtet und dem Körper bereits dann Flüssigkeit zuführt, wenn dieser noch keine Signale – also Durst – aussendet, ist bereits ein wichtiger, wenngleich nicht der einzige Baustein für den Erfolg gelegt.

Weniger leicht als die Signale zur Befriedigung der physiologischen Grundbedürfnisse, wie Hunger oder Durst, ist es, den subtilen Aufmerksamkeiten des Körpers Gehör zu verleihen, um an der Leistungsfähigkeit keinen Raubbau zu betreiben. Neben dem bereits erwähnten Tempo, das bei der Besteigung des Kilimanjaro so gewählt sein sollte, dass man nicht übermäßig ins Schwitzen gerät und schon gar nicht außer Atem, bedarf es einer regelmäßigen und nährstoffreichen, in diesem Falle eher kohlenhydratreichen, Nahrungsaufnahme. Sind die Vorbereitung und das Training planmäßig verlaufen, sollten damit auch die konditionellen Voraussetzungen erfüllt sein und einem Gipfelerfolg nichts im Wege stehen. Doch weit gefehlt. Der Körper muss sich auf die Höhenlage anpassen – sich akklimatisieren. Dies bedarf Zeit – ausreichend Zeit – mehr dazu in Kap. 12. Die Tagesetappen sind lang, und nicht immer scheint die Sonne. Der Regenwald trägt nicht durch Zufall seinen Namen. Auch wenn es zwei Regenzeiten in Tansania und somit auf dem Kilimanjaro gibt, muss man immer mit Regen rechnen. Dies kann nicht nur die Freude am Gehen trüben, sondern auch die Gefahr, dass der Boden rutschig ist, und damit einhergehend das Verletzungsrisiko durch Umkippen des Fußes oder Ausrutschen erhöhen. Die Bekleidung, sofern nicht eine geeignete Kleidung mit dabei ist, kann durchnässt werden, und schon lässt möglicherweise eine Erkältung grüßen – die Temperaturen auf dem Berg, und da vor allem nachts, sind geradezu ideal dafür. Das Kilimanjaro-Abenteuer, so wie ich es erlebt habe, bestand aus sieben Tagesetappen (die Wanderung vor dem eigentlichen Start am Fuße des Kilimanjaro mit eingerechnet), wobei die der Gipfelbesteigung mit Abstand die anstrengendste und längste war. Sieben Tage gehen bedeutet sieben Tage Belastung für Füße und Beine sowie Schultern und Rücken, denn das Tagesgepäck mit Wasser, Essen, Zusatzbekleidung trägt man selbst. Mein Rucksack hat zum Beginn jeder Tagesetappe ca. 11 Kilogramm gewogen – dieses Gewicht wurde zwar durch die Wasserentnahme, sprich Trinken, laufend reduziert, doch eine gewisse Grundlast blieb bestehen. Selbst wenn der Rucksack ergonomisch aufgebaut ist und gut auf dem Rücken sitzt, machen sich von Tag zu Tag die Belastungen an Rücken und Schultern bemerkbar. In meinem Fall führte dies zu Verspannungen, und diese waren wiederum zum Teil mitverantwortlich für die Kopfschmerzen. Ich hatte mich im Vorfeld bereits darauf eingestellt, dass es zu derartigen Beeinträchtigungen kommen und mir mein Körper ebendiese Signale senden wird, doch meinen vorbereiteten und verpackten Tennisball, der zweckentfremdet zur Eigenmassage des Rückens gedient hätte, habe ich nicht eingesetzt. Auch die Wärmepflaster, die bei Verspannungen helfen sollen, habe ich erst zu spät verwendet. Ich konnte zwar damit die Verspannungen etwas lösen, doch hätte ich diese Mittel bereits ab dem ersten Tag verwendet, wäre die Situation im wahrsten Sinne des Wortes entspannter verlaufen. Ich habe mich darauf vorbereitet, der Körper hat mir deutliche Signale gesendet, doch ich bin zu spät darauf eingegangen. Ein Fehler, der zu vermeiden gewesen wäre. Ein weiteres Beispiel dazu von meiner Kilimanjaro-Reise zeigt, dass man auch dann, wenn man die Signale erkennt und nicht die vorbereiteten Maßnahmen einleiten kann, dennoch schnelle Lösungen, wenngleich auch nur provisorische, schaffen kann. Wie bereits erwähnt, habe ich mit meinem Knie zeitweise Probleme. Vor allem fängt dieses an zu schmerzen, wenn ich längere Zeit einen Berg hinuntersteige. In weiser Voraussicht habe ich mir eine Kniebandage vom Orthopäden dafür besorgt und diesen nach Afrika mitgenommen. Während all der Wanderungen zum Gipfel hinauf und den halben Berg wieder hinunter habe ich keinerlei Schmerzen verspürt. Es war kein Signal vorhanden. Deshalb habe ich auch bei der allerletzten Tagesetappe von der Horombo Hut hinunter zum Marangu Gate nicht daran gedacht, dass ich mir die Kniebandage ins Tagesgepäck packe. Ein kleiner Fehler. Gegen Ende der Tour habe ich im Knie die bekannten Schmerzen verspürt. Zunächst nur sehr leicht, dann etwas stärker werdend. Ich hätte vermutlich unter immer heftiger werdenden Schmerzen irgendwie weitergehen können, doch anstatt dessen habe ich immer wieder kleine Ruhepausen eingelegt und zur Entlastung des Knies bei jedem Schritt meinen Wanderstock neben dem Fuß aufgesetzt. Dadurch ist es mir gelungen, Last von meinem Knie zu nehmen und auf meine Arme zu übertragen. Eine funktionale Methode in Anbetracht der bescheidenen Möglichkeiten, die ich zu diesem Zeitpunkt hatte. Es hat bestens funktioniert, und ich konnte ohne weitere Beschwerden den restlichen Tag und auch die am nächsten Tag stattfindende Wandersafari bestreiten. Ich habe in diesem Fall rechtzeitig die Signale richtig zu deuten gewusst und geeignete Maßnahmen ergriffen.

In extremen Situationen mag es leichter sein, auf die physiologischen Bedürfnisse und Signale, die der Körper sendet, zu achten. In Alltagssituationen ist das womöglich etwas diffiziler. Doch auch da gelten im Grunde die gleichen Regeln. Trinke ausreichend, und da vor allem Wasser. Ernähre dich bewusst und führe deinem Körper die Menge in der Qualität und mit Abwechslungsreichtum zu, dass die Nährstoffe aufgenommen werden können, die der Körper benötigt. Nimm dir Zeit zu essen. Mach regelmäßig Pausen und regeneriere dich. Klingt einfach! Die Umsetzung ist nur nicht immer so trivial. Wer kennt dies nicht, wenn der Abgabetermin einer Arbeit immer näher rückt und gefühlt nicht mehr genügend Zeit zur Verfügung steht, um all die Tätigkeiten fertigzustellen, die noch zu erledigen sind. Es werden nicht nur Überstunden geleistet, sondern es wird auch gerne an Essenszeiten eingespart, um so mehr Zeit für die Arbeit zur Verfügung zu haben. Die Zeit für Erholung und Ruhepausen bleibt auf der Strecke. Energie wird weder dadurch noch durch die fehlende Nahrungsaufnahme gewonnen. Der Leistungsabfall ist vorprogrammiert. Die Signale waren da, doch werden sie zur Erfüllung eines vermeintlich höheren Zieles nicht beachtet. Ob tatsächlich in der durch diese Maßnahmen gewonnenen Zeit mehr Leistung erbracht wird, darf jeder Leser selbst beantworten.

Noch schwieriger als im Physischen ist es, Zeichen im mentalen Bereich zu erkennen und richtig zu deuten. Wagt man sich an die Umsetzung von Zielen heran, gilt es, die eigene Komfortzone zumindest teilweise zu verlassen. Der Erste, der bellt, ist der innere Schweinehund. Mit der richtigen Einstellung und der entsprechenden Motivation kann dieser zunächst besänftigt werden. Gerade zu Beginn der Umsetzung ist die Motivation besonders hoch, und die Energietanks sind vollgefüllt. Doch mit zunehmender Zeit werden diese Ressourcen aufgebraucht. Damit wird der Spielplatz des inneren Schweinehundes bereitet. Tauchen dann noch konkurrierende Ziele ins Bewusstsein und kann die Sinnfrage nicht entsprechend beantwortet werden, sinkt die Wahrscheinlichkeit, das gesteckte Ziel zu erreichen. Eine gute Vorbereitung und Planung mit einer klaren Zieldefinition kann in solchen Situationen den rettenden Anker bedeuten und den nötigen Anstoß finden, um die mentale Beeinträchtigung zu bezwingen.

Das Übertreten der Grenzen der eigenen Komfortzone bedarf einer gewissen Portion Kraft und Mut. Fühlt sich dieses Überschreiten als locker und leicht an, ist die Grenze gewiss noch nicht erreicht. Die Grenze der Komfortzone ist nicht trennscharf markiert im Sinne von „bis jetzt ist es bequem und ab jetzt ist es unbequem". Vielmehr handelt es sich dabei um einen verschwommenen Bereich, der mit der Entfernung immer schwieriger wird zu gehen – bis zu jenem Punkt, an dem unüberwindbare Barrieren den Weg blockieren. Dieser Umstand ist dem Anstrengungskalkulationsprinzip geschuldet, wie wir in Kapitel 2 gesehen haben. Der Punkt, der nicht mehr für die einzelne Person zu überwinden ist, ist abhängig vom Selbstkonzept. Je höher dieses ist, desto weiter entfernt liegt der Punkt von der individuellen Komfortzone. Durch das Verlassen der eigenen Komfortzone werden diese Grenzen erweitert und stellen in Folge einen größeren und belastungsärmeren Handlungsspielraum zur Verfügung – die eigenen Ressourcen wachsen. Auf diese neuen Ressourcen kann zu einem späteren Zeitpunkt, beispielsweise bei der Verfolgung von künftigen Zielen, aufgebaut werden.

> **Zusammenfassung**
> Das leistungsorientierte Denken und Handeln der heutigen Gesellschaft treibt uns an, Ziele möglichst schnell zu erreichen. Belastungsgrenzen dürfen dabei nicht über einen zu langen Zeitraum überschritten werden, da es sonst zu gesundheitsschädigenden Folgen, wie beispielsweise Burnout, kommen kann. Durch die Wahrnehmung der Signale, die Geist und Körper laufend senden, kann es gelingen, ein geeignetes Tempo für die Zielverfolgung zu finden. Durch ein maßvolles Tempo bleibt entsprechender Raum für die Verfolgung anderer bedeutender Ziele sowie die Möglichkeit, den Weg zur Zielerreichung als wertvoll zu erleben. Die eigenen Ressourcen sollten verantwortungsvoll eingesetzt werden, um auftretende Rückschläge und Hindernisse leichter bewältigen zu können. Ein maßvolles Tempo erlaubt auch, die Zwischenziele, die erreicht werden, entsprechend zu würdigen und die notwendigen Erholungsphasen dafür zu nutzen, um die Energiereserven wieder zu füllen.

Literatur

Alpin (2008) Fakten zum Höhenbergsteigen. http://www.alpin.de/sicher-am-berg/medizin/4644/artikel_fakten_zum_hoehenbergsteigen.html. Zugegriffen am 10.03.2019

Gesundheitsportal (2018) Phasen und Symptome. https://www.gesundheit.gv.at/leben/burnout/phasen-symptome. Zugegriffen am 23.04.2018

Maltby J, Day L, Macskill A (2011) Differentielle Psychologie, Persönlichkeit und Intelligenz. Pearson Studium, München

12

A – wie Akklimatisierung und Anpassung

Inhaltsverzeichnis
Literatur.. 159

Eine besondere Bedeutung bei der Erreichung von Zielen kommt der Akklimatisation zu. Dies betrifft nicht nur die körperliche Anpassung an die Höhe, wie dies bei der Besteigung des Kilimanjaro besonders wichtig ist. Um diese zu erleichtern, wurde dafür ein Tag zur Akklimatisierung eingeplant. Dieser Tag wurde jedoch nicht untätig vergeudet, sondern eine Akklimatisierungswanderung auf etwa 4300 Meter durchgeführt und wieder zurück ins Lager auf 3700 Meter. Durch dieses Vorgehen wird der Körper aktiv dabei unterstützt, den entsprechenden Anpassungsprozess zu vollziehen.

Anpassungen sind nicht nur in unwirtlichen Höhen notwendig, sondern auch in zahlreichen anderen Lebensbereichen. Dazu ein kleiner Exkurs: Möchte man sich beispielsweise der Kletterei widmen, ist es zunächst äußerst ratsam, fachkundige Informationen dazu einzuholen, beispielsweise in Form des Besuchs eines Kletterkurses. Dabei werden neben der technischen Herangehensweise an die Kletterei auch die überaus wichtigen Elemente der Sicherungstechniken vermittelt – insbesondere der Partnersicherung. Durch die richtige Handhabung der eingesetzten Sicherungsgeräte wird die Basis der künftigen Weiterentwicklung in dieser Sportart gelegt – Vertrauen. Vertrauen in das Seil. Vertrauen in den Klettergurt. Vertrauen in die Verankerung. Vertrauen in den Partner. Für die Bildung dieses Vertrauens braucht es Zeit, praktische Erfahrung und das Gefühl des Fallens. Das Scheitern im Klettersport stellt ein unerlässliches Element der Vertrauensbildung dar, aber auch der Entwicklung der Leistung. Durch die Verinnerlichung, dass im Falle eines Sturzes das Risiko, sich schwer oder gar lebensgefährlich zu verletzen, so weit wie möglich reduziert ist, wird die naturgegebene Angst geschmälert. Der Geist reift. Der Körper reift – er passt sich der Situation durch die Bildung von entsprechenden Muskeln und die Fähigkeit, diese gezielt anzusteuern, immer mehr an.

Startet man beispielsweise zunächst mit dem Toprope in der Kletterhalle, um sich dabei die Grundtechniken der Kletterei anzueignen, ist der nächste Schritt, sich an den Vorstieg heranzuwagen. Damit erschließen sich erst die unzähligen Möglichkeiten, die die Kletterrouten – ob in der Halle oder am Fels – bieten. Man möchte wachsen. Doch die im Toprope gewonnene Sicherheit, die sich durch die laufende Verbesserung der Technik dadurch manifestiert, dass Züge ausprobiert werden, die zu Beginn der Kletterei noch für unmöglich gehalten wurden, kann beim Vorstieg durchaus ins Wanken geraten. Beim Toprope hat man intuitiv gelernt, dass der Sturz nur mehr eine untergeordnete Rolle spielt. Der Körper und der Geist wissen, ich bin gesichert. Mein Verletzungsrisiko ist äußerst gering, und vor allem, ich falle nicht weit. Ich kann ein – nennen wir es mal – Wagnis eingehen und einen dynamischen Zug probieren. Das Scheitern, den Griff nicht zu ergreifen oder abzurutschen, hat nur mehr geringe Bedeutung. Vielmehr lädt dieses Scheitern dazu ein, in der Reflexionsphase – auch gemeinsam mit dem Kletterpartner – die Route nochmals zu studieren und alternative Lösungen zu finden und diese wieder zu probieren, bis es gelingt. Der große Unterschied zwischen Vorstieg und Toprope spielt sich vorrangig im Kopf ab. Ist man beim Toprope, wie der Name schon sagt, von oben gesichert (das Seil ist bereits voreingehängt), muss man beim Vorstieg das Seil selbst mitnehmen und in den in der Kletterhalle vormontierten Expressschlingen (zwei Karabiner sind mit einem Band verbunden, wobei ein Karabiner in der Halteöse an der Wand fixiert ist, in den zweiten Karabiner hängt der Kletterer das Seil während des Aufstiegs ein) einhängen. Um dies zu bewerkstelligen, brauche ich eine freie Hand, die das Seil in den Karabiner führt. Damit dies gelassen, aber dennoch zügig durchgeführt werden kann, bedarf es zusätzlich eines sicheren und stabilen Standes in der Wand. Empfehlenswert ist es, das Seil auf Höhe des Torsos einzuhängen. Im Vergleich zum Toprope-Klettern ist die Fallhöhe beim Vorstieg um ein Vielfaches gesteigert. Kommt der Kletterer beim Toprope zu Sturz, verhindert nach sehr kurzem Fall, sofern der Partner seine Aufgabe ordentlich erfüllt, das Sicherungsgerät das Durchrutschen des Seils. Die Fallhöhe setzt sich aus der Länge des durchhängenden Seils und der Seildehnung (= Bremswirkung) zusammen. Alles in allem höchstens ein Meter. Beim Vorstieg kommt neben diesen Faktoren auch noch die Lage des zuletzt eingehängten Karabiners hinzu. Befindet sich dieser beispielsweise in Höhe meines Fußes, verlängert sich die Fallhöhe um meine Körperlänge, da ich im Fall des Sturzes (gesichert mit einem Hüftgurt) die Distanz zwischen Hüfte und Fuß falle, bis ich an der zuletzt eingehängten Expressschlinge vorbei und danach weiter die gleiche Distanz nochmals falle, bis sich das Seil spannen kann. Hinzu kommt durch die höhere Fallgeschwindigkeit auch noch die verstärkte Seildehnung. Möchte man nun beispielsweise in der Höhe des Kopfes das Seil in die nächste Expressschlinge einhängen, fällt man mindestens die doppelte Körperlänge in die Tiefe, bis das Seil in die Dehnung geht. In der Halle sind – ohne Übertreibung – Fallhöhen von 3 bis 4 Meter keine Seltenheit. Wir sprechen also von gut der 3- bis 4-fachen Distanz der Fallhöhe im Vergleich zum Toprope-Klettern. Dies muss gelernt werden. Durch so einen Fall entstehen Dynamiken, sowohl für den Kletterer als auch für den Sichernden. Dies bedeutet, wenn man sich vom Toprope zum Vorstieg wagt, gilt es, die eigene Komfortzone auf ein Neues zu verlassen (auch hier der Hinweis: im Rahmen eines Kurses wird dies auf gesicherte Art und Weise gelernt), neue Wagnisse auszuprobieren und wiederum Vertrauen, wie weiter oben beschrieben, aufzubauen beziehungsweise zu vertiefen. Wann der geeignete Zeitpunkt ist, um vom Toprope zum Vorstieg zu wechseln, kann keinesfalls generalisiert werden. Es braucht die Fähigkeit, auf sich zu hören – in sich hineinzuhören. Aufmerksam auf die Zeichen zu achten, die mir mein Körper, aber auch mein Geist vermitteln möchte. Es braucht die Zeit, die notwendig ist, dass sich einerseits der Körper auf die technischen Herausforderungen des Kletterns angepasst hat, aber auch die Zeit, dass sich der Geist, sowohl das Bewusste wie auch das Unbewusste, an die Höhe, an die Stürze, an die Technik angepasst hat und Vertrauen gebildet wurde – Vertrauen in sich selbst und in seinen Kletterpartner. Die Zeit der Anpassung ist von Mensch zu Mensch unterschiedlich.

Akklimatisieren bedeutet im Sinne der Kilimanjaro-Strategie nicht nur die körperliche Anpassung an die Situation beziehungsweise an die Höhenlage, sondern ebenso die mentale Anpassung und die Durchführung von förderlichen Aktivitäten, um sich an die geänderte Situation leichter und besser anpassen zu können. Die mentale oder auch seelische Anpassung ist zu differenzieren von Ruhepausen beziehungsweise Ruhephasen, die der Körper und der Geist benötigen, um sich zu regenerieren und wieder neue Energie zu tanken. Spitzensportler bringen diese wichtige Erholungsphase nach dem Training mit Aussagen wie, „kurz abschalten", „ein wenig Spaß haben, um mit neuer Energie ins Rennen zu gehen" bei Interviews zum Ausdruck. Durch den Wechsel von Ruhe und Aktivität können Grenzen und Schutzräume zur Regeneration und Stabilisation aufgebaut werden (Kuhn-Krainick 2015) und liefern die Basis für künftige Weiterentwicklungen.

Wie bei der Besteigung des Kilimanjaro kann die Akklimatisierung auch im mentalen Bereich aktiv gestaltet werden. Am Berg gehst du ein Stück höher und schläfst wieder weiter unten, um den Körper bei der Anpassung zu unterstützen. Auf mentaler Ebene sind die durchgeführten Veränderungen in alle Lebensbereiche zu integrieren. Dies geschieht nicht von heute auf morgen. Es bedarf der Zeit. Wie lange diese Zeitspanne ist, hängt vom Umfang und Ausmaß der Veränderung ab. Hier ein paar Beispiele: Wenn sich mein Arbeitsweg dahingehend ändert, dass mein bevorzugtes öffentliches Transportmittel nun aufgrund von Entscheidungen des Beförderungsunternehmens einen anderen und damit verbunden auch einen längeren Weg nimmt, wird die Anpassung an die neue Situation nicht allzu lange dauern. Die Verspätung von sagen wir mal 5 Minuten wird bald hingenommen sein und bietet Platz für eine aufmerksame Entdeckung von neuen Ecken in der Stadt. Hingegen werden die Geburt eines Kindes, vor allem des ersten Kindes, und die damit verbundenen Änderungen im familiären Umfeld, im Haushalt aber auch möglicherweise an meinem Arbeitsplatz hinsichtlich Arbeitszeit wesentlich bedeutender und von größerem Ausmaß sein. Die Anpassung des eigenen Geistes an diese neue Situation dauert entsprechend länger. Auch der Wechsel des Wohnortes, hier meine ich vorrangig einen Wechsel in ländliche Umgebung, ist noch nicht mit dem Bezug der neuen Wohnung abgeschlossen. Wenngleich alle Möbel aufgestellt und die Kästen eingeräumt sind und sich ein gewisser Alltag im Haus breitgemacht hat, ist mit einem Umzug auch das soziale Umfeld betroffen. Alte Freunde nehmen den nun längeren Weg nicht mehr so oft in Kauf, um zu Besuch zu kommen. Neue Bekanntschaften entstehen. Die Integration in das soziale Leben der neuen Wohnungsumgebung nimmt wesentlich mehr Zeit in Anspruch als der reine Umzug. Es braucht seine Zeit, um zu sagen: Ich bin angekommen! Und selbst der Erfolg im sportlichen Wettkampf braucht die Zeit der Verarbeitung und der Integration in das eigene Leben. Spitzensportler bringen dies gerne damit zum Ausdruck, wenn sie meinen, dass es noch dauern wird, bis sie den Sieg realisieren können.

Mit dem Bewusstmachen der aktuellen Lage und der aktiven Gestaltung in Form des Setzens von Maßnahmen kann der Veränderungsprozess bewältigt werden. Das mit einer Veränderung einhergehende Wechselbad der Gefühle durchläuft sechs Stadien. Im ersten Moment entsteht ein Gefühl des Schocks, und Verlustängste machen sich breit. Diese Phase wird abgelöst durch ein Verleugnen oder Verdrängen der geänderten Situation. Mit der Verabschiedung des Bisherigen und dem Anerkennen des Neuen kann das *Tal der Tränen* überwunden werden, und ein Übergang in eine neutrale Zone kann sich einstellen und in weiterer Folge zu einem Neubeginn und Integration führen. Unterschiedliche Gedanken, Gefühle und Verhaltensweisen werden je nach

Stadium ausgelöst. Beispielsweise entsteht Stress, Angst, Ärger, Unsicherheit, Stolz und Glück. Das Wissen und das Verstehen dieser Veränderungsphasen ermöglicht nicht nur die bewusste Wahrnehmung, sondern schafft auch das Vermögen, konstruktive Maßnahmen aktiv einzuleiten, um den Prozess besser und schneller zu bewältigen (Hofmann et al. 2007).

Im wirtschaftlichen Umfeld ist bei Projekten oder bei der Umsetzung einer neuen Ausrichtung eines Unternehmens immer wieder zu beobachten, dass zu wenig Wert auf die kulturelle Anpassung einer profunden Veränderung gelegt wird. Selbst wenn die Organisation, Prozesse und die Systeme neu ausgerichtet sind, ist die neue Arbeitsweise bei den Mitarbeitern und in der Kultur nicht vollinhaltlich internalisiert. All diese Änderungen bedürfen der Anpassung der Mitarbeiter. Dies kann bewusst erfolgen und damit gesteuert werden, oder es erfolgt unbewusst und dadurch wenig beeinflussbar.

Die Zeit, die Mitarbeiter für die Verinnerlichung aller geänderten Arbeitsabläufe, neuen Arbeitsumfelder und des neuen Zusammenarbeitens benötigen würden, wird und kann oft nicht gewährt werden. Selbst in der Nachprojektphase, der generell zu wenig Beachtung geschenkt wird, wird diesem Versäumnis nicht immer entgegengewirkt. Unter der Prämisse des Zeitdrucks und der unzähligen Umsetzungen, die in der heutigen Wirtschaftswelt von Unternehmen abverlangt werden, ist zunehmend zu beobachten, dass spätestens mit dem Abschluss des einen Projekts der Startschuss für das nächste Projekts erfolgt. Für die Aufarbeitung, Gewöhnung – oder sagen wir einfach – die Anpassung an das soeben Umgesetzte bleibt kaum oder gar keine Zeit. Eine gängige Praxis ist, dass Projekte auch gar nicht richtig abgeschlossen werden. Es handelt sich dabei um einen sanften Ausklang des einst so wichtigen Themas. Die wichtigsten Meilensteine sind erreicht, um den Rest kümmert sich schon wer – oder auch niemand, da sich keiner mehr dafür verantwortlich fühlt. Schon ist der Fokus auf das neue Projekt und das neue Ziel gerichtet. Der Organisation, der Kultur und den Mitarbeitern eines Betriebs wird die Möglichkeit verwehrt, das Neue, das Geänderte vollinhaltlich in den täglichen Arbeitsprozess zu integrieren. Der Bedarf dafür ist gegeben, und zwar jener, dass die veränderten Abläufe nahezu wieder zur Routine werden.

Veränderungen sind sowohl in der Wirtschaft wie auch im Privaten alltäglich. Menschen können grundsätzlich gut damit umgehen, sofern ihnen Gelegenheit geboten wird, sich darauf einzustellen und die Konsequenzen, die damit verbunden sind, in ihr Leben zu lassen. Und dies braucht Zeit. Von Person zu Person, von Unternehmen zu Unternehmen unterschiedlich viel Zeit, um zu reflektieren und neue eigene Gedankenstrukturen zu schaffen. Es bedarf des achtsamen Umgangs mit sich selbst und seinen Mitarbeitern und Kollegen. Und dafür könnte beispielsweise die Nachprojektphase herangezogen werden. Inhalte des umgesetzten Projekts zu festigen und zu verinnerlichen, um dadurch Sicherheit zu gewinnen und das Selbstbewusstsein zu stärken. Doch dies braucht Zeit – deutlich mehr Zeit, als der Geist benötigt, um von einem Moment in den nächsten zu gelangen. Dabei werden die im vorangegangenen Augenblick gesammelten Informationen aufgenommen, verarbeitet und in die neue Gegenwart übernommen. Diese wirken sich wiederum auf das eigene Verhalten, die Emotionen und Entscheidungen in der neuen Situation aus. John Bargh (2018) spricht davon, dass das Leben zähflüssig ist, weil das Gehirn und die darin liegenden Synapsen Zeit brauchen, um die chemischen Reaktionen, die für die Gehirnaktivitäten notwendig sind, abklingen zu lassen. Bei heftigen Aktivitäten des Gehirns, wie starke Emotionen, benötigen die Synapsen und Nerven einen längeren Zeitraum, um wieder zur Ruhe zu kommen. Dementsprechend weit reicht auch deren Beeinflussung künftiger Situationen. Werden nun eingefahrene Verhaltensmuster aufgebrochen, wie dies im ökonomischen Kontext bei einem Change-Projekt geschieht, benötigen die davon betroffenen Personen eine entsprechende Zeitspanne, um die bisherigen automatisierten Gedankengänge zu durchbrechen und die neuen, adaptierten Verhaltensweisen zu verinnerlichen. Es werden dabei zunächst die neuen Handlungen bewusst durchgeführt (und teilweise auch kritisch hinterfragt), um diese später wieder Routine werden zu lassen. Die bewusste Durchführung von Tätigkeiten benötigt jedoch deutlich mehr Ressourcen als jene, die routiniert und fast schon automatisiert erledigt werden. Die Zeit, um das Neue zu lernen und das Alte zu verlernen, muss gewährt werden.

Das Selbst eines Menschen, aber auch jenes der Unternehmung, geht aus dem erfolgreichen Abschluss eines Projekts und der Erreichung eines Zieles, mit dessen Erfüllung im Idealfall Flow-Erfahrungen verbunden sind, gestärkt hervor und verfügt über neue Fähigkeiten und höheres Leistungsvermögen (Csikszentmihalyi 2017). Neue Energien, die für die Umsetzung von neuen Zielvorgaben benötigt werden, können von Neuem bereitgestellt werden und die *inneren Akkus* wieder aufladen.

Doch nicht alles benötigt gleich viel Zeit, um sich anzupassen. Ziehen wir hierfür als Beispiel wieder die Kletterei heran. Um dabei die Leistungsfähigkeit zu entwickeln, müssen mehrere Teilbereiche der motorischen Einheit ineinandergreifen. Die gezielte Stimulation von Muskeln, Nerven, Gehirn und Bindegewebe verbessert die Koordination und bewirkt eine Steigerung der Fähigkeiten. Für die Kletterei benötigen wir Kraft, die von den Muskeln zur Verfügung gestellt wird. Der Muskel erhält über Nervenbahnen Befehle vom Gehirn, entsprechende Kontraktionen und Entspannungen durchzuführen. Um diese Informationsübertragung zu ermöglichen, müssen Nervenenden am Muskel andocken. Ein spezifisch untrainierter Muskel verfügt nicht über die entsprechende Kommunikationsqualität für eine präzise Ansteuerung – selbst dann nicht, wenn höhere Muskelmasse vorhanden ist (ein Bodybuilder, der über hohe Muskelmasse verfügt, ist nicht zwingend auch ein guter Kletterer). Ein Trainingsziel eines Kletterers ist, Muskeln aufzubauen und diese gleichzeitig im Netz der motorischen Einheit in Funktion zu bringen. Muskeln sind mittels Sehnen mit den Knochen verbunden. Die Unterarmmuskulatur ist mit langen Sehnen mit den Fingern verbunden. Diese übertragen die Kraft auf Hände und Finger. In den Fingern befinden sich zahlreiche Bänder, die im Zusammenspiel mit den Sehnen stehen. Damit ist die Leistungsfähigkeit der Hände sowohl von den Muskeln der Unterarme als auch der Sehnen und Bänder abhängig. Beim zielgerichteten Klettertraining kommt es zur laufenden Anpassung der jeweiligen Bereiche. Doch diese erfolgt nicht im gleichen Zeitraum. Muskeln passen sich im Vergleich zu Sehnen und Bändern wesentlich schneller an die Trainingsreize an. Diese Umstände sind zu berücksichtigen, um nicht nur Leistungssteigerung, sondern auch Gesundheitsförderung beim Klettern zu erwirken (Bachfischer 2017).

Wie wir anhand dieses Beispiels gesehen haben, kann die Anpassung an eine neue Situation nicht nur innerhalb einer Gruppe, sondern auch intraindividuell unterschiedlich lange dauern. Gibt es ein gegenseitiges Abhängigkeitsverhältnis, wie bei dem Beispiel von Muskeln und Sehnen, sind diese Umstände entsprechend zu berücksichtigen, um die richtigen Entscheidungen zu treffen. Mindfullness, beziehungsweise Achtsamkeit, kann in diesem Zusammenhang einen wichtigen Faktor darstellen, um den jeweils aktuellen Situationsstand bewusst wahrzunehmen und entsprechende Schlüsse daraus zu ziehen, wie dies ein Beispiel aus der Wirtschaft zeigt. Dabei hat ein Unternehmen den Fokus auf *Mindful Leadership* gelegt und dadurch Führungskräften und Mitarbeitern zu mehr Ausgeglichenheit und Leistungsfähigkeit verholfen. Mittels Informationsveranstaltungen wird gezielt Wissen zu diesem Thema vermittelt und Achtsamkeitsübungen werden vorgestellt, die in den laufenden Arbeitsalltag integriert werden können. Laufende Reflexionsschleifen bieten die Möglichkeit, die jeweils aktuelle Lage zu analysieren und darauf einzugehen. Dadurch wird den Prozessen die Zeit gegeben, die nötig ist, um sich anzupassen (Assen 2017).

Das Wissen über die Notwendigkeit der Anpassung ist im ökonomischen Kontext durchaus vorhanden und wird bei einem gut geplanten Projekt bereits zu Beginn berücksichtigt. So können Neuerungen, wie beispielsweise die Einführung neuer Prozesse, nicht in einem sogenannten *Big Bang*, sondern stufenweise erfolgen. Dabei werden nur Teilbereiche auf die neuen Arbeitsabläufe umgestellt, während andere Bereiche weiterhin nach dem alten Konzept weiterarbeiten und erst in weiterer Folge auf die neuen Gegebenheiten angepasst werden. Durch diese Vorgehensweise ergibt sich der Vorteil, dass ein sukzessives Lernen durch die Nutzung der Erfahrungen aus der ersten Phase ermöglicht wird und dieses Wissen in die weitere Roll-out-Phase integriert werden kann. Bereits geschulte Mitarbeiter können sowohl als Promotoren als auch als Hilfesteller bei der Integration der neuen Abläufe für andere Mitarbeiter eingesetzt werden und Bewältigungskonzepte vorstellen, damit eine breitere Basis der Akzeptanz ermöglicht wird (Hansmann et al. 2012). In diesem Zusammenhang kann durchaus auch davon gesprochen werden, dass sich eine Organisation in bestimmten Bereichen mit zwei unterschiedlichen Geschwindigkeiten bewegt. Während in einem schnell agierenden Innovationsbereich auf die sich ändernden Umweltfaktoren rasch reagiert wird und man neue Prozesse oder auch Produkte schafft, einen Prototypen entwirft, diesen testet und nötigenfalls in einer Korrekturschleife weiter adaptiert, arbeiten die etablierten Organisationseinheiten in routinierter Weise weiter und integrieren erst jene neuen und verbesserten Prozesse und Produkte, wenn diese eine tatsächliche Verbesserung bringen und Markttauglichkeit bewiesen haben.

Das Bedürfnis der Anpassung ist gegeben und spiegelt sich auch in einer indischen Kurzgeschichte wider: Für eine Himalaja-Expedition hatte ein europäischer Biologe eine Gruppe indischer Träger angeheuert. Da der Forscher schnell an sein Ziel kommen wollte, erlaubte er den Trägern nach der Überschreitung eines Passes nur eine kurze Pause. Nach dem Aufruf zum Weitergehen blieben die Träger jedoch sitzen, als ob sie ihn nicht gehört hätten. Schweigsam blickten sie auf den Boden. Der Forscher forderte mit Nachdruck auf, weiterzugehen. Nur wenige blickten ihn daraufhin verwundert an. Einer sagte schließlich, dass sie deshalb nicht weitergehen können, weil sie warten müssten, bis ihre Seelen nachgekommen sind (Das Zitat 2019).

So banal dies klingt, so schwierig ist es manchmal in der Praxis, *zuerst anzukommen, um weitergehen zu können.*

> **Zusammenfassung**
>
> Akklimatisierung bedeutet im Sinne der Kilimanjaro-Strategie nicht nur die Anpassung des Körpers an die Höhenlage, sondern vielmehr die psychische Anpassung an eine geänderte und neue Situation. Diese Akklimatisierung ist zu differenzieren von einer Ruhe- und Erholungsphase. Sie charakterisiert die Maßnahmen, die aktiv gesetzt werden, um Veränderungen, die personenabhängig unterschiedlich wahrgenommen werden, in das eigene Leben zu integrieren. Beim Höhenbergsteigen bedeutet es, hoch zu gehen und tief zu schlafen – im privaten und beruflichen Leben wird damit die bewusste Auseinandersetzung mit der geänderten Situation verstanden. Kommunikation, Information und Selbstreflexion können dazu beitragen, die geänderten Verhältnisse leichter und nachvollziehbarer zu verinnerlichen und sogar Chancen der Veränderung für sich selbst zu erkennen. Neben dem Faktor Zeit spielt dabei auch der achtsame Umgang mit dem eigenen sozialen Umfeld und mit sich selbst eine bedeutende Rolle.

Literatur

Assen A (2017) Achtsamkeit am Arbeitsplatz – Erfahrungen aus dem Unternehmensalltag. Wirtschaftspsychologie aktuell. Z Personal Manag 04:13–16
Bachfischer B (2017) Athletiktraining fürs Klettern und Bouldern. riva, München
Bargh J (2018) Vor dem Denken. Wie das Unbewusste uns steuert. Droemer, München
Csikszentmihalyi M (2017) Flow. Das Geheimnis des Glücks. Cotta'sche Buchhandlung, Stuttgart
Das Zitat (2019). http://muster.daszitat.de/kurzgeschichten/bis-die-seele-nachkommt/. Zugegriffen am 12.05.2019
Hansmann H, Laske M, Luxem R (2012) Prozessmanagement. Ein Leitfaden zur prozessorientierten Organisationsgestaltung. In: Becker J, Kugeler M, Rosemann M (Hrsg) Einführung der Prozesse – Prozess-Roll-out, 7. Aufl. Springer, Heidelberg
Hofmann H, Walther I, Schrems I (2007) Veränderungen umsetzen und gestalten. Reflexion, Methoden, Beispiele. Facultas, Wien
Kuhn-Krainick S (2015) Mehr innere Gelassenheit: Eine Jahresreise zur Stressprävention. Wirtschaftspsychologie aktuell. Z Personal Manag 02:47–50

13

N – wie Notstopp. Grenzen erkennen und akzeptieren

Inhaltsverzeichnis
Literatur.. 165

Ein oft gesehenes und doch zum Glück wenig benutztes Gerät in öffentlichen Verkehrsmitteln – der Notstopp-Hebel. *Missbrauch wird bestraft* ist in dicken Buchstaben zu lesen. Dieser Hebel, oder in manchen Fällen auch als Knopf ausgeführt, ist nur für eine Sache da. Wenn Leben in Gefahr ist, kann hier jedermann schnell zur Tat greifen und so weit wie möglich Schreckliches verhindern. Es bedarf dafür einer hohen Aufmerksamkeit, schnellen Reaktion und auch einer gewissen Portion Mut. Menschen, die mit offenen Augen durchs Leben gehen, können Situationen wahrnehmen und diese entsprechend einschätzen und beurteilen, ob Gefahr besteht oder nicht. Gepaart mit dem Wissen, was in einer gefährlichen Situation zu tun ist, nämlich in erwähntem Fall den Notstopp-Knopf zu drücken, kann eine lebensbedrohliche Situation möglicherweise entschärfen.

So bedeutend es ist, seine eigene Komfortzone zu verlassen, um zu wachsen, so wichtig ist es auch, die eigenen Grenzen zu erkennen, die nicht mehr zu überschreiten sind. Menschen mit hoher mentaler Stärke verfügen über das Vermögen, diese Grenzen weiter zu dehnen, doch selbst sie stoßen früher oder später an jenen Punkt, an dem es nicht mehr weitergeht. Wir bewundern Leistungssportler, die schier Unmögliches schaffen, leiden mit ihnen, wenn sie Rückschläge ertragen müssen, und bewundern sie dafür, wenn sie wie ein Phoenix aus der Asche aufsteigen und wieder zu Gewinnern werden. Sie sind

© Der/die Herausgeber bzw. der/die Autor(en), exklusiv lizenziert durch
Springer-Verlag GmbH, DE, ein Teil von Springer Nature 2020
R. Goisauf, *Die Kilimanjaro-Strategie*,
https://doi.org/10.1007/978-3-662-61436-5_13

unsere Idole. Doch selbst diese leuchtenden Sterne kommen früher oder später an einem Punkt an, der nicht mehr zu überschreiten ist. Lindsey Vonn (2019) bringt diesen Umstand mit einem Posting auf Instagram zum Ausdruck: Ihr Körper schreit sie an aufzuhören und dass es Zeit ist, darauf zu hören. Sie beendete ihre Karriere bei der Ski-WM in Åre mit einer Bronzemedaille bei der Abfahrt der Damen. Und das, obwohl sie wenige Tage zuvor noch schwer gestürzt ist. Sie hat es geschafft und konnte sich noch ein allerletztes Mal, nach einem weiteren Rückschlag, motivieren und ihre Stärken auf den Punkt bringen und hat damit Skigeschichte geschrieben. Ein großer Abgang der größten Skisportlerin unserer Zeit.

Doch wann ist der richtige Zeitpunkt? Wann stoßen wir auf die tatsächlichen Grenzen unserer eigenen Leistungsfähigkeit, und wie erkennt man diesen Punkt? Vermutlich sind diese Fragen jene, die am schwierigsten zu beantworten sind. *Ziele sind doch da, um erreicht zu werden. Koste es, was es wolle! Es ist doch nur eine Frage des Willens! Du schaffst das! Was werden die anderen sagen, wenn du jetzt aufgibst? Wie wird es dir selbst gehen, wenn du Stopp sagst?* Diesen Zitatereigen könnten wir jetzt noch längere Zeit fortsetzen. Aussagen wie diese oder ähnliche hat vermutlich schon jeder gehört oder die Fragen sich selbst gestellt, wenn man einen Punkt erreicht, der sich nicht mehr gut anfühlt und man darüber nachdenkt, ob man weitergeht oder die Reißleine zieht. Und gerade das Wort *Reißleine* wird gerne dafür herangezogen, um zum Ausdruck zu bringen, dass es nicht mehr weitergeht. Leider auch ein Symbol, das durch falsche Interpretation missverstanden werden kann. Gerade in der heutigen Zeit gilt das Erreichen der Maxime als besonders erstrebenswert. Doch gehen wir der Sache ein klein wenig auf den Grund und sehen uns kurz an, woher der Begriff *Reißleine* kommt. In der Sicherungstechnik werden Reißleinen und zugehörige Schalter dafür eingesetzt, beispielsweise Maschinen aus einer sicheren Entfernung bei einem Notfall zu stoppen (Wikipedia 2018). Umgangssprachlich wird dieser Begriff auch für die Leine, die so gar nicht existiert, verwendet, um den Fallschirm mittels Auslösegriff und Hilfsschirm zu öffnen (Sky-Divezone 2020). Bei einem Fallschirmsprung sollte das Ziel sein, gesund und munter am Boden wieder anzukommen. Der Sprung aus den Höhen und der freie Fall lösen mit Sicherheit den erstrebten Adrenalinkick aus, doch das rechtzeitige Ziehen der Reißleine ist Teil davon. Es ist von Anfang an geplant. Jeder Fallschirmspringer weiß, zu welchem Zeitpunkt beziehungsweise in welcher Höhe der optimale Punkt ist, um den Fallschirm zu öffnen. Das Nichtziehen oder auch nur das zu späte Ziehen wird sofort bestraft – ohne Verhandlung, ohne Richter. Im Nachruf wird womöglich darauf eingegangen, dass es sich um einen fatalen Fehler gehandelt hat, der den Betroffenen viel zu früh aus dem Leben hat scheiden lassen. So tragisch dieser

Fehler ist, passiert er leider immer wieder, aus welchen konkreten Gründen auch immer. Es gibt wohl niemanden, der allen Ernstes behaupten würde, das Ziehen der Reißleine beim Fallschirmsprung wäre eine Flucht, ein Scheitern oder gar ein Versagen. Es ist Teil des Zieles.

So wie dieses Beispiel zeigt, liegt es wieder in der Betrachtungsweise der einzelnen Person, wie der Notstopp interpretiert wird. Er muss keineswegs so im Detail geplant und womöglich geübt werden, wie dies bei einem Fallschirmsprung nötig ist, um korrekt und mit einer gewissen Routine den Fallschirm zu öffnen. In vielen Fällen reicht der gedankliche Zugang bereits aus, um Strategien zu entwickeln, die im Falle der Erkennbarkeit der eigenen Grenzen eingesetzt werden können. Unser Körper sendet uns laufend Botschaften über seinen aktuellen Zustand. Ein Zwicken hier, ein Stechen da – die physischen Schmerzen sind leichter zu erkennen, da sie über längere Zeit Signale senden, bis wir letztendlich darauf reagieren. Doch was ist mit unseren Gefühlen und Emotionen? Auch diese sind Signale, die es zu interpretieren gilt. Doch das ist nicht immer so einfach, wie es klingt. Wenn ich ein gebrochenes Bein habe, werde ich große Schmerzen haben. Wenn ich dann noch versuche weiterzugehen, werden die Schmerzen unerträglich sein, und ich lasse sofort davon ab. Wenn mein Körper eine Vielzahl unterschiedlicher Signale sendet, die beispielsweise auf kleinere physische Probleme hinweisen, oder negative Gefühle aufkommen, wird die Beurteilung, ob der Grenzpunkt erreicht ist, diffiziler. Ein guter Kontakt zu sich selbst kann auch hier zu einer stimmigeren Interpretation der Signale führen und die Entscheidung erleichtern, ob man weitergeht oder die Umsetzung des Zieles beendet.

Nicht immer geht es um Leben oder Tod, wenn eine Person erkennt, dass Grenzen nicht zu überschreiten sind. Doch manches Mal dann doch. Wie ein Beispiel aus der Geschichte der Besteigungen des Mount Everest zeigt. Diese äußerst tragische Begebenheit hat sich im Jahr 1996 am höchsten Berg der Erde abgespielt und wurde Jahre später verfilmt. Die extremen Bedingungen in der sogenannten Todeszone haben leider dazu geführt, dass von dieser Expedition nicht alle lebend zurückgekehrt sind. Zeichen des Abbruchs wurden von einigen nicht rechtzeitig umgesetzt, fix vereinbarte Umkehrzeitpunkte nicht eingehalten und dazu ein äußerst heftiger Schneesturm schuf für einige ein Grab in Frost und Eis. Der unbedingte Wille etwas zu erreichen, mag heroisch klingen, doch wie hoch der Preis ist, der dafür zu bezahlen ist, muss jeder für sich selbst entscheiden.

Grenzen zu erkennen ist das Eine. Diese zu akzeptieren das Andere. Nicht immer ist es leicht anzuerkennen, dass der Punkt erreicht ist, ab dem es nun nicht mehr weitergeht. Ein wertschätzender Umgang mit sich selbst kann dabei unterstützend wirken. Das Kennen der eigenen Ziele, der eigenen Metaziele und der jeweiligen individuellen Prioritäten kann unterstützend dabei wirken. Selbstreflexion kann in diesen Situationen dazu beitragen, diese Punkte zu hinterfragen und gegebenenfalls neu zu ordnen. Dabei kann sich durchaus herausstellen, dass das angestrebte Ziel nicht mehr die Bedeutung hat, die es aus früherer Sicht hatte. Die Erfahrungen und Erkenntnisse, die bei der Verfolgung des aktuellen Zieles gesammelt werden, schaffen die Möglichkeit, einen passenderen Weg einzuschlagen und die Grenzen und den Notstopp nicht als Scheitern, sondern als Reifen zu betrachten. Denn nicht jeder ist dafür geschaffen, um auf den Mond zu fliegen, nicht jeder verfügt über die Konstitution, die Entstehung des Universums zu lösen und nicht jeder ist geboren, um ein Weltfußballer zu werden, auch wenn der Wunsch dafür noch so groß ist.

Grenzen gibt es für jeden Mann und jede Frau. Ziehen wir nochmals das Bild des Fallschirmspringers dazu heran. Der Bereich, an dem die Reißleine zu ziehen ist, liegt für jeden Fallschirmspringer in einer gewissen Bandbreite. Der eine zieht etwas früher, der andere etwas später, doch im Großen und Ganzen sollte nicht zu früh und nicht zu spät der Fallschirm geöffnet werden. Einige versuchen es dennoch und ziehen erst kurz über dem Boden, wie dies gerne Basejumper praktizieren, doch diese Menschen gehen ein enorm hohes Risiko ein. Doch bleiben wir beim klassischen Fallschirmspringer. Wenn nun das Öffnen des Fallschirms bei allen nahezu im gleichen Bereich liegt, wie kommt es dann, dass unterschiedlich lange Zeiten des freien Falls entstehen können. Die Dauer des freien Falls ermöglicht es, Kunststücke oder Figuren durch mehrere Fallschirmspringer zu performen. Es kommt dabei nicht darauf an, wann die Reißleine gezogen wird, sondern vielmehr stehen die Möglichkeiten, den freien Fall zu nutzen, mit der Absprunghöhe in Zusammenhang. Diese muss zunächst erreicht werden, und der Springer muss das Vermögen besitzen, mit den besonderen Bedingungen in den Höhenlagen zurechtzukommen.

Es kommt also darauf an, von welcher Ausgangssituation mit der Umsetzung des Zieles begonnen wird und welche Voraussetzungen dafür bereits vorhanden sind beziehungsweise bis zum Start der Umsetzung aufgebaut wurden. Die individuelle Vergangenheit spielt dabei eine wesentliche Rolle und nicht alle für ein Ziel benötigten Ressourcen können auch tatsächlich aufgebaut werden. Herkunft, Alter, Geschlecht, sozialer Status, Geldvermögen und Gene sind nur wenige der vielen Determinanten, die kaum oder schwer zu beeinflussen sind. Dem gegenüber stehen Faktoren wie Bildung, Kompetenzen oder auch Selbstmanagement, die mit entsprechendem Engagement positiv beeinflusst werden können. Damit kann auch die *Absprung-*

höhe auf das Niveau gebracht werden, das nötig ist, um das Ziel mit höherer Wahrscheinlichkeit zu erreichen.

> **Zusammenfassung**
>
> Das Erkennen der eigenen Grenzen ist ebenso bedeutsam wie das Bestreben, die eigene Komfortzone zu verlassen, um zu wachsen. Dadurch können Situationen vermieden werden, die gesundheits- oder gar lebensgefährdend sind. Selbst Menschen mit hoher mentaler Stärke stoßen früher oder später an jene Grenzen, die nicht überschritten werden dürfen. Das Ziehen der Reißleine und damit verbunden die Beendigung der Zielverfolgung kann sogar als Teil des Zieles angesehen werden. Bedeutsam sind die Betrachtungsweise und die Schlüsse, die aus dem Erkennen der eigenen Grenzen gezogen werden. Durch einen wertschätzenden Umgang mit sich selbst können nicht nur die im ersten Moment entstehenden negativen Emotionen leichter bewältigt werden, sondern vielmehr auch im Zuge einer Reflexionsschleife ein Hinterfragen der gesetzten Ziele auslösen und zu neuen Erkenntnissen und Zielen führen sowie die eigenen Ressourcen stärken, die in weiterer Folge für künftige Ziele eingesetzt werden können.

Literatur

Sky-Divezone (2020) Mythen beim Fallschirmspringen. http://www.sky-divezone.de/pages/fallschirmspringen/mythen.php. Zugegriffen am 06.01.2020

Vonn L (2019). https://instagram.com/lindseyvonn?utm_source=ig_profile_share&igshid=1ozpm0of06453. Zugegriffen am 11.04.2019

Wikipedia (2018) Reißleine. https://de.wikipedia.org/wiki/Reißleine. Zugegriffen am 18.04.2018

14

J – wie Jambo! Rückschläge und Hindernisse willkommen heißen

Inhaltsverzeichnis
Literatur.. 175

Jambo bedeutet auf Suaheli *Hallo*. Ein freundlicher Grüß, der die Touristen in Tansania willkommen heißt. Ein Blick auf Wiktionary (2017) verrät uns allerdings noch weitere Bedeutungen dieses Wortes: Ding, Sache, Angelegenheit, Problem, Streitfrage, Thema, Mühe, Ärger, Schwierigkeit, Staunen, Verwunderung usw. Gerade diese unterschiedlichen Bedeutungen sind es, die dieses Wort *Jambo* so passend für dieses Kapitel macht. Es bedeutet in diesem Sinne nicht nur *Hallo,* sondern vielmehr *Willkommen Herausforderung.*

Gerade wenn Dinge und Unternehmungen detailliert geplant sind und die Anstrengung auf hohem Niveau ist, kann es leicht passieren, dass eine mentale Herausforderung, wie diese ein Rückschlag mit sich bringen kann, nicht leicht zu verkraften ist. Die Gefahr dabei ist, dass negative Gefühle negative Gedanken auslösen und diese zusätzlich an den Energiereserven knabbern. In solchen Situationen *cool* zu bleiben, wie es so schön heißt, ist nicht so leicht, wie es den Anschein hat. Hier kommen neben den Persönlichkeitszügen auch noch die vorhandenen Ressourcen ins Spiel, die man sich im Laufe seines Lebens aufgebaut hat und auf die man dann in derartigen Lagen zurückgreifen kann. Es gibt Situationen, da hat man im jeweiligen Moment kaum oder keine Möglichkeit, die Lage zu verbessern. Es bleibt nichts anderes übrig, als zu akzeptieren, wie es ist, und die aufkommenden negativen Gefühle so rasch wie möglich hinter sich zu lassen und das Beste daraus zu machen. Gelingt es, dabei auch noch positiv in die Zukunft zu blicken, werden die eigenen Ressourcen nicht geschwächt, sondern vielmehr gestärkt.

Während meiner Vorbereitungszeit für den Kilimanjaro habe ich während des Schwimmens im Meer einen stechenden Schmerz in meinem Knie verspürt. Eine körperliche Beeinträchtigung, die mich im Großen und Ganzen im Alltag kaum belastet. Hätte ich nicht die Besteigung des höchsten Berges Afrikas vor Augen gehabt, hätte ich diese Situation ziemlich gelassen hingenommen, da ich wusste, dass mit entsprechenden Übungen ohne Zeitdruck diese mit großer Wahrscheinlichkeit wieder verschwinden wird. Da jedoch die Besteigung des Kili nur wenige Monate bevorstand, habe ich mir über das schmerzende Knie mehr Sorgen gemacht, als nötig waren. Es konnte ja durchaus sein, dass nun ein Band komplett gerissen oder der Meniskus noch weiter beschädigt ist, sodass eine Operation notwendig gewesen wäre. Diese in so kurzer Zeit zu erhalten und danach auch noch so weit zu regenerieren, dass ich mein Abenteuer dennoch in Angriff nehmen konnte, dafür standen die Chancen nicht besonders gut. Da ich jedoch bereits seit vielen Jahren immer wieder Probleme mit meinem Knie habe, habe ich mit der Zeit gelernt, welche Methoden ich einsetzen kann, die Wirkung zeigen. Ressourcen, die ich mir erst aufbauen musste. Diese standen mir nun allerdings zur Verfügung und ich konnte darauf zurückgreifen. Der erste Ärger, die erste Besorgnis, war damit recht schnell überwunden. Ich konnte, nachdem auch die Maßnahmen die erste Wirkung zeigten, wieder positiv auf mein bevorstehendes Abenteuer blicken.

Bei meinem mentalen Rückschlag direkt am Berghang des Kilimanjaro waren die Möglichkeiten weitaus beschränkter. Ich war bereits mitten drin im Abenteuer, die erste Tagesetappe, dem Gipfel entgegen, lag bereits hinter mir, und ich freute mich darauf, meinen Lagerplatz für die Nacht einzurichten. Doch meine Tasche mit meinen Utensilien war nicht mit hochgebracht worden. Diese befand sich noch weiterhin im Hotel. Die Nächte auf dem Berg sind kalt. Die Tage werden von Höhenmeter zu Höhenmeter auch immer kühler, und ohne meine vor allem für die Gipfelnacht benötigte Ausrüstung hätte für mich keine Chance bestanden, die Gipfeltour überhaupt zu beginnen. Ich konnte an der Situation nichts ändern. Das Einzige, das ich vermag zu kontrollieren, zumindest ein wenig, sind meine Gedanken. Und diese konnte ich den hochkommenden Gefühlen entgegenschleudern und damit aufkommende negative Energie von mir abwenden. Eine Ersatzlösung wurde in Zusammenarbeit gefunden, und ich konnte die Nacht überstehen. Meine Grundeinstellung war derart positiv, dass sie zwar durch dieses Ereignis ein wenig getrübt war, aber keineswegs vernichtet. Ich hatte Vertrauen darauf, dass dieses Problem gelöst wird, wenngleich ich selbst zur Lösung nichts beitragen konnte. Doch ich war mir sicher, dass Rudi mit einer Trekkingorganisation unterwegs ist, auf die er sich verlassen kann, und diese wiederum bemüht ist, alles zu versuchen, damit ich meine Ausrüstung so schnell wie möglich erhalten konnte. Es wurde telefoniert, recherchiert, gesucht und letztendlich gefunden, und mein knallgelber Seesack holte mich, getragen von zwei Trägern auf über 3700 Höhenmeter wieder ein. Hätte ich meine Nerven verloren und mich geärgert und mich maßlos darüber beschwert, wie diese Situation entstanden ist, hätte ich vermutlich die anderen Teilnehmer meiner Gruppe mit einer negativen Aura angesteckt, unnötige Energien verprasst und schließlich mir selbst dieses wunderbare Erlebnis vermiest. Doch an der Situation selbst hätte sich dadurch rein gar nichts geändert. So aber blicke ich heute mit einem kleinen Schmunzeln auf dieses Ereignis zurück und bin mir darüber bewusst, wieder eine Ressource aufgebaut zu haben, auf die ich jederzeit zurückgreifen kann, wenn ich sie brauche.

Mit dem Auftreten von Hindernissen und deren subjektiver Interpretation werden Emotionen ausgelöst. Ist der geplante Weg hin zum Ziel mit größeren oder kleineren Steinen versperrt, löst dies im ersten Moment kaum Freude aus. Das Tempo muss reduziert werden, um die Hindernisse und deren Ursachen zu identifizieren. Die Zeit und die aufgewendeten kognitiven Ressourcen, die dafür nötig sind, fehlen in weiterer Folge, um das geplante Ziel im geplanten Tempo erreichen zu können. Der Faktor Stress kommt damit ins Spiel. Wurde bis zum Auftreten des Hindernisses bei der Zielverfolgung ein Tempo gewählt, das bereits dem Maximum entspricht, können die zusätzlich benötigten Faktoren, wie Zeit und Ressourcen, nicht auf dem weiteren Weg kompensiert werden, um das Ziel entsprechend zu erreichen. Stress muss jedoch nicht zwingend ein schlechter Begleiter sein. Aus Sicht der Evolution hat dieser das Überleben des Menschen mit begünstigt, da durch Stress die Reaktionen Flucht, Kampf oder Erstarren ausgelöst werden. Durch die jeweils richtige Wahl der entsprechenden Taktik ist es offensichtlich der Menschheit gelungen, sich gegen die Widrigkeiten der letzten Millionen Jahre zu behaupten. Bis zu einem gewissen Level gilt Stress als aktivierend und leistungsfördernd. Diese Faktoren sind es, die gerade bei der Bewältigung von auftretenden Problemen unterstützend wirken können. Durch diese Aktivierung entfalten die bereits vorhandenen Ressourcen, wie beispielsweise die eigene Problemlösungskompetenz, ihre Stärke. Dabei wird auf die abgespeicherten Erfahrungen zurückgegriffen. Gleichartige oder ähnliche Probleme werden dabei schneller gelöst als solche, die zum ersten Mal auftreten. Die bisher eingesetzten Lösungen müssen zunächst auf ihre Tauglichkeit für die aktuelle Situation überprüft und im Anschluss so weit adaptiert werden, dass eine

Strategie zur Bewältigung der hinderlichen Situation entsteht und eingesetzt werden kann.

Um dies zu verdeutlichen, betrachten wir folgendes Beispiel: Ich komme bei einer Wanderung an einem kleinen Bach vorbei, dieser versperrt mir den Weg. Der Bach wäre seicht genug, um durchzusteigen. Doch dabei würde ich bis über die Knöchel im Wasser versinken. Meine Wanderschuhe würden sich mit Wasser füllen und das weitere Vorankommen beinträchtigen, da dadurch meine Füße aufgeweicht wären und ob der niedrigen Temperaturen auch noch auskühlen würden. Mein erster Gedanke, ich gehe über eine Brücke. Dies wäre die einfachste Lösung des Problems, da dies bisher für mich immer zum Erfolg geführt hat. Ohne weitere Gedanken zu verschwenden würde ich diese Möglichkeit einsetzen und das Problem wäre schnell gelöst. Doch weit und breit ist keine Brücke zu sehen. Ein Problem, wenngleich auch kein großes, aber dennoch: Ein Hindernis versperrt mir den Weg. In diesem Fall ein Bach. Ich überprüfe nun, wie ich bisher mit derartigen Situationen umgegangen bin. Eine Möglichkeit wäre, ich springe über den Bach. Doch nach meiner Erfahrung schaffe ich den Satz von knapp drei Metern nicht. Das Ergebnis wäre wieder das gleiche, als wenn ich gleich durchgehen würde – nämlich nasse Füße. Mein nächster Gedanke erinnert mich an eine Situation aus meiner Kindheit. Damals habe ich Steine ins Wasser geworfen und dabei festgestellt, dass diese, wenn sie groß genug sind, nicht weggespült werden, sondern das Wasser verdrängen, und ich kann sogar darauf steigen, ohne dass ich nasse Füße bekomme. Diese Erinnerung bringt mich auf die Idee, mehrere Steine nacheinander in den Bach zu werfen, sodass ein kleiner Treppelweg entsteht, auf dem ich dann von Stein zu Stein in großen Schritten über den Bach steigen kann. Dadurch wird es mir ermöglicht, den Bach zu überqueren, ohne dass ich nasse Füße bekomme. Ich entscheide mich für diese Möglichkeit und beginne, Steine zu sammeln und diese in den Bach zu werfen. Die Steine sind jedoch nicht groß genug, um das Wasser komplett zu verdrängen. Ich werfe weitere Steine auf die gleiche Stelle, sodass diese einen kleinen Hügel im Bachbett bilden. Damit gelingt es mir, das Wasser so weit zu verdrängen, dass der letzte Stein bereits im Trockenen ist. Der erste Schritt über den Bach scheint damit gesichert zu sein. Doch ich benötige noch einen weiteren. Ich finde in der Umgebung jedoch keine Steine mehr, die für mein Vorhaben geeignet sind. Das Problem ist damit also noch nicht gelöst. Ich suche in meinen Erinnerungen nach weiteren Möglichkeiten, die ich für die Lösung einsetzen könnte. Dabei stoße ich auf den Gedanken, wie ich mich als Kind beim Skifahren beim Losfahren gerne so mit den Stöcken abgestoßen habe, wie dies meine Idole im Fernsehen beim Start eines Skirennens getan haben. Wenn man diese Bewegung kräftig genug ausführt, gelingt es, dass man mitsamt den Skiern für kurze Zeit vom Schnee abhebt und ein kleines Stück der Piste durch diese Hebelwirkung überspringt. Diese Erinnerung bringt mich in weiterer Folge für die Lösung meines aktuellen Problems auf die Idee, meine Wanderstöcke einzusetzen. Wenn ich diese, nachdem ich auf meinem ersten *Step* im Bachbett stehe, vor mir ins Wasser des Baches ramme und ich mit meinem Körper Schwung hole, sollte der noch restliche Weg über das Wasser zu überwinden sein. Und tatsächlich gelingt es mir aus der Kombination von Steinen ins Wasser werfen und Stockspringen trockenen Fußes über den Bach zu kommen, und ich kann meine Wanderung auf dem geplanten Weg und trockenen Fußes fortsetzen. Bei der Lösung dieses Problems habe ich auf meine Ressourcen zurückgegriffen, mir in Erinnerung gerufen, wie ich mit ähnlichen Situationen bereits umgegangen bin, und zusätzlich meine Erfahrungen, die ich anderorts gesammelt habe, für diese Lösung einsetzen können. Das Hindernis, der vor mir liegende Bach, hat meine Gedanken aktiviert, um dieses Problem zu lösen. Da dieser kleine Rückschlag nur mäßig Stress ausgelöst hat, weil ich bis zum Zeitpunkt der Problemerkennung mit maßvollem Tempo unterwegs war, konnte ich in Ruhe auf meine Ressourcen zurückgreifen und eine geeignete Lösung finden und diese umsetzen.

Die Lösung klingt nahezu banal, und es scheint fast selbstverständlich, dass durch eine derartige Situation nur wenig Stress ausgelöst wird. Doch Stress ist auch situativ bedingt. Wäre diese Situation bei einer Wanderung entstanden, als mein Kind erst zwei Jahre alt war, wäre diese Lösung nicht anwendbar gewesen, da weder mein Sohn mit diesem Alter in der Lage gewesen wäre, selbst die Wanderstöcke entsprechend einzusetzen, noch hätte ich ihn mit meinen Armen halten und so den Satz über den Bach schaffen können. In einer derartigen Situation wäre meine persönliche Stressbelastung deutlich höher.

Wird das Höchstmaß an Stressbelastung, dieses ist von Mensch zu Mensch sehr unterschiedlich, jedoch überschritten, nehmen die förderlichen Faktoren rapide ab. Hindernisse erscheinen dann als nahezu unüberwindbar. Eine daraus resultierende destruktive Denkweise kann in Folge sogar dazu führen, dass das angestrebte Ziel deaktiviert wird. Ein schaler Beigeschmack des Scheiterns kann in so einem Fall zurückbleiben. Doch das muss nicht zwingend so sein. Gerade aus der Welt des Sports kann gelernt werden. Der Rückschlag, das Nichtgewinnen, ist Teil des sportlichen Lebens und birgt die Chance, daraus zu lernen und sich zu verbessern. Bekanntlich ist es nicht so bedeutend, wie oft man hinfällt, sondern wie oft man wieder aufsteht. Eine Aussage, die auch in der Managementliteratur des Öfteren zu finden ist (Buchenau und Hofmann 2012). In der Fachliteratur wird dies mit Resilienz beschrieben. Damit ist die psychische Widerstandsfähigkeit gemeint, um nach einem Misserfolg und nach Abklingen der ersten Emotionen aus dem Erlebten zu lernen und gestärkt daraus hervorzugehen. Diese mentale Stärke ist nicht angeboren, doch sie kann entwickelt und optimiert werden. Selbstbewusstsein, Kontaktfreudigkeit, Optimismus, Realitätssinn, Handlungskontrolle und analytische Stärke sind die Kernthemen, um seine Resilienz zu fördern. Dabei wird intensiv mit inneren Bildern gearbeitet und der Fokus auf die eigenen Stärken gelegt, die zielgerichtet eingesetzt werden können. Gerade Sportler haben zu Rückschlägen eine positive Einstellung und ziehen daraus die Energie, um sich zu verbessern und erfolgreicher zu werden. Sie lassen sich nicht entmutigen und starten gestärkt einen neuen Versuch, wie beispielsweise der Mann, der den Pazifik innerhalb von sechs Monaten durchschwimmen möchte. Sieben Jahre Training sind vorausgegangen, um sich für die 9000 Kilometer lange Schwimmstrecke vorzubereiten. Benoît Lecomte, der schon als Erster den Atlantik schwimmend überquerte, musste im Jahr 2018 seinen ersten Versuch im Pazifik am 47. Tag abbrechen, nachdem zwei Taifune seine Pläne durchkreuzten. Doch dieser Rückschlag lässt ihn nicht entmutigen. Er wird es wieder versuchen, um diese Sensation zu schaffen (Vachova 2018).

Ein Rückschlag bei der Zielverfolgung kann aber auch als willkommener Anlass betrachtet werden, das aktivierte Ziel und die dahinter liegende Motivation erneut zu überprüfen, da starke Emotionen, wie Angst und Ärger, nach Hans-Georg Häusel Indizien dafür sind, dass eine Person ihren limbischen Kurs verlassen hat. Zunächst gilt es, die hochkommenden, zumeist negativen Gefühle zu überwinden und hinter sich zu lassen. Bekanntlich verfliegt der erste Ärger recht bald, und ein wertschätzender Kontakt zu sich selbst kann wieder stattfinden. Dabei gilt es zu überprüfen, ob neben den kurzfristigen Reaktionen der eigenen Seele auch noch tiefer liegende Emotionen vorhanden sind, denen man selbst, möglicherweise bis zum Auftreten des Hindernisses, zu wenig Bedeutung beigemessen hat. Es kann sich durchaus bei der Verfolgung eines Ziels herausstellen, dass der Weg zunehmend von dem abweicht, was man ursprünglich damit erreichen wollte. Dabei gilt es zu hinterfragen, welches übergeordnete Ziel, also das weiter oben beschriebene Metaziel, mit dem aktuell verfolgten Ziel erreicht werden soll. Die Erkenntnis daraus kann geradewegs ernüchternd sein. Es kann sich dabei sogar herausstellen, dass mit dem aktuellen Ziel zwar ein gewisser Beitrag zur Erreichung eines Metazieles erfolgen kann, aber aufgrund des Hindernisses und der bei der Umsetzung laufend gesammelten Kognitionen das aktuelle Ziel sogar anderen bedeutenderen Zielen widerspricht. Ob in derartigen Fällen auf dem aktuellen Weg weitergegangen oder möglicherweise das Ziel abgeändert oder gar deaktiviert werden soll, obliegt jedem selbst.

Die Entscheidung, das Ziel zu deaktivieren und andere passendere Ziele zu definieren, kann schwierig sein und ist oft auch damit verbunden, anderen

Menschen diesbezüglich Rede und Antwort zu stehen. Ein weiterer Faktor, der damit ins Spiel kommt. Es gibt nur wenige, die ein Scheitern gerne eingestehen – weder vor sich selbst noch vor anderen. Doch die Deaktivierung des Zieles muss keinesfalls als solche betrachtet werden, sondern kann vielmehr die Erkenntnis bringen, dass der eingeschlagene Weg aus früherer Sicht passend war, doch im Laufe der Zeit, durch die Gewinnung an Informationen, dies in der Gegenwart nicht mehr gegeben ist. Auf den gemachten Erfahrungen kann in der Zukunft aufgebaut werden, und diese stehen bei der Verfolgung von neuen und attraktiveren Zielen zur Verfügung.

Die Gefahren, die eine derartige Entscheidung beeinflussen können, liegen auch darin begraben, dass Menschen beispielsweise dem Outcome Bias und dem Sunk-Cost-Effekt unterliegen. Demnach tendieren wir beim Outcome Bias oder Ergebnisfehler dazu, dass wir Entscheidungen danach beurteilen, welche Folgen diese hatten und nicht aufgrund der Bedingungen, unter denen sie getroffen wurden. Der Sunk-Cost-Effekt besagt, dass wir die bereits in ein Projekt investierten Kosten bei einer Entscheidung mitberücksichtigen und weiter an etwas festhalten, das, wenngleich Kosten entstanden sind und diese nicht mehr rückgängig gemacht werden können, rational betrachtet, einzustellen wäre (Kahnemann 2015). Es erfordert Kraft und Mut, ein Ziel einzustellen, wenn festgestellt wird, dass dieses nicht beziehungsweise nicht mehr stimmig ist. Doch diese Anstrengungen sind im Vergleich zu der Energie deutlich geringer, die einerseits für die Überwindung des Hindernisses benötigt wird und andererseits die verlorene Zeit aufzuholen und möglicherweise sogar verbrannte Erde wieder fruchtbar zu machen.

Wird hingegen mit der Erreichung des Ziels, bei dessen Verfolgung man gerade auf ein Problem gestoßen ist, eine bedeutende Basis für das darüber liegende Ziel geschaffen und die Wertigkeit als so hoch eingestuft, dass sich die Mühen zur Überwindung des Hindernisses lohnen, ist es unumgänglich, die eigene Problemlösungskompetenz einzusetzen, um einen Weg aus der Misere herauszufinden, diese zu umgehen oder doch noch einen Weg hindurch zu finden. Ein derartiger Weg ist unter Umständen ein schwieriger und kann sehr lange dauern, wie das Beispiel Tiger Woods zeigt. Die Ikone des Golfsports hat es geschafft, nach zahlreichen Rückschlägen und negativen Medienberichten zu seiner Person ein sensationelles Comeback mit dem Sieg beim US-Golf-Masters in Augusta im Jahr 2019 zu erreichen. Georg Hafner, ein Sportpsychologe, streicht dazu bei einem Interview die Bedeutung der Krise als Chance hervor. Die Zeit der verletzungsbedingten körperlichen Einschränkung kann ein Sportler für mentales Aufbautraining nutzen und dadurch sogar gestärkt aus der Situation hervortreten (Patsalidis et al. 2019).

Probleme, die im Zuge der Verfolgung eines Ziels auftreten, sind kaum planbar. Dennoch kann es gelingen, seine mentale Verfassung bereits in der Planungsphase darauf zu trainieren, um mit Schwierigkeiten, wenn sie bei der Umsetzung auftreten, gekonnt umgehen zu können. Eine Methode, die ich hier aufgreifen möchte, ist jene des mentalen Kontrastierens von Gabriele Oettingen (2014). Neben den Träumen und Wünschen, die wir verwirklichen wollen, wird dabei den inneren Hindernissen, die uns von der Realisierung abhalten, entsprechend Platz eingeräumt. Diese Hindernisse werden in der Planung betrachtet und mögliche Handlungsalternativen gedanklich durchgespielt, um diese, sofern sie zu einem späteren Zeitpunkt entstehen, überwinden zu können und weiter in der Zielverfolgung voranzukommen. Die wissenschaftliche Methode, die hinter dem mentalen Kontrastieren steht, wird WOOP genannt. Es handelt sich dabei um ein Akronym, das für Wish, Outcome, Obstacle, Plan steht. Also übersetzt: Wunsch, Ergebnis, Hindernis, Plan. Damit soll es gelingen, nicht nur zielgerichteter, sondern auch energiereicher zu agieren. Zunächst wird der Wunsch, der erfüllt werden möchte, formuliert und das Ergebnis, das damit erreicht werden soll, konkretisiert. Positive Fantasien über Wunschvorstellungen, die möglichst in Verbindung mit früheren Erfahrungen stehen, liefern bedeutende Informationen darüber, welches Ziel das passende für die eigene Person ist und welcher Weg dafür eingeschlagen werden soll. Doch allein die Vorstellung von positiven Fantasien bringt uns nicht zum Ziel. Es gilt, durch mentales Kontrastieren eine Verknüpfung zwischen Zukunft und Realität herzustellen. Dabei wird nicht nur ausschließlich das Zielbild vor Augen geführt, sondern es werden auch mögliche Hindernisse, Schwierigkeiten und Risiken mit betrachtet, die bei der Verfolgung des Zieles auftreten können. Sind diese Gegebenheiten evaluiert, ist der nächste Schritt, diese zu analysieren. Neben der Betrachtung der Eintrittswahrscheinlichkeit des hinderlichen Ereignisses (diese muss keineswegs genau berechnet werden – der logische Hausverstand sagt uns bereits, dass beispielsweise das Risiko, in Afrika an Malaria zu erkranken, deutlich höher ist, als von einem Löwen gefressen zu werden) werden die potenziellen Probleme dahingehend analysiert, wie im Eintrittsfall am besten damit umgegangen werden kann. Durch diese gedankliche Auseinandersetzung können mögliche Szenarien durchgegangen werden, um eine passende Lösung für das jeweilige Problem zu finden. Im Falle des Eintritts des Problems während der Umsetzungsphase kann richtig darauf reagiert werden, und damit können ungünstige Entscheidungen vermieden werden. Durch das mentale Kontrastieren wird einerseits der Plan zur Zielerreichung detaillierter und die Wahrscheinlichkeit der Erreichung des Zieles wird erhöht, und andererseits können damit unrealistische Wünsche, die von der einzelnen Person nicht erreichbar sind, deaktiviert werden.

Die Erwartungshaltung, dass ein Problem bewältigbar ist, hilft bereits, dieses tatsächlich auch zu lösen. Menschen, die an sich und an ihre Stärke glauben, mit Schwierigkeiten gut umgehen zu können, verfügen über eine hohe Selbstwirksamkeit. Sie führen die Ursachen für Probleme eher auf äußere Umstände als auf sich selbst zurück. Ihr Selbstwertgefühl bleibt dadurch stabiler. Selbstbewusstsein entsteht und stärkt die psychische Widerstandsfähigkeit. Diese Resilienz, die bei jeder Person aufgrund zahlreicher individueller Faktoren, wie beispielsweise Genetik, Persönlichkeit, soziale Beziehungen oder kognitive Kompetenzen, unterschiedlich ausgeprägt ist, ermöglicht es, Probleme, die Stress erzeugen, durch das Vertrauen in die eigene Lösungskompetenz subjektiv als weniger belastend wahrzunehmen. Dadurch entsteht die Möglichkeit, Schwierigkeiten mehr als Herausforderungen zu betrachten und die negative Erscheinung abzuschwächen (Berndt 2016). Csikszentmihalyi (2017) postuliert, dass einer der wichtigsten Charakterzüge für den Erfolg und die Freude am Bestreben, ein Ziel zu erreichen, die Fähigkeit ist, trotz Rückschlägen und auftretenden Hindernissen weiterzumachen. Dies kann entwickelt werden, indem Gefühle und Gedanken kontrolliert werden, um damit Ordnung im Bewusstsein zu schaffen.

> **Zusammenfassung**
>
> Durch Rückschläge und Hindernisse, die im Zuge der Verfolgung von Zielen auftreten können, kann eine mentale Herausforderung entstehen. Sowohl die individuell unterschiedlich ausgeprägten Persönlichkeitsmerkmale als auch die persönlichen Ressourcen weisen eine hohe Bedeutung auf, wie mit Rückschlägen umgegangen wird. Wird durch auftretende Rückschläge die maximale Stressbelastbarkeit überschritten, kann es zu einer Deaktivierung des Zieles kommen. Die psychische Widerstandskraft kann aktiv entwickelt und gefördert werden. Der Fokus dabei wird auf die eigenen Stärken gelegt. Mit einer positiven Betrachtungsweise eines Rückschlags wie beispielsweise, dass dieser ein willkommener Anlass ist, seine Ziele und seine Motivation zu überprüfen, kann es gelingen, aus einem Rückschlag gestärkt hervorzugehen. Bereits in der Planungsphase eines Zieles können möglich auftretende Rückschläge und Hindernisse identifiziert und Bewältigungsstrategien geschaffen werden.

Literatur

Berndt C (2016) Resilienz. Das Geheimnis der psychischen Widerstandskraft. Was uns stark macht gegen Stress, Depressionen und Burn-out. dtv Verlagsgesellschaft, München

Buchenau P, Hofmann A (2012) Die Peformer-Methode. Gesunde Leistungssteigerung durch ganzheitliche Führung. Gabler, Wiesbaden

Csikszentmihalyi M (2017) Flow. Das Geheimnis des Glücks. Cotta'sche Buchhandlung, Stuttgart
Kahnemann D (2015) Schnelles Denken, Langsames Denken. Siedler, München
Oettingen G (2014) Die Psychologie des Gelingens. Pattloch, München
Patsalidis A, Strecha A, Mauritz E (2019) Comeback der Emotionen. Tageszeitung Kurier vom 16. April 2019, S 22. Kurier Zeitungsverlag, Wien
Vachova M (2018) Stark trotz Rückschlag: Aus Niederlagen lernen. Job Kurier vom 11. August 2018, Wien, S 20. Kurier Zeitungsverlag, Wien
Wiktionary (2017) Jambo. https://de.wiktionary.org/wiki/jambo. Zugegriffen am 25.03.2019

15

A – wie Alles & Nichts

Inhaltsverzeichnis
Literatur... 182

Wie kann etwas alles bedeuten und zugleich auch nichts? Die Tage nach meiner Rückkehr aus Afrika waren geprägt von Erholung und einem zutiefst zufriedenen Gefühl. Nicht nur weil ich das Glück hatte, auf dem Gipfel gestanden haben zu dürfen, sondern auch deshalb, weil diese Reise, so wie sie war, auch eine Reise zu mir selbst war. Geprägt von hohen körperlichen Anstrengungen und mentalen Herausforderungen, genährt von Glücksmomenten und einem Schatz an Erfahrungen im Gepäck. Diesen Schatz galt es, schön langsam, Stück für Stück zu ergründen.

Mein inneres Bild einer Schatzkiste ist zugegebenermaßen stark beeinflusst von Abenteuer- und Piratengeschichten, die ich seit meinen Kindertagen liebend gerne in Form von Filmen genieße. Ferne Länder, inszeniert in farbenprächtigen Bildern und fremden Kulturen, unwegsames Gelände, endloses Meer und einsame Inseln. Erloschene Vulkane werden gerne als Herberge einer Truhe voll Gold herangezogen. Die Eingänge zu den Verstecken sind verwinkelt, und unheimliche Tücken lauern auf jene, die sich heranwagen, den Schatz zu bergen. Rätsel sind zu lösen, und nur diejenigen, die reinen Herzens sind, sind die Auserwählten, die den Schatz, verschlossen in einer kunstvoll verzierten Kiste aus Ebenholz, schlussendlich ihr Eigen nennen dürfen. Unermessliche Reichtümer sind darin verborgen und versprechen den unerschrockenen Abenteurern Ruhm und Ehre.

Die Schatzkiste, die ich von meinem *Vulkan der Abenteuer* mitnehmen durfte, war keineswegs aus Holz oder mit schweren Schlössern versiegelt. Ich war mir dessen auch gar nicht bewusst, dass ich überhaupt einen Schatz mitnehmen durfte, zumindest nicht am Tag der Heimreise. Zu ausgelaugt war mein Körper, zu müde mein Kopf, um das Erlebnis zu analysieren. Doch es dauerte nicht lange, und ich begann, mir diese Reise immer wieder gedanklich in Erinnerung zu rufen. Die Bilder sind deutlich und klar. Die Gefühle, die dabei entstehen, ebenso. Als ob ich die Reise in Einzelsequenzen immer wieder erleben darf. Ohne Ankündigung steigt ein angenehmes Gefühl des Glücks in mir hoch und mit diesem einhergehend auch die Bilder, die dazu gespeichert sind. Dabei stellt sich auch die Frage, wie es möglich sein konnte, dass ich oben angekommen bin. Was war der ausschlaggebende Grund? War es rein meine physische Konstitution? Zum Teil gewiss! Doch was war der entscheidende Funke, falls es den überhaupt gab. Und dabei ist mir die schlaflose Nacht auf der Horomobo-Hütte in den Sinn gekommen. Ich durchlebte diese Nacht noch einmal. Wach. Hellwach. Ich wusste auf dem Berg in dieser Nacht, dass mein Körper Erholung und vor allem Schlaf benötigt, um die bevorstehenden Anstrengungen zu überwinden. Doch Schlaf stellte sich nicht ein. Wieder war für einen flüchtigen Moment der Gedanke da, dass ich ohne Schlaf nicht hochkommen würde. Ich hatte mich für diese Besteigung gut ein Jahr vor dem tatsächlichen Start begonnen vorzubereiten, und jetzt konnte ich nicht schlafen. Konnte es wirklich sein, dass das, was mir so viel während der ganzen Vorbereitungszeit bedeutet hatte, jetzt wegen Schlafmangels verwehrt bleiben würde? Dieser Berg hatte doch alles bedeutet! Und jetzt das! Musste ich mich von meinem Traum verabschieden? Fragen über Fragen, die ich zu diesem Zeitpunkt nicht beantworten konnte. Am allerwenigsten die Frage, warum ich trotz der nur noch geringen Chancen, auf den Gipfel zu kommen, immer noch so ruhig und gelassen war. Ja fast mit einem Lächeln quittierte ich diese Tatsache. Hatte der Berg seine Faszination gerade in diesem Moment für mich verloren? War es mir plötzlich nicht mehr so wichtig, nach oben zu kommen? Doch das war es mit Sicherheit nicht. Nicht der Funke eines Gedanken, das Unternehmen abzubrechen, nicht weiterzugehen, stehen zu bleiben. Nein! Ganz im Gegenteil: weitergehen, immer weitergehen – so weit ich konnte, und wenn ich den Gipfel erreiche, bevor meine Kraft zu Ende ist, umso besser. Zu diesem Zeitpunkt hat mir der Berg alles bedeutet, ich war fast eins mit ihm, ein Teil von ihm, ein Mensch, der genau zu diesem Zeitpunkt an diese Stelle gehört, ich wollte mit jeder Faser meines Seins im Hier und Jetzt sein – und war es auch! So ambivalent diese Begebenheit klingen mag, so wenig widersprüchlich hat es sich angefühlt. Es war ein neues, bis zu diesem Zeitpunkt noch nie erlebtes Gefühl – ein sowohl als auch im selben Augenblick.

Und eben in diesem Moment das zeitgleiche Gefühl, dass der Berg auch nichts bedeutet. Er ist einfach ein Berg. Ich bin hier – und er ist hier. Ein Objekt und ein Subjekt zufällig zur selben Zeit am selben Ort. Es hatte keine Bedeutung, weder für mich noch für sonst jemandem, ob ich weitergehe, stehenbleibe oder wieder umkehre. Es war vollkommen gleichgültig, ob ich es schaffe oder nicht. Ich war niemandem Rechenschaft schuldig, hab niemandem irgendetwas versprochen, und Ruhm und Anerkennung waren nie die Treiber meiner Unternehmung. Ich war einzig und allein mir selbst verpflichtet und mit mir war ich im Reinen. Ich hatte schon öfter das Erlebnis, dass eine Sache alles bedeutet, und genauso, dass eine Sache nichts bedeutet. Ich hatte schon das Gefühl, dass eine Sache das Höchste ist, das ich erstreben möchte, und wenn ich darüber nachgedacht habe und etwas Zeit vergangen war, die Bedeutung verloren hat und sogar so weit abgeschwächt wurde, dass dies ins Bedeutungslose versunken ist. Und ebenso umgekehrt. Eine Sache hatte lange Zeit nichts bedeutet und wurde im Laufe der Zeit immer wichtiger in meinem Leben, bis sie alles bedeutet hat. Doch noch nie hatte ich das Erlebnis, dass etwas alles und im selben Moment nichts bedeutet hat. Das Besondere daran war, so paradox dies klingen mag, dass dies keinen Widerspruch für mich dargestellt hat, sondern vielmehr eine absolut neue und tiefgreifende Erkenntnis für mich. Und dieses tief in mir liegende Gefühl, diese Besonderheit, hatte die Kraft, alles Müssen, Dürfen und Wollen zu beseitigen. Keine Last lag auf meinen Schultern, weil ich dies schaffen musste. Keine Treiber, die mich anfeuerten, den Berg hochzugehen, um eine Mission zu erfüllen, keine Bremser, die mir ins Gewissen redeten. Ich war zu diesem kurzen Augenblick einfach nur ich, derjenige, der tief in meinem Inneren steckt. Dieser Zustand setzte innere Hebel in Gang, und positive Energie durchströmte meinen Körper und meinen Geist. Diese Energie war es, die mich am nächsten Tag weitergehen ließ, die trotz mangelnden Schlafes meinen Körper auf den Beinen trug und mich in der darauffolgenden Nacht in Eiseskälte aufbrechen ließ, um den Gipfel des Kilimanjaro zu besteigen.

Dieser Schatz, den ich aus meiner Schatzkiste geborgen habe, war nicht leicht zu finden. Er hatte sich versteckt in einer der vielen Laden der Kiste – doch letztendlich ist es gelungen. Wenige Tage nach meiner Rückkehr beginne ich zu schreiben. Ich halte meine Gedanken, die plötzlich sprudeln wie Wasser aus einer Bergquelle, fest. Wie von allein formen sich die Sätze, die jene Besonderheit von Alles & Nichts festhalten sollen. All die Gedanken, all die Fragmente der Einzelheiten finden einen gemeinsamen Nenner, verknüpfen sich und halten dieses faszinierende Erlebnis fest. Ein Schatz ist geborgen. Und bei dessen Betrachtung erscheint vieles deutlicher, schärfer und klarer.

Vieles bekommt dadurch, aus nachträglicher Sicht, einen noch tieferen Sinn. War dies der Schlüssel für mein persönliches Erfolgsgeheimnis, dass ich auf dem Gipfel des höchsten Berges Afrikas stehen durfte? Vielleicht! Doch es war noch viel mehr. Ein Blick durch das Schlüsselloch der Tür dieser Erkenntnis. Und dieser Blick hat mich neugierig gemacht, hält mich fest und lässt mich nicht wieder los. Neue Fragen entstehen. Verbirgt sich noch mehr dahinter? Kann diese Strategie auch auf andere Bereiche des Lebens angewendet werden? Und wenn ja, wie?

Meiner Meinung nach lautet die Antwort: Ja. Dieses Prinzip kann nicht nur für die Besteigung des Kilimanjaro herangezogen werden, sondern durchaus auch im Alltag. Denn die Anwendung dieses Prinzips kann zur Reduktion des Drucks beitragen, den sich Menschen auch gerne selbst aufbürden. Der Geist unserer Zeit bringt es mit sich, dass sowohl Erwachsene wie auch Kinder und Jugendliche deutlich mehr gefordert sind als noch vor wenigen Jahrzehnten. Die zunehmenden Anforderungen in Schulen und im Alltag erhöhen den Leistungsdruck, die freie Zeit wird immer mehr verplant, und die Informationen strömen flutartig tagtäglich ein. Ein Gefühl der Überforderung wird zu einem ständigen Begleiter des Lebens. Und gerade bei jungen Menschen bleibt am Ende des Tages weniger Freizeit und Zeit für Muße, wie Medien berichten (Mauritz 2018).

Doch dies bedeutet keineswegs, Ziele nicht konsequent zu verfolgen oder gar keine Ziele zu definieren. Erst wenn wir aus freien Stücken ein Ziel in Angriff nehmen und uns in dieses mit vollster Hingabe hineinversetzen, werden alle damit in Verbindung stehenden Tätigkeiten erfreulich. Dadurch kann es gelingen, in einen Flow-Zustand zu kommen und den Weg hin zur Zielerreichung als Teil des Zieles zu betrachten. Der Fokus auf das Ziel erhöht die Aufmerksamkeit für die Selektion von hilfreichen oder störenden Informationen, die unsere Ziele beeinflussen. Der Fluss der psychischen Energie kann dadurch unterstützt oder gestört werden und bewirkt den Einklang mit dem eigenen Selbst (Csikszentmihalyi 2017).

Ziele stehen gerne in Konkurrenz mit anderen Zielen (Weber 2003). Dies bedeutet, dass bei der Verfolgung eines Zieles nicht ausschließlich sämtliche Energie, Gedanken und Gefühle auf das eine Ziel gerichtet sind. Menschen und Unternehmen verfolgen in einer bestimmten Zeitspanne mehrere Ziele gleichzeitig. Bedeutend ist es, wie viele Ressourcen für das jeweilige Ziel zur Verfügung gestellt werden. So kann es durchaus vorkommen, dass je bedeutender das Ziel von einer Person bewertet wird, mehr Leistung und Energie aufgebracht wird, als Ressourcen dafür zur Verfügung stehen sollten. Dies kann sich dadurch bemerkbar machen, dass Stress entsteht und die Freude an der Tätigkeit abnimmt. Der selbstauferlegte Druck nimmt zu und kann zu einem Teufelskreis und gesundheitlichen Problemen wie Burnout führen, sofern der richtige Zeitpunkt nicht erkannt wird, um die eigenen Gedankenmuster zu überprüfen und entsprechende Maßnahmen zu setzen.

Während meiner Vorbereitung auf die Besteigung des Kilimanjaro habe ich durch genaues Hinhören auf meine innere Stimme diesen Moment rechtzeitig erkannt und die Maßnahme gesetzt, dass nicht der Gipfel das Ziel ist, sondern vielmehr die gesamte Reise mitsamt der Vorbereitung. Eine für mich sehr entscheidende Umdeutung meines Zieles. Dadurch ist eine spürbare mentale Entlastung und Leichtigkeit entstanden, die mich wieder zurück auf den Weg gebracht hat, um die Zeit, die ich für die Planung, Vorbereitung und Umsetzung aufgewendet habe, als sinnvoll zu erleben und mit Glücksmomenten zu füllen.

Doch diese notwendige – nennen wir es – *Druckreduktion* zu erkennen, ist nicht einfach. Denn das Ziel und dessen Erreichung ist für den Einzelnen von hoher Bedeutung, und dementsprechend viel Kraft, Fokussierung und Durchhaltevermögen müssen aufgebracht werden, um das Ziel zu erreichen. Die Kunst dabei ist, zu erkennen, wann Freude und Leidenschaft den schmalen Grat des höchsten Leistungsniveaus überschreiten und eine Art Zwang oder Verbissenheit entsteht und positive Gefühle in negative umschlagen. Vergleichbar mit einer Welle im Meer, die sich immer höher auftürmt, bis sie letztendlich bricht. Und dieser Moment, genau genommen jener kurz vor dem Brechen, ist jener, der Alles & Nichts bedeutet. Denn die Energie entlädt sich beim Brechen und verläuft sprichwörtlich im Sand. Kurz davor ist der höchste Punkt der Leistung, die mit Freude am Tun verbunden ist. Um auf dieser *Welle der eigenen positiven Energien* zu reiten – um bei diesem Bild zu bleiben –, bedarf es des Feingefühls für das eigene Selbst. Denn nicht für jeden ist der Punkt an der gleichen Stelle. Genaues Hinhören auf die Zeichen, die Körper und Geist senden, und das Setzen von entsprechenden Maßnahmen, wie Änderung der Einstellungen, Veränderung der Zieldefinition und Hinterfragen der eigenen Ziele und Metaziele und die dadurch entstehenden Handlungsalternativen, um nur einige Möglichkeiten zu nennen, können Druck und damit verbunden Leistungshemmer reduzieren, und ein Bereich einer optimalen und freudvollen Leistungsbereitschaft kann wieder erreicht werden.

Dieser schmale Grat ist es, der in meiner bewussten Wahrnehmung in der Nacht auf der Horombo-Hütte auf dem Kilimanjaro das Gefühl von Alles & Nichts erzeugt und bei mir eine innere Ruhe und Zufriedenheit bewirkt hat und gleichzeitig so viel physische und psychische Kraft zur Verfügung gestellt hat, um bald darauf von 5895 Meter Seehöhe auf Afrika blicken zu dürfen.

> **Zusammenfassung**
>
> Ein Ziel muss alles bedeuten und gleichzeitig auch nichts. Gerade durch diese Widersprüchlichkeit bleibt der Fokus auf dem Ziel und den einzelnen Zwischenschritten, um das Ziel mit hoher Wahrscheinlichkeit zu erreichen. Wenn ein Ziel alles bedeutet, werden Ablenkungen, die der Zielverfolgung nicht dienlich sind, reduziert, und hilfreiche Informationen können den selektiven Wahrnehmungsfilter leichter passieren. Es kann sich ein Flow-Erlebnis während der Zielverfolgung einstellen. Damit wird nicht nur das Ziel selbst, sondern auch bereits der Weg dorthin als zufriedenstellend und erfüllend erlebt. Durch die gleichzeitige Betrachtung, dass ein Ziel auch nichts bedeutet, werden andere, für die eigene Person wichtige Ziele nicht verdrängt, und ausreichende Energiereserven können dafür zur Verfügung gestellt werden. Darüber hinaus wird der selbst auferlegte Druck, unbedingt ein Ziel zu erreichen, auf ein verträgliches Niveau gesenkt.

Literatur

Csikszentmihalyi M (2017) Flow. Das Geheimnis des Glücks. Cotta'sche Buchhandlung, Stuttgart

Mauritz E (2018) Allergien und Diabetes: Kinder haben andere Leiden als früher. Tageszeitung Kurier vom 7. Oktober 2018, S 30–31. Kurier Zeitungsverlag, Wien

Weber W (2003) Einführung in die Betriebswirtschaftslehre. Gabler, Wiesbaden

16

R – wie Reserveenergien freisetzen

Inhaltsverzeichnis
Literatur... 188

Eine entscheidende Phase bei der Zielverfolgung ist jene, in der das Maß der Anstrengungen noch weiter erhöht werden muss, um das Ziel erreichen zu können. Bei der Besteigung des Kilimanjaro beispielsweise ist dies der Tag, beziehungsweise die Nacht, in der zum Gipfel aufgebrochen wird. Tage voller kräfteraubender Aktivitäten liegen bereits hinter jenen, die sich auf den Weg zum Uhuru Peak machen. Der niedrige Sauerstoffgehalt fordert seinen Tribut, Bewegungen werden immer mühsamer und langsamer, und die körperlichen Beschwerden nehmen zu. Dennoch wird der Gipfeltag gegen Mitternacht eingeläutet. Müde schlüpft man aus dem wärmenden Schlafsack, schichtweise wird die Kleidung übergestülpt und zur Stärkung Tee getrunken und eine Kleinigkeit gegessen, bevor man in die klirrende Nacht hinausgeht, um sich den Weg weiter nach oben zu bahnen. Noch einmal müssen Energien freigemacht werden, um das Unterfangen zu bewältigen. Dies ist der Moment, wenn die Reserveenergien freigesetzt werden müssen. Sowohl mental als auch körperlich. Stehen diese nicht mehr zur Verfügung, wird der härteste Tag dieses Abenteuers nicht nur zur unerträglichen Qual, sondern auch unmöglich.

Hier ist nicht die Sprache von den eigenen Leistungsgrenzen, die gerade in diesen Höhenlagen dringend zu berücksichtigen sind. Denn sendet der Körper klare Zeichen, dass er sich noch nicht an die Höhe angepasst, also akklimatisiert hat, ist ein Weitergehen lebensgefährlich. Dies ist zu differenzieren von den bis zu diesem Punkt verbrauchten Ressourcen. Es bedarf eines guten Kontakts mit sich selbst und auch Mut, diese bedrohlichen Zeichen für die eigene Gesundheit wahrzunehmen und die entsprechende Entscheidung zu treffen. Jenen, die dieses Vermögen aufweisen, gebührt höchster Respekt dafür. Sie haben ihre *Hausaufgaben* richtig gemacht und können mit dieser Entscheidung gut umgehen und sogar gestärkt daraus hervorgehen.

Der größte Teil des Weges zum Ziel sollte idealerweise so gestaltet sein, dass die maximale Leistungsgrenze so gut wie nie erreicht wird. Dadurch kann einerseits mit Rückschlägen besser umgegangen werden, da noch freistehende Ressourcen dafür zur Verfügung stehen, und andererseits können die dringend benötigten Energien mobilisiert werden, um einen *Ziel- oder Zwischensprint* in Angriff zu nehmen. Symbolisch kann hierfür durchaus eine Autofahrt zur Urlaubsdestination herangezogen werden. Nehmen wir an, ich möchte mehrere hundert Kilometer mit dem Auto zum Meer reisen, um eine schöne Urlaubszeit mit meiner Familie zu verbringen. Die Fahrt mit dem Auto werde ich nicht in einem Leistungsbereich bestreiten, der für den Motor des Fahrzeuges im Grenzbereich liegt. Diese Information liefert mir der Drehzahlmesser. Ich weiß, wenn ich während der gesamten Strecke in diesem Bereich fahren würde, wird der Motor früher oder später streiken. Ich orientiere mich also am optimalen Leistungsbereich des Motors. Doch für einen kurzen Moment, beispielsweise für einen Überholvorgang, kann ich die dafür benötigte Leistung abrufen, um eine entsprechende Beschleunigung zu erwirken, ohne dass der Motor beschädigt wird.

Bei der Besteigung des *Daches von Afrika* ist es der Gipfeltag, der zusätzliche Energien fordert. Mit ein wenig Recherche kann diese Information eingeholt werden und bietet die Möglichkeit, sich genau auf diesen Moment vorzubereiten. Bei vielen anderen Zielen ist dies, aus früherer Sicht, nicht so klar erkennbar und auch nicht, wann und ob *Ziel- oder Zwischensprints* notwendig werden. Trotz guter Planung besteht die Möglichkeit, dass je näher das Ziel rückt, noch einmal intensive Anstrengungen nötig werden, um das Ziel letztendlich auch zu erreichen. Stehen in diesem Moment nicht die dafür benötigten Ressourcen zur Verfügung, weil diese beispielsweise bereits durch unnötig (selbst) auferlegten Druck oder falsche Interpretation der eingeholten Informationen und daraus resultierend schlechte Entscheidungen getroffen wurden, verbraucht sind, kann das Ziel ins Wanken geraten und womöglich gefährdet werden. Denn nicht immer lässt sich beispielsweise der Termin verschieben, um so zusätzliche Zeit zu verschaffen, die benötigt wird, um das Ziel trotz aller Umstände zu erreichen. Abhängigkeiten bestehen im ökonomischen Kontext von Kunden oder externen Partnern, Termine müssen eingehalten werden, um mögliche Pönalzahlungen oder sonstige Sanktionen zu vermeiden. Bei der Besteigung des Kilimanjaro ist es nicht möglich, zumindest nicht auf der Marangu-Route, einen Tag zu warten, um verbrauchte Energiereserven wieder aufzubauen, sich besser zu akklimatisieren oder besseres Wetter abzuwarten, wenn dies nicht bereits in der Planung vorab berücksichtigt wurde. Zu sehr sind die nachkommenden Gruppen getaktet und benötigen die wenigen Schlafstellen für sich. Das Wetter ist gerade bei der Besteigung eines Berges von hoher Bedeutung. Nicht jede Zeit ist für die Besteigung günstig. In Tansania herrscht zweimal im Jahr Regenzeit. Während dieser Zeit kann man natürlich auf den Berg. Doch die Wahrscheinlichkeit, den Gipfel zu erreichen, ist dabei deutlich geringer als in der Trockenzeit, die dafür besser geeignet ist. Wesentlich knapper ist das Zeitfenster bei der Besteigung der höchsten Berge der Welt. Andrzej Bargiel, der wagemutig auf den K2 gestiegen und als erster Mensch das bis dahin als unmöglich Geltende verwirklichte, nämlich mit Skiern vom Gipfel abzufahren, sagte dazu in einem veröffentlichten Interview, dass die Überlebenschance vom exakt richtigen Zeitpunkt abhängt, da sich der Schnee und damit die Lawinengefahr laufend verändern und der Stand der Sonne das Eis brüchig macht, sodass gefährliche Eissäulen abbrechen können (The Red Bulletin 2019, S. 36).

Diese Umstände gilt es, bereits bei der Planung zu berücksichtigen, wenngleich ein so knappes Zeitfenster wie oben beschrieben, nicht alltäglich ist. Erst wenn es günstig ist, das Vorhaben zu realisieren, und damit verbunden eine hohe Fiattendenz gegeben ist – diese ist natürlich abhängig von der Volitionsstärke (siehe dazu auch das im Teil II des Buches vorgestellte Rubikon-Modell der Handlungsphasen) (Heckhausen und Heckhausen 2006) –, steigt die Wahrscheinlichkeit, das Ziel zu erreichen, auf eine akzeptable Größe, um sich sinnvollerweise an die Umsetzung zu wagen. Doch selbst wenn das Zeitfenster günstig ist, bedeutet es nicht, dass keine Umstände auftreten können, die dem Ziel entgegenstehen.

Nach der Ankunft auf der Horombo Hut, nach dem Abstieg vom Gipfel, habe ich ein Kommentar auf Video festgehalten. Ich sitze auf einem Stein. Der Nebel an diesem Nachmittag verwehrt mir den Blick auf den Kibo, auf dem ich ungefähr 8 Stunden vorher gestanden habe. Meine Augen sind müde, meine Beine schwer. Dennoch kommt mir in den Sinn, eine Botschaft für mein künftiges Ich zu verfassen, um mir selbst zu einem späteren Zeitpunkt meines Lebens vor Augen führen zu können, welch großartige Momente möglich werden können, wenn das Vermögen der maximalen Leistungsfähigkeit auf den Punkt gebracht wird: *„Heute war – glaube ich – der schwerste, anstrengendste und härteste Tag meines Lebens."* Bei der Betrachtung dieses Videos ist mir die vorangegangene Anstrengung mehr als nur in meinem Gesicht abzulesen. Selbst meine Stimme wirkt müde und mein Atem schwer. Diesen Kommentar hinterlassen haben zu dürfen, erfüllt mich auch heute noch mit Freude und Stolz. Denn es zeigt, dass es mir gelungen ist, die nötigen Energiereserven in mir zu heben, um ganz oben stehen zu dürfen. All meine Vorbereitungen, Planungen und Umsetzungskonsequenzen haben sich letztendlich bezahlt gemacht, gemeinsam mit der nötigen Portion Glück. Ja, auch das ist Teil des Erfolges. Es ist keine Selbstverständlichkeit, dass man sich auf den Weg macht, um ein Ziel zu erreichen, und dieses auch zwingend, trotz sorgfältiger Planung und Umsetzung, erreicht. Ein wenig Glück gehört dabei nahezu bei jedem Ziel dazu.

Neben der physischen Konstitution, die sich bei der Zielerreichung durch Kraftreserven und Leistungssteigerung bemerkbar macht, ist die psychische Komponente nicht zu vernachlässigen. Der Zeitpunkt, zu dem sowohl körperliche wie mentale Reserven gefordert werden, ist jener, zu dem auch die hinter dem Ziel liegende Motivation, Willensstärke und das Durchhaltevermögen der eigenen Persönlichkeit auf den Prüfstand gestellt werden. Sind diese Faktoren nicht ausreichend gegeben oder die Motivation ausschließlich auf extrinsischen Umständen aufgebaut, können die zusätzlich benötigten Energien nur schwer bereitgestellt werden und das Ziel bedrohen.

Den Zusammenhang von Willensstärke und Erfolg hat Walter Mischell (2014) in seinem berühmten Marshmallow-Experiment gezeigt. Dabei hat er Kinder vor die Wahl gestellt, entweder gleich eine begehrte Süßigkeit (in diesem Fall die in den USA äußerst beliebten Marshmallows) zu erhalten oder abzuwarten, bis der Versuchsleiter wieder zurückkommt, um dann zwei Stück der Süßigkeit zu bekommen. Dabei lag das Marshmallow während der ganzen Zeit auf dem Tisch vor dem Kind in einem sonst leeren Raum. Er beobachtete dabei, welche Strategien die Kinder einsetzten, um sich so weit abzulenken, um nicht der süßen Versuchung nachzugeben und stattdessen die doppelte Portion zu erhalten. Wie zu erwarten, gelang es bei Weitem nicht allen Kindern, der Versuchung zu widerstehen, und sie beendeten den Versuch mit dem Verzehr des Marshmallow vorzeitig. Zu einem späteren Zeitpunkt wurden weiterführende Studien mit den nunmehr erwachsenen Personen durchgeführt. Dabei hat sich herausgestellt, dass diejenigen, die bereits im Kindesalter ein höheres Durchhaltevermögen aufwiesen und auf die Rückkehr des Versuchsleiters warteten und somit nicht nur ein, sondern zwei Marshmallows erhielten, auch im späteren Leben mehr Erfolg hatten als jene, die gleich oder nach kurzer Zeit das Marshmallow verzehrt hatten.

Das Durchhaltevermögen und die Willenskraft sind bedeutende Faktoren in jenen Momenten, wenn es darum geht, das Ziel zu erreichen. Denn bei herausfordernden Situationen, die an die Substanz der Reserveenergien gehen, wird vieles infrage gestellt. Das Ziel, die Planung, die Vorbereitung, die Umsetzung. Es werden Fehler gesucht und Schuldige gefunden, und dadurch wird Energie vergeudet, die an anderer Stelle dringend benötigt würde. Anstatt wie bei einem Laserstrahl die noch vorhandene Energie zu bündeln und ausschließlich auf das Ziel und dessen Erreichung zu fokussieren, verpuffen die letzten Kraftreserven beim Versuch, eine Stadt mit einer Taschenlampe zu beleuchten. Die Zeit der Reflexion ist wichtig, auch bereits während des Weges hin zum Ziel, doch der Zeitpunkt, zu dem sämtliche Kräfte benötigt werden, ist der denkbar ungünstigste und fördert vorrangig die Nichterreichung des Zieles.

In der Gipfelnacht, auf dem Weg in Richtung Gilman's Point, gab es nur ein Ziel. Kein Platz für negative Gedanken, kein Platz für Zweifel, kein Platz dafür, Energien zu vergeuden oder gar über neue und andere Ziele nachzudenken. Dieser Weg war geprägt von tausenden Zwischenzielen. Nämlich einen Schritt vor den anderen zu setzen, auch wenn diese noch so klein waren. Auf Gespräche wurde gänzlich verzichtet. Mein Atem war zu kostbar, um zu dieser Zeit den dringend benötigten Sauerstoff in der Luft für die Formung von Worten zu verschwenden. Sämtliche Energie wurde benötigt, um auf den Beinen zu stehen und langsam zu gehen. Kein Platz für Gedanken, was ich anders hätte machen können oder daran zu zweifeln, ob meine Vorbereitung die passende war. Ich war im Moment gefangen, und dafür habe ich alle Kraft aufbringen müssen, um weiterzugehen. Nur einen Bruchteil nahm ich dafür in Anspruch, um mich selbst abzulenken, mich mit positiven Gedanken einzustimmen, doch selbst diese Gedanken konnte ich die längste Zeit nicht zu Ende denken. Stoisch setzte ich einen Fuß vor den anderen. Die kurzen Pausen wurden genutzt, um die benötigte Flüssigkeit aufzunehmen und die Lungen mit Luft zu füllen. Selbst bei Zwangspausen, in denen einigen der Rucksack abgenommen wurde, habe ich nur für wenige Sekunden über die Situation nachgedacht. Der Fokus war sofort wieder auf mich und das immer näher rückende Ziel gerichtet. Die sehnsuchtsvolle Erwartung, vom Kraterrand des Kibo aus die Sonne über dem Mawenzi aufgehen zu sehen, schob meine Füße Stück für Stück über das lose Gestein empor. Jede Faser meines Körpers und jedes Neuron meines Gehirns waren zu diesem Zeitpunkt auf das Ziel gerichtet, und so konnte ich die Energien aus meinen Reserven locken, die dafür benötigt wurden.

> **Zusammenfassung**
>
> Bei der Zielverfolgung kann es zu Situationen kommen, die verlangen, dass zusätzliche Energien für Zwischen- oder Zielsprints, aber auch für die Bewältigung von Rückschlägen und Hindernissen aufgebracht werden müssen. Neben einem maßvollen Tempo, das erlaubt, diese Energien freizusetzen, ist es bedeutsam, den geeigneten Zeitpunkt für die Zielverfolgung zu wählen. Bei der benötigten Freisetzung von Reserveenergien werden die eigene Motivation, Willensstärke und Durchhaltevermögen auf den Prüfstand gestellt. Wurde ein Ziel konstruktiv definiert, wird mit dem Erreichen des Zieles auch versucht, die Basis für höherwertige Metaziele zu legen. Damit ist auch die Sinnfrage geklärt, und die benötigte Energie wird nicht durch negative Gedanken oder energieraubende Ablenkungen vergeudet, sondern fokussiert und in entsprechender Intensität zur Verfügung gestellt, um das Ziel trotz herausfordernder Situation zu erreichen.

Literatur

Heckhausen J, Heckhausen H (2006) Motivation und Handeln: Einführung und Überblick. In: Heckhausen J, Heckhausen H (Hrsg) Motivation und Handeln, 3. Aufl. Springer, Heidelberg

Mischell W (2014) Der Marshmallow Test. Willenstärke, Belohnungsaufschub und die Entwicklung der Persönlichkeit. Siedler, München

The Red Bulletin (2019) Abfahrt durch die Todeszone. The red bulletin. Bd.1, S 34–36. Red Bull Media House, Wals bei Salzburg

17

O – wie Output & Outcome

Inhaltsverzeichnis
Literatur.. 194

Das abschließende Feld der Kilimanjaro-Strategie widmet sich der Wirkung, die mit der Erreichung eines Zieles verbunden ist. Dabei handelt es sich nicht um die ausschließliche Betrachtung, ob ein Ziel erreicht wurde oder nicht, sondern vielmehr darum, welche Auswirkungen mit dem Ergebnis verbunden sind. Die Wirkungen können bedeutend weitreichender sein, als ursprünglich mit dem Ziel erreicht werden sollte.

Unter Wirkung versteht man ein Ergebnis, das durch eine verursachende Kraft erwirkt wurde (Duden 2019). Für unsere Zwecke ist diese Definition jedoch noch etwas zu allgemein, da es notwendig erscheint, zwischen dem Ergebnis, das unmittelbar mit dem Erreichen eines Zieles angestrebt wird, und den darüber hinaus gehenden Effekten, die in kausalem Zusammenhang mit dem Ergebnis stehen, zu unterscheiden. Deshalb blicken wir kurz auf die Wirkungslogik, die uns dabei helfen kann, etwas genauer zu differenzieren. Diese basiert auf der Wirkungstreppe, die in sieben Stufen untergliedert ist. Bei Stufe 1 bis 3 wird von Output gesprochen. Im Rahmen dieser werden die geplanten Aktivitäten umgesetzt, die Zielgruppen erreicht und von diesen die Angebote akzeptiert. Stufe 4 bis 6 handelt vom Outcome. Dabei verändern die Zielgruppen das Bewusstsein und ihre Fähigkeiten, ihr Handeln und die Lebenslage. Mit der Stufe 7 wird die gesellschaftliche Veränderung angesprochen – diese wird auch als Impact bezeichnet (Wirkung lernen 2019). Für die

Kilimanjaro-Strategie sind vor allem Output und Outcome relevant. Wesentlich dabei ist, dass Outcome auf dem Output aufbaut, wobei Letzterer gut geplant und auf diesen bereits frühzeitig bei der Verfolgung eines Zieles eingegangen werden kann. Entsprechend der Planung werden Maßnahmen gesetzt, um den gewünschten Output zu erreichen. Selbstverständlich sollten die Maßnahmen darauf abzielen, dass die entsprechenden Wirkungen erreicht werden können. Doch trotz sorgfältiger Planung können Faktoren oder Hindernisse auftreten, die eine erhoffte Wirkung beeinträchtigen können. Dies erfordert einerseits eine laufende Analyse der aktuellen Lage und andererseits eine agile Denk- und Handlungsweise, um rechtzeitig die entsprechenden Maßnahmen zu setzen oder geplante Aktivitäten zu verändern, um eine möglichst hohe Wirkung zu erzielen. Die Auswirkungen (Outcome) symbolisieren die Nachhaltigkeit eines Zieles. Diese können auch mit anderen (Meta-)Zielen kombiniert werden oder die Basis für ein anderes Ziel schaffen.

Um dies zu verdeutlichen, nehmen wir als Beispiel wieder meine Besteigung des Kilimanjaro. Das Ziel war, den Gipfel zu erreichen, das darüber liegende Ziel – das Metaziel – so hoch zu gehen, dass ich bei guter Gesundheit wieder nach Hause zurückkehren kann. Ziel erreicht! Das Ergebnis beziehungsweise der Output ist in diesem Fall, dass ich über die Reise berichten und voller Stolz behaupten kann, auf dem Gipfel des höchsten Berges Afrikas gestanden zu haben, und das Gipfelfoto dabei zu zeigen. Die Auswirkungen (Outcome) sind aber deutlich weitreichender. Abgesehen davon, dass mein Selbstbewusstsein dadurch gestärkt wurde und ich Geschichten über die Reise erzählen kann, ist erst durch die nachträgliche Betrachtung des Abenteuers die Idee entstanden, ein Buch darüber zu schreiben. Nicht nur eines, das von der Reise handelt, sondern eines, das sich mit den Wirkmechanismen, die dahinter liegen, beschäftigt, um daraus eine Strategie zu entwickeln, die in weiteren Lebensbereichen eingesetzt werden kann. Das Bedürfnis oder sagen wir eher der Wunsch, ein Buch zu schreiben, wohnt seit längerer Zeit bereits in mir – tief in mir verborgen – und machte, bis zum Verfassen der ersten Textpassagen für meinen persönlichen Nachbericht, nur selten auf sich aufmerksam. Mit der Rückkehr aus Afrika wurde jedoch eine Art innere Brücke geschlagen. Doch damit war es noch nicht getan, neben dem Schreiben eines Buches und der Besteigung des Kilimanjaro war es für die Verwirklichung besonders bedeutsam, dass ich in den Jahren vor dem Trip nach Afrika durch mein Studium der Wirtschafts- und Organisationspsychologie Fachwissen in diesen Themenbereichen aufbauen konnte. Dies war ein bedeutender Puzzlestein. Denn erst damit wurden die entscheidenden Faktoren miteinander verknüpft und konnte die Idee zu diesem Buch Wirklichkeit werden. Ich überschritt wieder einmal den Rubikon – ein Wunsch wurde wieder zu einem

Ziel. Jeder dieser drei Punkte war bedeutsam dafür. Das Fehlen nur einer der Faktoren hätte dafür gesorgt, dass das Buchprojekt nicht, oder zumindest für den Moment noch nicht, hätte umgesetzt werden können.

Anhand dieses kurzen Beispiels soll gezeigt werden, dass Ergebnis und Auswirkungen auseinander liegen können, die Auswirkungen jedoch vom Ergebnis abhängen.

Beim Beispiel des weiter oben erwähnten Wechsels des Wohnortes ist es Ziel, ein neues, den aktuellen und im besten Fall den künftigen Bedürfnissen gerechtes Haus zu beziehen. Die bisherige Wohnung soll aufgegeben werden, da Kinder das Familienglück vollkommen machen und in einem großen Haus mit Garten und in einer sicheren Umgebung aufwachsen sollen. Ist das Haus gebaut oder gekauft und eingerichtet, kann der Umzug starten. Ist dieser vollendet, ist auch das Ziel erreicht. Der Wechsel des Wohnortes ist durchgeführt. (Einfachheitshalber verzichte ich hier, auf Details wie Behördenwege und dergleichen einzugehen.) Das Ergebnis ist, dass man nun in dem Wunschhaus wohnt. Mit dem Wechsel ändert sich aber auch das soziale Umfeld. Dies ist meist ein nicht geplantes Ziel, dennoch kann dies geschehen. Neue Menschen treten ins Leben. Und wie es der Zufall so will, lernt man Personen kennen, die sympathisch sind und gleiche Interessen haben – neue Freundschaften entstehen. Dies sind die Auswirkungen. Ohne den Umzug wären diese Freundschaften nicht entstanden, da man sich vermutlich nie kennengelernt hätte.

Doch nicht immer sind die Auswirkungen positiv. Bleiben wir zunächst noch beim Beispiel des Wohnungswechsels. Mit diesem kann auch ein verlängerter Anfahrtsweg zum Arbeitsort verbunden sein. Diese Zeit fehlt nach dem Wechsel für andere Tätigkeiten, die bis zu diesem Zeitpunkt ohne Schwierigkeiten durchgeführt werden konnten und sogar in weiterer Folge zu Stress und damit zu Belastungen führen können. Das nachfolgende Erlebnis, das mir Michael erzählte, unterstreicht, wie bedeutend es ist, einzelne Ziele und deren Auswirkungen miteinander zu verknüpfen und in Einklang zu bringen. Er ist einige Jahre nach der Besteigung des Kilimanjaro aufgebrochen, um einen Vulkan, den Rinjani, in Indonesien zu erklimmen. Sein Gipfel ist zwar deutlich niedriger als der des Kilimanjaro, dennoch ist eine Akklimatisierung nötig, um in der Höhenlage leistungsfähig zu bleiben. Bei dieser Reise konnte er natürlich auf seinen Erfahrungen der Kilimanjaro-Besteigung aufbauen. Doch es war ihm nicht vergönnt, auch diesen Gipfel zu erreichen. Nicht weil er seine eigenen Ratschläge nicht beherzigt oder nicht genügend Zeit für die Akklimatisierung eingeplant hätte. Bereits im Vorfeld seiner Reise hat eine Begebenheit dazu geführt, dass er den Gipfel nicht würde erreichen können. Er war einige Tage vor Reiseantritt Blut spenden. Im Regelfall keine

Besonderheit, sondern vielmehr eine gute Tat, um anderen Menschen zu helfen. Doch in diesem Fall wurden mit der Teilentnahme des roten Lebenssaftes auch entsprechend viele rote Blutkörperchen abgezapft. Und diese hätte sein Körper in der Höhenlage dringend gebraucht, um den wenigen Sauerstoff in der Luft im Körper transportieren zu können. In der kurzen Zeit zwischen Blutentnahme und Aufstieg hatte sein Körper nicht die Gelegenheit, entsprechend viel neues Blut zu produzieren. Ein Nichtbedenken einer Auswirkung bei dem Streben, das eine Ziel zu erreichen, in diesem Fall anderen Menschen zu helfen, kann dazu führen, dass ein anderes Ziel (Besteigung eines hohen Berges) beeinträchtigt oder sogar nicht erreicht wird.

Auch wenn bei Weitem nicht alle Aus- und Nebenwirkungen, die mit der Erreichung eines Zieles verbunden sind, planbar oder gut kalkulierbar sind, sollten diese so weit wie möglich berücksichtigt werden. Vor allem jene, die sich auf andere wichtige Lebensbereiche oder andere bedeutende Ziele auswirken können. Nicht unberücksichtigt dabei dürfen die Nebenwirkungen bleiben. Auch wenn diese noch schwieriger zu identifizieren sind als die Auswirkungen oder gerne als zu vernachlässigende Nebeneffekte aus dem Blickfeld verdrängt werden, können diese im Laufe der Verfolgung eines Zieles zu bedeutenden Einflussfaktoren heranwachsen. Nicht immer gibt es dafür einen *Beipackzettel*, wie wir diesen von Medikamenten kennen, der uns nicht nur auf die Risiken, sondern auch auf die Neben- und Wechselwirkungen aufmerksam machen soll. Aber wer liest den schon? Im Idealfall sollten die möglichen Aus-, Neben und Wechselwirkungen bereits in die Entscheidungsphase, ob ein Wunsch zu einem Ziel wird, integriert werden und entsprechende Schlüsse daraus gezogen werden, auch wenn dafür mehr Zeit nötig ist, um entsprechende relevante Informationen dafür zu sammeln. Denn sind die *Würfel mal gefallen*, gibt es nur mehr schwer und womöglich nur unter hoher Anstrengung einen Weg wieder hinaus, sofern dieser Weg überhaupt gegeben ist.

Aus nachträglicher Betrachtung können die Auswirkungen bewusst gesteuert werden. Selbst wenn diese weder geplant noch berücksichtigt oder gewünscht waren, können sie sogar als neue Ausgangslage für weitere Ziele und Metaziele dienen. Ich kann bewusst neue Menschen in meinem neuen Wohnort ins Leben lassen, indem ich örtliche Veranstaltungen besuche und in Kontakt trete. Ich kann bewusst den Kontakt mit alten Freunden aufrechterhalten und Treffen vereinbaren, die möglicherweise sogar qualitativ besser sind als die bisherigen. Ich kann bewusst den längeren Anfahrtsweg zum Arbeitsort für mich nutzen, indem ich öffentliche Verkehrsmittel benutze und ein Buch lese. Ich kann bewusst darüber nachdenken, welche Ziele und Metaziele sich durch diese Zielerreichung nun verwirklichen lassen, und neue innere Verknüpfungen zulassen. Ich habe die Möglichkeit, Neues für mich zu schaffen.

Bei der Besteigung des Kilimanjaro, so wie ich diese erleben durfte, war ein kleines mentales Extra eingeplant. Ein kleiner zusätzlicher Motivationsfaktor, der gut geplant und leicht erreicht werden konnte. Eine Fotosafari in einem Nationalpark. Dieses Erlebnis war mir mit größter Wahrscheinlichkeit gewiss, ohne dass ich dafür zusätzlich erhebliche Ressourcen benötigen würde. Diese Safari rundete meine Afrikareise nicht nur ab, sondern unterstützte meine mentalen Kräfte auf positive Weise. Damit konnte ich mir einen weiteren Wunsch, ein Ziel, in Kombination leicht erfüllen. Und auch dieses mentale Extra lässt sich bereits in der Planungsphase berücksichtigen. Unternehmen können denjenigen, die sich für ein bedeutendes Projekt engagieren, bereits im Vorfeld dieses Extra zusichern. Sei es in Form einer Weiterbildung, eines zusätzlichen Sonderurlaubes oder auch des gemeinsamen Projektabschlusses an einem besonderen Ort, bei dem nicht nur die Reflexion des Projektablaufes und die daraus zu ziehenden Schlüsse behandelt werden, sondern auch Zeit für Erholung, Entspannung und Spaß eingeräumt wird. Gerade ein Projektabschluss eignet sich ideal dafür, wie beim Absteigen des Berges, noch einmal alles in vollen Zügen zu genießen, die Highlights Revue passieren zu lassen und sein Bewusstsein zu schärfen.

Nach der Besteigung des Kilimanjaro ist es Tradition, Dank und Anerkennung all jenen zu schenken, die mit verantwortlich für den Erfolg sind. Dies geschieht bei einer gemeinsamen Abschiedszeremonie mit Trägern, Köchen und den Guides (Stangl 2019). Jene, die hinter dem Erfolg stehen, werden vor den Vorhang geholt und gewürdigt. Doch nicht nur das. Neben der Übergabe einer zusätzlichen Entlohnung ist es Brauch, diesen Menschen Kleidung von sich zu schenken. Ich sehe dieses Schenken von persönlichen Gegenständen, die für einen selbst Bedeutung haben, als Symbol dafür, einen Teil von mir als tiefempfundenen Dank jenen zu geben, ohne die es nicht möglich gewesen wäre. Und auch dies ist Teil der Kilimanjaro-Strategie und kann sowohl auf das Private wie Berufliche umgelegt werden. Der Umzug in ein neues Haus bietet die Gelegenheit, all jene einzuladen und ihnen zu danken und ein kleines Geschenk zu überreichen, die beim Bauen oder Übersiedeln geholfen haben. Die Feier zum Abschluss eines Projekts bietet die Chance, jene entsprechend zu würdigen, die verantwortlich für den Erfolg sind. Lob und Anerkennung sind bekannte Motivationstreiber für künftige Projekte. Aber ebenso Bonuszahlungen, Karriereschritte oder Gehaltserhöhungen. Den Ideen sind kaum Grenzen gesetzt. Bedeutend ist, dass es sich dabei um eine ernst gemeinte und unmittelbare Würdigung der vollbrachten Leistung handelt.

Die Abschiedszeremonie ist wichtig. Damit wird das Ziel endgültig deaktiviert und das *Loslassen* für alle Beteiligten erleichtert. Die Feier ist der Übergang von der Freude des Erfolges hin zur Integration der Ergebnisse in das Leben. Neuer Raum kann entstehen, und damit können nicht nur die Ergebnisse, sondern auch die Auswirkungen ihre Wirkkraft entfalten und die Basis für Künftiges liefern.

Denn nach dem Erreichen eines Zieles geht es weiter. Die Ergebnisse und Auswirkungen brauchen Bedeutung und Sinn für das Nachfolgende. Und je mehr diese der Erfüllung von Meta- und Meta-Metazielen dienen, desto näher bewegt man sich zu seinem Selbst – zu dem Menschen, der man ist.

> **Zusammenfassung**
>
> Unter Output wird das unmittelbare Ergebnis, das durch die Erreichung des Zieles entsteht, verstanden. Outcome bezeichnet die über das unmittelbare Ergebnis hinausgehenden Auswirkungen, die in direktem Zusammenhang mit dem Ergebnis stehen. Dieser baut auf den Output auf. Sowohl Output als auch Outcome sind bei der Zielfindung und -planung entsprechend zu berücksichtigen. Denn gerade bei der Planung besteht die Gefahr, dass die weiterführenden Auswirkungen nicht genügend behandelt und berücksichtigt werden, und dies kann dazu führen, dass andere Ziele beeinträchtigt oder sogar nicht mehr erreicht werden können. Mit dem unmittelbaren Ergebnis wird das Ziel erreicht. Die Auswirkungen bilden eine neue Ausgangslage für künftige Ziele und darüber liegende Metaziele. Damit werden Output und Outcome als sinnvoll erlebt und bilden einen Nachhaltigkeitseffekt. Mit einer Abschiedszeremonie wird ein Ziel deaktiviert, sie erleichtert das Loslassen, und das Ergebnis kann in das eigene Leben integriert werden.

Literatur

Duden (2019) Wirkung. https://www.duden.de/rechtschreibung/Wirkung. Zugegriffen am 13.05.2019

Stangl R. (2019). https://kilimanjaro.at/. Zugegriffen am 23.11.2019

Wirkung lernen (2019). https://www.wirkung-lernen.de/wirkung-planen/was-ist-wirkung/. Zugegriffen am 13.05.2019

18

Zum Schluss – die Basis für Neues entsteht

Inhaltsverzeichnis
18.1 Dank.. 196

Und damit beginnt sich langsam die Spirale der Kilimanjaro-Strategie in Gang zu setzen. Wie eine archimedische Spirale, die Wasser nach oben befördert, kann es mit der Anwendung der Kilimanjaro-Strategie gelingen, Ziele zu finden, diese konkret zu definieren und in Abstimmung mit darüber liegenden Zielen in Verbindung zu setzen. Die Ausgangslage, um diese Bewegung in Schwung zu bringen, ist gegeben. Ziele, gleich ob diese bewusst oder unbewusst gebildet und verfolgt werden, möchten erreicht werden und Bedeutung für die nächsten Schritte aufweisen. Dadurch gewinnen sie an Sinn und führen uns näher zu dem, wonach wir im Innersten streben. Selbst wenn dies unter der Bewusstseinsschwelle verborgen liegt – es ist da und möchte erfüllt werden, oder es sollte zumindest danach getrachtet werden, dies zu erfüllen. Wissen, das dafür benötigt wird, liegt möglicherweise bereits vor und kann ausgebaut werden. Tagtäglich kommen wir mit den Quellen der Inspiration und Informationen in Berührung, und diese bereiten uns den Boden für eine detaillierte Planung. Unsere selektive Aufmerksamkeit lenkt und leitet uns – sobald diese mit Wünschen, aber vor allem mit Zielen darauf sensibilisiert wurde. Je bedeutender ein Ziel für uns ist, desto höher wird die Motivation sein, nach diesem mit Leidenschaft zu streben. Flow kann sich einstellen und uns mit Leichtigkeit im Hier und Jetzt behalten. Die wiederkehrende Projizierung von Zielbildern vor unserem inneren Auge lässt uns das Ziel in aller Farbenpracht und mit ihren dabei antizipierten Emotionen erkennbar und spürbar machen und stärkt unser Durchhaltevermögen. Wir benötigen eine Geschwindigkeit, mit der unser Körper und unser Geist umgehen können. Weder zu schnell noch zu langsam. Ein gutes und maßvolles Tempo, das vermutlich so individuell ist, wie es Menschen auf dieser Welt gibt, ist entscheidend dafür, um in weiterer Folge Rückschläge zu bewältigen und, wenn es darauf ankommt, auch Reserveenergien freizusetzen. Aber ebenso ist das Kennen und Erkennen von eigenen Grenzen notwendig, die zwar langsam ausgedehnt, aber nicht mit voller Energie durchstoßen werden können. Denn ob sich dahinter eine grüne Wiese verbirgt, die dem Paradies auf Erden gleicht, oder es doch eine meterdicke Mauer aus Stahlbeton ist, lässt sich aus der Entfernung nur schwer erkennen. Ein Ziel kann alles bedeuten und gleichzeitig auch nichts. Dieser mentale und vermutlich neue Zugang verschafft uns die Möglichkeit, mit weniger Verbissenheit und dafür mit mehr Leichtigkeit und Gelassenheit unsere Ziele zu verfolgen. Und damit wird der Nährboden für neue Ziele bereitet, und die Spirale dreht sich weiter und weiter und befördert unaufhörlich Sinnerfüllendes in unser Leben!

18.1 Dank

Ganz im Sinne der Kilimanjaro-Strategie möchte ich zu guter Letzt all jenen Dank und Anerkennung aussprechen, die mich beim Zustandekommen dieses Buchprojekts inspiriert, begleitet und unterstützt haben. Ganz besonderer Dank gilt meinem Bruder Herbert, der mit seiner Absicht, den Kilimanjaro besteigen zu wollen, den Anstoß dafür gegeben hat, dass für mich dieses Abenteuer mitsamt der gemeinsamen wunderbaren Vorbereitungszeit Realität werden konnte. Meiner Familie danke ich für die Zeit, die sie mir für die Besteigung und das Verfassen des Buches geschenkt hat, sowie für das wertvolle Feedback und die gedankliche Auseinandersetzung mit den Inhalten des Werkes. Rudi Stangl hat durch seine hervorragende Organisation und kompetente Führung bei der Besteigung dieses Abenteuer erst ermöglicht – danke dafür. Heavenlight möchte ich mein herzlichstes Dankeschön dafür ausdrücken, dass er mich mit seiner selbstlosen Tat vor extremer Unterkühlung bewahrt hat. Meinen Bergkameraden danke ich für die gemeinsamen Tage und Erlebnisse, die mich dazu beflügelt haben, wichtige Erkenntnisse daraus zu ziehen. Ein großer Dank gebührt dem Springer-Verlag und insbesondere Marion Krämer, die vom ersten Moment an das Buchprojekt geglaubt hat und mich mit Kompetenz und wertvollen Ratschlägen begleitet hat. Ebenso möchte ich Kerstin Barton für die professionelle Durchführung des Publikationsprozesses meinen Dank ausdrücken. Dr. Daniel Köhn danke ich besonders für seine fachkundigen Worte zum Eingang des Buches.

Stichwortverzeichnis

A
Abschiedszeremonie 194
Achtsamkeit 36, 157
Akklimatisierung 7, 44, 151
Akronym 113
Anstrengungskalkulationsprinzip 92, 150
Apronym 12
assoziatives Netzwerk 115
Ausrüstung 13

B
Big Five 23, 80, 95
Broaden and Build Theory of positive Emotions 133
Burnout 142, 181

C
Coaching 101, 120, 137
Crowding-out-Effekt 82

D
Durchhaltevermögen 24, 187

E
Einstellungen 98
    explizite 99
    implizite 99
Einstellungsänderung 99, 181
Elaboration-Likelihood-Modell 99
„Emotionen" 97
Entscheidungskompetenz 128
Erstbesteiger 12

F
Feedbackschleife 138
Fiattendenz 85, 185
Flow 134
Fovea centralis 112

G
Gilman's Point 54, 59
Grenzen 161
Grundvertrauen 92

H
Hindernis 169
Höhenkrankheit 7
Hut 12

© Der/die Herausgeber bzw. der/die Autor(en), exklusiv lizenziert durch
Springer-Verlag GmbH, DE, ein Teil von Springer Nature 2020
R. Goisauf, *Die Kilimanjaro-Strategie*,
https://doi.org/10.1007/978-3-662-61436-5

I

Imagination 20, 94, 138
Impfungen 8
Inhaltstheorien 83
Involvement-Konzept 100

J

Jambo 167

K

Kibo 9, 44
Kilimandscharo 12
Kilimanjaro 9, 12
Kilimanjaro-Strategie 107
Komfortzone 149
Koordination 156

L

Leidenschaft 132
Leistungsziel 79
Lernziel 79
limbisches System 96

M

Management by emergent meaning 120
Marangu-Route 33, 47
Marshmallow-Experiment 186
Maslow'schen Bedürfnispyramide 78
Mawenzi 44, 54
Mediatoren 79
Meilensteine 119, 131, 146
mentales Kontrastieren 19, 174
Metaziel 118, 172
Mindful Leadership 157
Mindfullness 157
Mission 72
Moderatoren 80
Motivation 81, 133
  extrinsische 82
  intrinsische 82, 121
Motivationstheorien 83

N

Notstopp 163

O

Outcome 189
Outcome-Bias 173
Output 189

P

Persönlichkeit 95, 115, 142
Persönlichkeitstypen 96
pole-pole 36
Prädikatenzuweisung 91
Projektmanagements 125
Prokrastination 128
Prozesstheorien 83
Pulsoxymeter 49

R

Regenzeit 11
Reißleine 162
Rendite 110
Resilienz 171
Ressourcen 180, 184
Reusch-Krater 55
Routen 12
Rubikon-Modell 6, 10, 84, 118

S

Sauerstoffgehalts 7
Selbstbewertung 93
Selbstbild 91
Selbstcoaching 103, 120
Selbstkonzept 91

Selbstmanagement 89
Selbstmotivierung 93, 94, 134
Selbstreflexion 90, 102
Selbstschemata 91
Selbstwertgefühl 92
selektive Aufmerksamkeit 116, 126
Sinn 94, 120, 122, 123, 195
SMART 73, 116, 144
Smartphonikum 111
Stimmungen 97
Strategie 69
Strategieentwicklungsprozess 71
strategische Stoßrichtung 74
Stress 169
Sunk-Cost-Effekt 173
SWOT-Analyse 71
Systemtheorie 100

T
Tansania 30
Top-Rope 152

U
Uhuru 12
Uhuru Peak 3

V
Veränderungsprozess 154
Vision 72, 120
Visualisierung 137
Volitionsstärke 84, 185
Vorstieg 152

W
Willenskraft 187
Wirklichkeit 101
Wirkung 189
WOOP 174

Z
Zielbildung 79
Ziele 78, 115

MIX
Papier aus verantwortungsvollen Quellen
Paper from responsible sources
FSC® C105338

If you have any concerns about our products,
you can contact us on
ProductSafety@springernature.com

In case Publisher is established outside the EU,
the EU authorized representative is:
**Springer Nature Customer Service Center GmbH
Europaplatz 3, 69115 Heidelberg, Germany**

Printed by Libri Plureos GmbH
in Hamburg, Germany